U0807890

大庆油田的开发建设，形成了符合油田实际、具有自身特点的管理模式和管理经验，以此为基础陆续开发了胜利、大港、辽河等油田，走出了一条独立自主、生机勃勃的中国特色石油工业发展之路，为探索中国特色的新型工业化道路提供了重要的实践基础和宝贵经验。

——习近平

中国石化员工培训教材

中国特色新型工业化道路的探索

——大庆油田开发建设实践

突出科技创新主题
全心全意依靠工人阶级
坚持科学理论的指导
心系国家和民族的命运

主编 俞明康 亓玉台

中国石化出版社

图书在版编目(CIP)数据

中国特色新型工业化道路的探索/俞明康，亓玉台主编.
—北京：中国石化出版社，2012.4（2022.9重印）
ISBN 978-7-5114-1538-7

Ⅰ.①中… Ⅱ.①俞… ②亓… Ⅲ.①石油工业—工业化进程—研究—中国 Ⅳ.①F426.22

中国版本图书馆CIP数据核字（2012）第067918号

责任编辑：杜毅漫　孙诗会
责任校对：李　伟

中国石化出版社出版发行
地址：北京市东城区安定门外大街58号
邮编：100011　电话：(010)57512500
发行部电话：(010)57512575
http://www.sinopec-press.com
E-mail:press@sinopec.com
北京科信印刷有限公司印刷
全国各地新华书店经销
*
710×1000毫米　16开本　26.25印张　295千字
2012年5月第1版　2022年9月第5次印刷
定价：68.00元

编 委 会

目 录

前　言

第一章 总论

大庆油田的实践和经验给我们的启示 / 2

高度的革命精神与严格的科学态度相结合 / 13

学大庆要学根本 / 49

第二章 心系国家和民族的命运

大庆精神大庆人 / 56

国家的大庆，人民的大庆 / 71

国家缺油是最大的困难 / 77

要为人民负责一辈子 / 94

我为祖国献石油 / 99

第三章 坚持科学理论的指导

“两论起家”——用科学的思维带队伍，干工业 / 108

这几年我们工作的十条经验 / 123

最根本的是指导思想要对头 / 144

实践、认识、再实践、再认识 / 163

解放思想，破除迷信 / 207

依靠两分法前进 / 224

第四章 全心全意依靠工人阶级

“会战就需要这样的精神状态” / 244

要求工人做到，干部首先要做到 / 252

岗位责任制的灵魂是岗位责任心 / 260

岗位责任制的由来 / 271

把千千万万的人，同千千万万件事联系起来 / 280

改进作风是加强基层工作的关键 / 293

工人阶级是创一流的主体 / 302

万里测温 / 316

第五章 突出科技创新主题

甩掉框框，坚持创新 / 326

当客观规律的代言人 / 336

科学分析要建立在大量数据和事实基础上 / 342

储量+科学技术=可采储量 / 356

打破旧框框，创出新工艺 / 366

“六分四清”的提出和发展 / 371

独创萨尔图流程 / 380

建设现代化大型炼油厂靠的是攻克炼油新技术 / 388

从实际出发，探索合理开发油田途径 / 395

后　记

前言

中国石化的干部培训常常安排到大庆油田考察学习，每次学员都对大庆精神感慨万分，激动不已，希望有一本能系统反映大庆精神的读本，于是我们就有了尝试编写一本学习大庆精神教材的想法。

在经济社会转型和经济发展方式转变的历史新时期，我们面临着气象万千和挑战前所未有的新形势。国有重要骨干企业在新形势下坚持什么、改革什么？传承什么、发展什么？如何走中国特色的新型工业化道路？确实是摆在广大企业管理工作者面前的一个重大课题。

本书的编纂正是从这样的历史背景和历史需要出发，向广大企业管理工作者提供的一本参考教材。

习近平同志2009年9月22日在大庆油田发现50周年庆祝大会上指出：“大庆精神、铁人精神已经成为中华民族伟大精神的重要组成部分，永远是激励中国人民不畏艰难、勇往直前的宝贵精神财富。”“大庆油田的开发建设，形成了符合油田实际、具有自身特点的管理模式和管理经验，以此为基础陆续开发了胜利、大港、辽河等油田，走出了一条独立自主、生机勃勃的中国特色石油工业发展之路，为探索中国特色的新型工业化道路提供了重要的实践基础和宝贵经验”。“大庆的实践启示我们，国有企业的发展和进步，必须同国家和民族的命运紧紧联系在一起”。“必须坚持马克思主义科学理论的指导”。“必须始终坚持全心全意依靠工人阶级的根本方针”。“必须突出科技创新这个主题”。这是站在历史新起点，以探索中国特色新型工业化道路的高度统摄了大庆精神的内涵，赋予了大庆精神的时代意义，明确了新时期学习大庆精神的核心。

《中国特色新型工业化道路的探索——大庆油田开发建设实践》一书，以习近平同志讲话精神为指导，从总论、心系国家和民族的命运、坚持科学理论的指导、全心全意依靠工人阶级、突出科技创新主题等五个方面展开，努力体现大庆油田开发建设中的“重要的实践基础和宝贵经验”。

本书采用珍贵史料并保留了原作的语境，是为了通过历史现象揭示、认识和把握规律，比抽象的理论推演更有认识上冲击力，更易人们接受，更能发挥教育人作用；让读者像毛泽东同志所说的那样：“凡事要从历史和环境两方面考察才能得到真相”，“看历史，就会看到前途”。历史的重要性不仅仅在于可以向过去取经，而且因为是过去决定了今天和明天的选择。本书通过案例故事和实践经验，展示大庆油田开发建设中形成的具有自身特点的管理模式和管理经验，让广大读者在具有厚重历史感的素材中感悟大庆精神；在转变经济发展方式的进程中，思考企业的根基管理、制度创新和文化建设，探索中国特色的新型工业化道路。

大庆油田开发建设的成功经验充满了辩证唯物主义的光芒，对推进新时期石油和石油化工事业的历史性发展具有重要的现实意义。时代的进步是合乎规律的历史延续。我们总结它，不仅是为了向历史致敬，更重要的是为了沿着前辈的探索，在中国特色的新型工业化道路上，走向优秀，走向卓越，建设世界一流的企业！

未来，正等着我们去书写辉煌！

编　者

第一章 总 论

教学目的

帮助学员和读者站在经济社会转型和经济发展方式转变的历史新起点，从大庆油田开发建设的重要实践与宝贵经验中，获得对探索中国特色新型工业化道路的感悟。

学习要点

- 大庆油田的开发建设，为探索中国特色的新型工业化道路提供了哪些重要的实践基础和宝贵经验？
- “大庆精神”、“铁人精神”经过半个多世纪洗礼，至今仍发挥着重要作用的现实意义是什么？
- 在经济社会转型和经济发展方式转变的历史新时期，我们需要坚持什么、改革什么？传承什么、发展什么？
- 学大庆如何学根本？如何沿着前辈的探索，在中国特色的新型工业化道路上，走向优秀，走向卓越！

大庆油田的实践和经验给我们的启示*

在党的十七届四中全会刚刚胜利闭幕、中华人民共和国成立60周年大庆即将到来之际，我们在这里隆重集会，庆祝大庆油田发现50周年，是很有意义的。我代表党中央、国务院，向中国石油天然气集团公司及大庆油田表示热烈祝贺！向为大庆油田开发建设做出贡献的老一代石油人表示崇高敬意！向大庆油田和石油战线的广大干部职工及其家属表示亲切慰问！

1958年2月，党中央做出石油勘探战略东移的重大决策，广大石油、地质工作者满怀豪情从祖国四面八方来到广袤的松嫩平原，展开艰苦的地质勘探，终于在新中国成立10周年前夕发现了大庆油田。这一重大发现，翻开了中国石油开发史上具有历史转折意义的一页，由此开始了我国石油工业的跨越式发展。50年来，大庆几代石油人以"宁肯少活二十年，拼命也要拿下大油田"、"宁肯把心血熬干，也要让油田稳产再高产"的英雄气概，不断攻坚克难，创造了令世人瞩目的辉煌业绩。

大庆油田的开发建设，改变了我国石油工业的发展布局，甩掉了中国贫油落后的帽子，实现了石油基本自给。50年来，生产原油超过20亿吨，占同期全国原油总产量的40%，从1976年开始实现年产原油5000万吨连续27年稳产高产，创造了世界同类油田开发史上的奇迹，为建立我国现代石油工业体系做出了重大贡献。

* 选自习近平同志2009年9月22日在大庆油田发现50周年庆祝大会上的讲话，题目为编者另加。

大庆油田发现50周年庆祝大会会场

大庆油田的开发建设，在国家经历困难考验的时期有力地支撑了我国工业体系和国民经济体系的运转，已累计上缴各种税费1.1万亿元、连续9年位居全国属地纳税百强企业之首的突出业绩，在国家发展中发挥了国有骨干企业的支柱作用。

大庆油田的开发建设，形成了符合油田实际、具有自身特点的管理模式和管理经验，以此为基础陆续开发了胜利、大港、辽河等油田，走出了一条独立自主、生机勃勃的中国特色石油工业发展之路，为探索中国特色的新型工业化道路提供了重要的实践基础和宝贵经验。

大庆油田的开发建设，印证了我国科学家自己提出的陆相生油理论，创新发展了一套自主研发、系统配套、世界领先的勘探开发技术，使主力油层采收率高于国外同类型油田。大庆油田的科技进步，对中国石油工业乃至世界石油工业的发展发挥了积极作用。

大庆油田的开发建设，铸就了以“爱国、创业、求实、奉献”为主要内涵的大庆精神和铁人精神，造就了一支敢打硬仗、勇创一流的优秀职工队伍，涌现了铁人王进喜、新时期铁人王启民等不少在全国很有影响的先进典型，形成了团结凝聚百万石油人的强大精神动力，集中展现了我国工人阶级的崇高品质和精神风貌。大庆精神、铁人精神已经成为中华民族伟大精神的重要组成部分，永远是激励中国人民不畏艰难、勇往直前的宝贵精神财富。

大庆油田的开发建设，在实现清洁发展、节约发展、科学发展上不断取得新进步，在亘古荒原上催生了新兴的城市，有力地带动了地方经济社会的发展。今天的大庆，已成为一座现代化的新型石油城，经济持续发展，社会和谐稳定，人民安居乐业，是一片充满活力、充满希望的热土。

大庆油田50年的发展，始终得到党中央、国务院的亲切关怀，始终凝结着党的三代中央领导集体和以胡锦涛同志为总书记的党中央的巨大心血。1964年，毛泽东同志发出“工业学大庆”的号召。1978年，邓小平同志作出“建设美丽的大庆油田”的重要指示。1995年，江泽民同志寄语大庆“发扬大庆精神，搞好二次创业”。1996年，胡锦涛同志希望大庆油田“珍惜大庆光荣史，再创大庆新辉煌”。今年6月，胡锦涛同志再次到大庆油田考察，希望石油战线“高举大庆红旗，继续艰苦创业”。正是在党中央、国务院的正确领导下，在全国人民的大力支持下，大庆油田50年来不仅取得了巨大成就，而且积累了宝贵经验，给我们提供了许多深刻启示。

大庆的实践启示我们，国有企业的发展和进步，必须同国家和民族的命运紧紧联系在一起。大庆油田从诞生时起就坚持党的领导，听从党的召唤，就与祖国同呼吸、共命运，始终高唱“我为祖国献石油”的主旋律，充分体现了社会主义制度能够集中力量办大事的优越性。当年的大庆会战，正是抽调国家各部门、全国各省区市和人民解放军的大批力量，集合全国200多个工矿企业、科研设计单位和高等院校的技术骨干，在输电线网、设备供应、技术研发、后勤保障等各个方面实行全国“一盘棋”、行业大协作，才从根本上奠定了大庆发展的坚实基础。实践充分说明，党和国家是国有企业的坚强后盾，加强和改善党的领导是国有企业健康发展的根本保障；国有企业只有坚持从全局和战略的高度谋划企业的发展，牢记使命、勇挑重任，才能切实履行好自己的经济责任、政治责任、社会责任，最大限度地实现自身的发展。

大庆的实践启示我们，国有企业的发展和进步，必须坚持马克思主义科学理论的指导。国有企业是中国特色社会主义的重要支柱，是我们党执政的重要基础，也是贯彻和实践党的基本理论的重要阵地。当年会战时期，大庆油田自觉学习《矛盾论》、《实践论》，用辩证唯物主义、历史唯物主义的世界观和方法论统一思想，形成了“两论”起家的基本功，创造了“三老四严”、“四个一样”等一整套科学管理制度和方法，并形成了优良传统，保证了油田开发建设的顺利实施。改革开放以来，大庆坚持用邓小平理论、“三个代表”重要思想以及科学发展观等重大战略思想武装职工、指导实践、推动工作，创造了新的历史条件下国有企业科学发展的成功范例。实践充分说明，马克思主义中国化的理论成果是引领国有企业改革发展的强大动力，也是解决国有企业矛盾和问题的锐利武器；国有企业要实现又好又快发展，必须结合企业实际充分发挥马克思主义科学理论的指导作用，始终保证企业沿着健康的轨道前进。

大庆的实践启示我们，国有企业的发展和进步，必须始终坚持全心全意依靠工人阶级的根本方针。工人阶级是建设和发展中国特色社会主义的主力军。大庆油田的发展史，就是一部工人阶级的艰苦创业史，在当年国家物资极度匮乏的情况下，大庆油田的广大职工以高度的主人翁责任感和强烈的历史使命感，战天斗地、拼搏奉献，谱写了一曲曲建设社会主义的激越赞歌。随着油田开发建设的不断推进，广大油田职工热情持续高昂，创造活力竞相迸发，素质能力不断提高，业绩贡献更加突出。

实践充分说明，我国工人阶级始终是推动先进生产力发展和社会全面进步的根本力量，国有企业只有坚持全心全意依靠工人阶级不动摇，才能获得不竭的智慧和力量源泉，不断取得新成绩、新进步。

大庆的实践启示我们，国有企业的发展和进步，必须突出科技创新这个主题。大庆油田从一开始投入开发，就把开拓进取的满腔热情同严格的科学态度结合起来，始终注重发挥科技的主导作用，突破油田开发的瓶颈制约，把握规律、运用规律，做到科技超前15年储备、超前10年攻关、超前5年配套，从而实现了科技的有序接替和油田的良性开发。大庆油田在开发建设中，坚持解放思想、开拓创新，坚持调整结构、转变机制、完善制度，促进了企业的良性发展。实践充分说明，国有企业只有牢牢抓住科技创新这个主导因素，才能极大地解放和发展生产力；只有牢牢抓住深化改革这个关键环节，才能走上新型工业化的发展道路。

大庆的成长和辉煌，见证了中华人民共和国的成长和辉煌；大庆的探索和成功，体现了党领导人民进行社会主义建设、进行改革开放的探索和成功；大庆的成绩和贡献，已经镌刻在伟大祖国的历史丰碑上，党和人民永远不会忘记。当前，我国经济建设、政治建设、文化建设、社会建设以及生态文明建设全面推进，工业化、信息化、城镇化、市场化、国际化深入发展，我国正处在进一步发展的战略机遇期，在新的历史起点上向前迈进。同时，我国发展呈现一系列新的阶段性特征，出现一系列新情况新问题。应该看到，随着我国发展对能源需求的持续增长，油气供需矛盾日益突出，迫切要求我们进一步把石油资源的开发利用这件关系国家安全和国民经济命脉的大事办好。作为全国最大的油气生产基地，大庆油田尽可能保持较长时间的高产稳产，对于缓解国内石油供应紧张的矛盾、保障国家能源安全，对于支持和促进黑龙江乃至东北地区等老工业基地的振兴，对于推动国民经济平稳较快发展，都具有十分重大的意义。希望大庆的干部职工结合新的实际，一如既往、与时俱进地大力弘扬大庆精神、铁人精神，保持艰苦奋斗、锐意进取的精神风貌，进一步做好油田开发建设的各项工作，以油田科学发展、和谐发展的骄人业绩，为做强做大我国石油工业做出新的更大的贡献。

要继续高举旗帜，始终胸怀全局。旗帜问题是党和国家工作的首要问题，也是国有企业的首要问题。大庆油田作为我国工业战线的一面红旗，一定要始终坚定不移地高举中国特色社会主义伟大旗帜，在任何时候、任何情况下都要牢记使命，站在党和国家事业发展的高度思考问题、谋划发展，立足自身优势和条件履行责任、多做贡献。当前，在经济社会发展对石油天然气需求不断增长的情况下，要努力为国家多产油气；在全面建设小康社会、构建社会主义和谐社会的进程中，要自觉践行“奉献能源、创造和谐”的企业宗旨；在学习实践科学发展观的过程中，要继续走在探索新型工业化道路的前列，不断推进大庆油田又好又快发展。

要继续解放思想，坚持改革创新。解放思想是马克思主义思想路线的本质要求，改革创新是党和国家事业发展的强大动力。大庆油田经过50年的高速高效发展，谋求持续发展的任务艰巨繁重，深化体制机制改革进入攻坚阶段，安全环保、节能减排等诸多方面也面临新的挑战。必须坚持以解放思想为先导、以改革创新为动力，面向世界，科学规划未来，完善发展思路，切实提高科学发展、可持续发展的能力和水平。要进一步培养干事创业激情，保持锐气、焕发朝气、增添勇气，奋力开拓大庆油田更为广阔的发展前景。要深化企业内部改革，切实解决发展中遇到的深层次问题。要大力推进自主创新，充分发挥科技第一生产力的作用，促进企业发展方式的转变，走出一条持续健康的创新发展之路。

要继续弘扬优良传统，大兴艰苦奋斗之风。艰苦奋斗是大庆精神、铁人精神最鲜明的特质，也是大庆的传家宝。大庆油田过去发展靠艰苦奋斗，今后发展仍然要靠艰苦奋斗。在新的形势下，大庆油田要居安思危，牢记“两个务必”，始终保持清醒头脑，深刻认识激烈的国际竞争带来的机遇和挑战，准确把握工作中面临的困难和矛盾，奋发进取、求真务实、埋头苦干，多做实实在在的事情，创造经得起实践、人民、历史检验的业绩。要牢固树立过紧日子的思想，坚持勤俭办企业，反对大手大脚、铺张浪费。当前，受国际金融危机影响，大庆油田也面临一些困难。要坚定信心、扎实工作、共克时艰，变压力为动力，化挑战为机遇，努力把保增长、保民生、保稳定的各项任务落到实处。

要继续以人为本，构建和谐企业。以人为本是科学发展观的核心，是构建和谐企业、和谐社会的重要内容，也是全心全意依靠工人阶级办企业的重要体现。大庆油田在深化改革、促进发展、保持稳定的各项工作中，都要坚持贯彻党的群众路线，坚定不移地依靠广大职工，尊重职工群众的首创精神，充分调动职工群众的积极性、主动性、创造性。要秉承“企业以人为本，人以企业为家”的理念，努力维护职工群众的经济权益、政治权益、健康权益和发展权益，与企业相融共进、共同发展，引导和带领广大职工不断前进。要高度关注民生，切实解决广大职工最关心、最直接、最现实的利益问题，关心老会战、老职工的生活和健康，使企业发展的成果更好地惠及职工群众。要在推进企业自身发展的同时，统筹兼顾区域经济、自然环境、社会进步协调发展，更好地树立起负责任的国有企业的良好形象。

要继续发挥优势，加强和改进党的建设。国有企业党建工作是企业的根本政治优势，也是建立中国特色现代企业制度的一个本质特征。大庆油田拥有30万名职工、10万名党员，2700多亿元资产，发挥党的政治优势是实现企业科学发展、增强企业核心竞争力的关键因素。要认真学习贯彻党的十七大和十七届四中全会精神，总结运用油田50年来党的建设的成功经验，全面加强和改进新形势下企业党建工作，完善领导体制，强化领导班子整体功能，充分发挥党组织的政治核心作用，切实提高党组织的创造力、凝聚力、战斗力。要加强党员教育管理，拓展党员联系和服务群众的平台，以多种方式激励党员创先争优、发挥先锋模范作用。要发扬民主，加强监督，推行党务公开、厂务公开，认真落实党风廉政建设责任制，做到科学作决策、廉洁办企业。要适应建立现代企业制度的新要求，适应国际竞争的新特点，适应企业党员职工队伍思想观念和利益诉求的新变化，全面提高思想政治工作水平，为企业科学发展、和谐发展、可持续发展创造良好的环境。

大庆的昨天灿烂辉煌，大庆的今天生机勃勃，大庆的明天必将更加美好。

相关链接

大庆基本经验

——《大庆企业文化辞典》

1964年2月5日，中共中央发出了关于传达石油工业部关于大庆石油会战情况的报告的《通知》，转发了《石油工业部关于大庆石油会战情况的报告》。《通知》指出："大庆油田的经验虽然有其特殊性，但是具有普遍意义"。《报告》中总结了大庆会战的9条基本经验，即社会主义的现代化企业必须革命化；高度的革命精神与严格的科学精神相结合；现代化企业要认真搞群众运动；认真做好基础工作，狠抓基层建设；领导干部亲临前线，一切为了生产；积极培养和大胆提拔年轻干部；培养一个好作风；全面关心职工生活；认真地学习人民解放军的政治工作。

1964年12月，周恩来总理在第三届全国人民代表大会第一次会议的《政府工作报告》中，概括大庆基本经验时指出："这个油田的建设，是学习运用毛泽东思想的典范。用他们自己的话说，是'两论'起家，就是通过大学《实践论》和《矛盾论》，用辩证唯物主义的观点，去分析、研究、解决建设工作中的一系列问题。这个油田的建设，也是大学解放军、具体运用解放军的政治工作经验的典范。这个油田的建设，自始至终坚持了集中领导同群众运动相结合的原则，坚持了高度革命精神同严谨科学态度相结合的原则，坚持了技术革命和勤俭建国的原则，全面体现了社会主义建设总路线多快好省的要求。"1981年12月18日，中共中央以47号文件转发国家经委党组《关于工业学大庆问题的报告》，肯定了《报告》对大庆基本经验的分析和看法。《报告》中指出："大庆油田在生产建设实践中，创造了许多好的经验，其中最可贵的，是他们从油田的实际出发，认真学习和运用毛泽东思想，在实际斗争中培育出来的大庆精神。""过去我们靠这种精神，甩掉了石油工业的落后帽子；今后还要靠这种精神，推进社会主义现代化建设。""大庆油田还在其他许多方面，为我国工业生产建设提供了丰富的经验。他们坚持思想领先的原则，深入细致地做思想政治工作，不断加强领导班子和职工队伍建设的经验；他们坚持学习铁人王进喜，年年进行总结评比，选模范，树标兵，以一批先进个人和先进集体带动整个队伍革命化的经验；他们坚持科学态度，掌握第一性资料，加强基层建设、基础工作、基本功训练，建立以岗位责任制为中心的各项管理制度的经验；他们依靠职工管理企业，重视发挥工程技术人员的作用，发扬政治民主、技术民主、经济民主，坚持'两参一改三结合'的经验；他们提倡领导机关和后勤部门面向基层，为生产第一线服务的经验；他们在发展生产的基础上逐步改善职工生活，组织职工家属因地制宜地发展农副业生产和创办集体福利事业的经验，都是十分可贵的。这是大庆油田广大干部、工人和职工家属在毛泽东思想指引下艰苦奋斗、辛勤劳动的结晶，应该加以肯定。"

1989年9月26日，中共中央顾问委员会常委康世恩在全国石油企事业单位领导干部会上的讲话中指出："大庆经验最可贵之处在于：①无论在任何情况下，都坚持党的领导，加强思想政治工作，把队伍建设放在第一位；②无论在任何情况下，都坚持马克思主义的唯物论、辩证法，在改造客观世界的同时，也改造人们的主观世界；③无论在任何情况下，都全心全意依靠工人阶级，全面体现和保证工人当家作主的地位，充分发扬工人阶级的主人翁作用；④无论在任何情况下，都重视科学技术的发展，充分发挥知识分子的智慧和作用，在独立自主自力更生的方针下，攀登科学技术高峰；⑤无论在任何情况下，都坚持艰苦创业、艰苦奋斗的革命精神，宁愿自己多吃点苦，也要为国家作出更多的贡献。”

1989年9月27日，中国石油天然气总公司总经理王涛在庆祝大庆油田发现30周年大会上的讲话中说：“大庆油田30年来积累的丰富经验，是我们在新形势下发展石油工业的宝贵财富。我们一定要很好地继承和发扬光大。第一，学习大庆顾全大局、多作贡献的爱国主义思想，坚持发扬自力更生、艰苦创业精神。第二，学习大庆全心全意依靠工人阶级坚持企业管理工作中的群众路线。第三，学习大庆坚持革命精神同科学态度相结合的原则，不断推进科学技术进步。第四，学习大庆加强思想政治工作的经验，坚持用‘铁人’精神培育和建设符合‘四有’要求的职工队伍。第五，学习大庆加强党的建设的经验，坚持党对企业的政治领导。”

高度的革命精神与严格的科学态度相结合*

大庆石油会战是从1960年5月开始的，到现在是三年半的时间。在这个期间，可以说搞成了三件大事情。第一件是拿下了一个大油田，这个油田是世界上特大的油田之一。第二件是在这个油田上已经开发出了一块，目前建成了一个年产600万吨原油的石油基地。第三件是建成了一座大型炼油厂，第一期工程已经投产。这个油田的勘探和建设速度是比较快的，油田的地质资料收集得比较齐全，地下的情况搞得比较清楚，油田建设和炼油厂建设的质量也是搞得比较好的。

在三年半的会战中，我们连续打了几个比较艰苦的硬仗。

1960年会战一开始，打了一场规模比较大，条件比较艰苦的勘探仗。从1960年5月一直到年底，一口气打了322口探井，用了半年多的时间就探明了油田面积，当年就把这个油田拿下来了。

到了1961年，我们主要搞了油田的生产试验，又做了大量的油田地质科学研究工作。经过这些工作，1961年就把油田的储量搞得比较清楚了。并且通过科学研究和生产试验，摸到了一套适合这个油田情况的开采方法。

1962年，为了迅速地把产量搞上去，我们就进行了大规模的油田建设，完成了大小工程275项。同时，狠抓了油田的生产管理。

到1963年，我们继续扩大油田建设，建成了大型炼油厂的第一期工程，还进一步整顿和提高了生产管理。

* 选自康世恩同志1963年12月24日在北京市领导干部大会上关于大庆石油会战的报告，题目为编者另加。

这三年多时间，我们完成了大量的基本建设工程：打了1116口油井；铺设了集油、输油、供水、注水等地面管道775公里；建成了转油站、油水站37座，大型油罐20多个，以及相应的全套辅助工程。同时，还建成了炼油厂常减压和热裂化装置各一套。所以，这三年是连续苦战的三年，是连续跃进的三年。

三年半当中，共花国家投资7.1亿多元；为国家生产了原油1155万吨；上缴给国家的利润和折旧11.6亿元，投资回收率为149%。全员劳动生产率也是逐年提高的，1960年平均一人一年4886元，1961年就增长到10823元，1962年增长到12530元，到1963年又继续提高到16265元。这场会战，我们觉得在经济效果上的收益也是比较大的，见效也是比较早的。

这个会战更重要的收获，是培养和锻炼了一支队伍。这支队伍，近几年经过了艰苦的锻炼，思想觉悟大有提高，组织性、纪律性得到了加强，技术水平也有很大进步。现在可以说，这支队伍能吃苦耐劳，能打硬仗。

以上是这个油田的简要情况，下面我就讲几条我们在石油会战中的体会。

一、按照毛泽东思想办事，发扬高度的革命精神

大庆石油会战是在一个比较困难的时候，一个比较困难的地方（那个地方不仅是草原，而且是个沼泽地）打上去的。1960年会战一上手，当时有4万多人（现在发展到5.6万人），一下子集中到草原上，正如工人们当时说的，头顶青天一顶，脚踏草原一片，一无房屋（那个地方没有村庄，只有一个牧场，没有依托），二没有床铺，就是锅灶、用具也很不够，当时一下子也供应不了那么多。所以，会战的队伍全部露营。那时，谁家要能得到一顶帐篷，就是优待了。我们把帐篷当奖品来发，谁家工作搞得好，才发一顶帐篷，其他职工都是露营。虽然这些困难都克服了，但最大的问题是会战处在高寒地区，转眼冬天就来了，那个地方冬天来得早，国庆节时就来了。没有房子，的的确确在这里站不住脚，这对我们的压力最大。所以，我们就发动全体职工，一方面要大搞勘探，搞好生产；另一方面，还必须挤出时间来盖土房子。不管你是领导干部，还是总工程师、大学教授、工人，男女老少大家一齐上阵盖土房子，当地老百姓叫“干打垒”。我们从7月份开始，只用了三个多月的时间，就搞成了30多万平方米的土房子，使我们安全地度过了第一个冬天。

当时那个地方，确实像个战场，东一个帐篷，西一个帐篷，有的根本没有帐篷。埋锅烧饭，三块砖头一架锅，在那里支着，东一摊、西一摊，大家都那样星罗棋布地在那个地方干工作。这个草原里还有一个艰苦，就是蚊子之多是吓人的，它一窝一窝的。当时防蚊设备也没有，有的人干脆让它咬算了，不理它了！哈尔滨派去一个文工团慰问，演员们不能张口，一张口，蚊子就飞进去了。会战队伍就是这样挺过来的。

1960年，我们渡过了这个困难后，紧接着是1961年粮食定量有所降低。我们会战队伍体力消耗的确很大。因为当时住的也不合适，劳动强度也大，职工的体质跟不上。我们这个时候就发动职工，在草原上千方百计搞了几十万斤代食品。草原上吃的东西可多哩！就挖嘛，搞了几百万斤野菜，渡过了眼前的困难。最根本的是发动群众开荒种地，从1961年开荒种地起，到现在每年垦荒面积都在扩大。目前蔬菜能够自给，自己收打的粮食，可以充足地补助定量，生活上的困难也就渡过了。

我们油田的工人、知识分子，还有每年毕业的大专学生，他们讲：我们没有参加过二万五千里长征，没有参加过抗日战争和解放战争，也没抗美援朝过，现在到大庆参加了会战，也艰苦奋斗一番，总觉得心里有点安慰，有点光荣。大学生，知识分子他们有这样的感觉，还是一个很大锻炼哩！

从工作条件上讲，会战一开始，也确实是比较艰苦的。当时有几十台大型钻机，要在草原上摆开。但是，那个时候设备到的也不齐全，有的东西不配套。特别是汽车、吊车很不足。按当时大批大型钻机展开工作计算，需要2000多台各种载重卡车和工程车辆，可那个时候只有500来台，四分之一的样子。那怎么办呢？我们就发动群众，用人拉肩扛，加上滚杠，就把几万吨东西从火车上卸下来。五六十吨重的钻机也是用人拉肩扛，加上滚杠，拖几公里，到井场上安装起来。

钻机安起来了，供水设备到不了，怎么办？人们就用洗脸盆子、大水桶，一切“武器”都上阵，从附近的水泡子里打水，一打就是几十吨，就像我们十三陵修水库搬运石头那样，人排成一条龙，进行传递。就这样也保证了开钻。在这样的艰苦环境里头，英雄就多了。那个时候，我们有个钻井队长，叫王进喜。他是甘肃人，原来一直在玉门当工人。他小的时候放过羊，当过叫花子，出身是很穷苦的。在玉门起先是当小工，后来当了钻井工人，解放以后当了钻井队长，一直是个劳动模范。这次调他到大庆会战的时候，他一出马就不一样。他们从玉门到大庆，一下了火车，不问有房子没有，生活怎么安排，头一个就问要他打哪一口井？工地在哪里？他们马上就去看工地，侦察路线，看钻机怎样运到工地。当钻机一到，他就带领工人用人拉肩扛，把钻机卸下来。他们卸得快，拖走得快，安装也快。钻机安装起来以后，开钻要水，但没有供水设备，他们就拿洗脸盆子排成一条龙来传，从500米远的水泡子，端了50多吨水，保证钻机开钻，而且打得很好。从他们下了火车一直到这个井打完，半个来月的时间，根本没有见过房子，连个帐篷也没有，就是这样一口气干下去。当时地方政府发动老乡给他们送开水，附近牛场里面有个老大娘，一看很受感动，见了领导就说，你们那个王队长真是个“铁人”哪！你们可得劝他回来，叫他休息呀！这个名字，就是这个老大娘给他起的。这个王“铁人”，从玉门到大庆一直保持英雄本色。现在，我们已提升他做了钻井大队长。

我们就是在这样艰苦的环境里，三年来，一个苦战接一个苦战，而同样的，也是一个胜利接一个胜利。三年如一日，干了大量的工作。人们这样的一股劲头是什么力量支持着呢？我们觉得，是几万人的革命精神。这个会战队伍，一到大庆，就下了一个决心：一定要使我们的祖国有足够的石油，一定要甩掉石油工业落后的帽子。那个时候，我们的石油与各个部门来比，还是个最落后的部门，甩掉石油工业落后帽子的口号，在工人里头很响亮。工人们说“要把石油落后的帽子甩到太平洋里，永远回不来”，硬是有这个雄心壮志。由于有这样一个决心，几万人抱成一团，那就什么困难也挡不住。有了这样一股劲头和这种革命精神，人们就会斗志昂扬，精神焕发，干劲冲天。

那么，这种革命精神是怎么样培养起来的呢？我们在会战初期条件比较差，困难也比较多，矛盾百出的情况下，为了解决困难，首先就强调全体职工学习毛主席的著作。我们一次就买了5万多本《矛盾论》和《实践论》，人手一册，大家读。干部读，工程师读，工人也读。所以，现在工人们就讲：“我们的会战是靠‘两论’起家的。”的确，“两论”在人们的思想认识和思想方法上，给了很大的启发。现在读《毛泽东选集》就更广泛了。一句话，就是以毛主席的思想来教育我们的职工，并且要尽我们的水平，把主席的思想和我们的生产实践结合起来。也就是说：要具体地运用主席思想来解决我们工作当中的问题；用主席的思想来观察问题、分析问题、研究问题和解决问题。我们这样坚持了，日久天长，确实见到了很好的效果。我举一些例子：比如，我们过去技术干部对油田的情况搞不清楚的时候，他就是去翻书来抄。他就是这样一条办法，再没有别的办法。结果抄来抄去，稀里糊涂，越搞越不清楚。他们学习了主席著作以后，不同了，起了变化。现在是按照主席的教导，从实际出发，大搞调查研究，狠抓第一性资料，把原始资料搞得齐全准确。这样，就可以把油田地下情况搞得清清楚楚，而且要比抄书搞得清楚得多。再比如，我们在科学技术面前遇到了难题，就不是望而生畏、半途而废了，而是按主席教导的破除迷信，解放思想，反复试验，大胆创造。这样就有雄心壮志，敢于和国际水平去较量，也就有勇气攀登世界科学技术高峰。如油井下面的封隔器也好，或者输送高含蜡、高凝固点原油也好，这些技术就闯出来了。再比如，我们在油田建设上，当任务重、时间紧，人力、物力、财力不足的时候，人们就不像过去那样，分兵把口，分散力量，而是按照主席教导的那样，用集中优势兵力打歼灭战的办法，确保重点，集中力量来干，一个仗一个仗地来打。这样，也就一个胜利接着一个胜利。又比如，我们在生产管理上，由于油田发展得很快，千头万绪矛盾百出，生产管理出了问题的时候，人们也就不像过去那个样，头痛医头，脚痛医脚，抓了这个丢了那个，而是本着主席教导的去分析矛盾，透过现象抓问题的本质，认识问题的实质，懂得去抓主要矛盾，也就是说会抓住关键。这样，就搞出了生产管理上的岗位责任制，把生产上千千万万的具体工作和成千上万的人，具体地组织起来，落实到每个人的身上，就把生产秩序建立起来了。在生活上遇到了困难的时候，人们就不像以往那样愁眉苦脸，向外伸手，而是按照主席教导的自己动手，丰衣足食，学习南泥湾精神，大搞农副业生产，克服了困难，改善了生活，促进了生产。

由于我们经常地坚持学习主席著作，反复不断地去实践，主席思想就深入人心。会战队伍的精神面貌确实起了大变化，革命精神大大发扬起来了。现在，在我们会战的队伍里头，形成了几股很好的风气：

第一个好风气，是热爱国家、热爱党、热爱集体荣誉、热爱石油事业成风。比如，这次人大发表了公报，上面讲到我国石油已经基本自给，这对会战队伍的鼓舞是非常大的。工人们非常自豪地说："我们一到大庆，迎接我们的就是困难，但我们有志气，有革命精神，我们战胜了困难，换来了石油基本自给，现在全国人民都知道了。今后，我们要把工作搞得更好，不但要把自己献给石油工业，还要把自己的孩子也献给石油工业。"

第二个好风气，就是这个队伍逐渐形成了一个艰苦奋斗的风气。他们不怕困难、不怕苦、不怕累，哪里最艰苦，哪里有危险，就往哪里上，抢挑重担子，坚决顽强，能打硬仗。真有点解放军的味道，总是抢硬仗打。比如，我们有个1202钻井队，一直是我们标兵钻井队。它三年共打了10万多米，89口井，这一个井队打的井，比旧中国40多年打的还要多得多。他们树了个雄心壮志，一定要超过苏联的国家功勋钻井队。这个井队叫格林尼亚钻井队，1960年用十一个半月打了31300米。这个消息传到了我们的钻井队伍里，1202队硬要"超功勋"。结果他们在1961年只用了九个半月的时间打了31746米，时间比他少两个月，硬超过了他。邓小平总书记曾去视察过这个队。他们向总书记汇报说："我们要超功勋。”总书记鼓励他们，嘱咐说：“你们要注意劳逸结合。”

第三个好风气，是爱护国家财产，以勤俭为荣，以浪费为耻，勤俭节约，也在这支队伍里形成了风气。比如，国家给我们调拨了电子计算机用的电子管，派地质研究所的技术员甘克喻来北京提货，他出发的时候，就带了一床棉被，把领来的电子管用棉被包起来。他还怕被震坏，于是从北京坐车一直拿手抱着回去。到了大庆后，走了四十来华里一直抱着走回单位，很负责任。这种例子非常多。

第四个好风气，就是在工程技术人员里头，解放思想，破除迷信，尊重科学，重视调查研究，现在也逐步地培养成风了。例如，我们有个采油研究站，为了试验井下多级封隔器，全站70多个技术干部，在总工程师刘文章同志的领导下，他们前后做过1018次的试验，最后终于搞成功了，搞得很完善。我们设计院有个技术员叫蔡升，他为了解决向火车上装原油，到底需要多高温度的问题，就选择最冷的天气，坐上拉原油的油罐车，先后跑了五趟，每趟是五天六黑夜，坐的是守车，没有炉火，还要每小时出来测一次温度，测一次风的流速，带的窝窝头，都冻成了冰块。就是这样地干，前后取得了800多个数据，最后做出了正确的设计。这种调查研究的作风，已成为技术干部的普遍作风。

第五个好风气，就是干部爱护工人，工人尊重干部，同志之间发扬阶级友爱，亲密无间，团结互助成风。比如我们采油三矿四队队长辛玉和同志，他这个队来了新工人，房子不够住，床铺也不够用，队长、指导员就把床铺让出来，自己在地上铺草，睡地铺，而把床铺让给新工人。他们就这样住了一个多月，把工人感动得不得了。又如，我们钻井指挥部党委书记王英炯同志，今年雨季的时候，带着几十个机关干部，帮助家属修了80多间房子，这对家属感动很大。他们说："在旧社会从来是工人伺候当官的，现在是干部帮我们修房子，心里实在过意不去。"家属有这种心情，工人的干劲也就越来越大。

第六个好风气，是在这个队伍里，比学赶帮，争当"五好"，不甘落后，也形成了一个风气。就是一有任务，摩拳擦掌，争先恐后，你追我赶，说到就要办到，要干就要干得漂亮，事情没有办到就坐卧不安，吃不下饭，睡不着觉。比如，我们有个专门取岩芯的3249钻井队，他们的一个班长叫方荣华。他这个班的任务是8小时从地底下取上6米的岩芯，到了快下班时，拿上来的岩芯还差1.5米，岩芯收获率不够。班长一看任务没有完成，掉泪了。工人就对班长说："没有关系，不下班，接着下钻，我们一定要把没有拿上来的岩芯拿上来。"他们就第二次下钻，二次下钻以后，还是没有全拿上来，还差一些。这个班的人就说"决不下班，再下钻"，而且下了个狠心，在6米之外再多拿上来一点。第三次下钻，不但把6米补上，还多拿了几十厘米，一口气干了20多小时。队长曾下命令，要他们回去休息，但他们不走，指导员也没有别的办法，就只好送馒头，夜间送饺子慰问他们。但这个班长一口也没有吃，说吃不下去。就是有这股劲，硬是要把这个任务完成。

第七个好风气，是队伍里人人坚守岗位，埋头苦干，不马虎，不凑合，严肃认真，成了风气。自从我们建立岗位责任制以来，从干部到工人，人人形成这么个习惯。如有个采油工人叫胡玉双，有一天他正在清蜡，暴风雨来了，本来可以到值班房躲避一下，但是，他硬是守在岗位上，一个劲儿干工作。在倾盆大雨下，一连干了两个钟头，一直到把蜡清完了才下来。工人们现在都有这么一股劲，到了岗位上就和解放军哨兵一样，就定死了，没有命令绝不离开。一个队伍好风气成了风，那就了不得。当然，没有好风气，那就必然有个相反的风气，就要有坏风气；一个队伍坏事成了风，也会不得了。我们这个队伍能信得过，敢交给他办事情，做出来的事也靠得住。这样，领导就比较好办事，就主动。

总括起来说，从这几年的实际工作中我们深深体验到，一个现代化的企业，必须首先要讲革命化。因为我们是一个社会主义的企业，如果我们离开了革命化的道路，我们和资本主义的企业来比较，除了所有制的不同以外，就没有别的差别了。我们和他们所以不同，就是我们有马克思列宁主义，有毛主席思想，有革命精神。有了这个，我们就可以比他强。只要一个企业，讲究革命精神，而且革命精神得到充分发扬，这个企业生命力就强，生产、基本建设都会蓬勃发展。如果再加上先进的技术装备，就会如虎添翼，威力更大。因此，我们这几年深深体会到，对一个企业的领导人来说，他最重要的责任是什么？就是要不间断地提高队伍的思想觉悟，就是要用毛主席的思想来教育职工，引导人们走上革命化的道路。

1956年毛主席找石油部去汇报，我也参加了。那个时候石油工业刚刚起步，主席听了汇报以后，讲了一句话，我永远忘不了这句话。主席说，看起来要把石油工业搞上去，还得革命加拼命。这个话，我们要永远记住！1958～1959年期间，由于我们工作水平所限，也犯过瞎指挥的错误，也犯过一些不讲究科学的错误，碰了一些钉子。不过，我们深深感到，碰了钉子，吃了苦头，就有了经验。我们把这些经验运用到大庆石油会战中，就取得了很好的效果。

我们说，经过这个会战的锻炼，实际斗争的考验，对革命精神有了更深入的体会了。我们清楚地看到，大庆石油会战不仅是依靠了一些现代化的设备，现代的技术打下来的；而且，更重要的是依靠我们自始至终坚持学习了毛泽东思想；自始至终按照辩证唯物主义观点办事；自始至终发扬了艰苦奋斗、勤俭建国、自力更生、奋发图强的革命精神的结果。

二、狠抓第一性资料，坚持严格的科学精神

这个第一性，就是毛主席在《实践论》上讲的第一性知识，也可以说就是感性的知识。

这几年，我们搞工业的经验，概括起来，就是要把人们的革命干劲和科学精神结合起来。就是说，把人们的革命干劲引导到搞科学、按科学规律办事上去。

我们搞工业的是和自然打仗，在科学技术面前，我们只能是老老实实甘当小学生，不断探索了解客观事物的规律。而要了解客观事物的规律，最重要的是，必须占有第一性资料。所以说，人们重视还是不重视第一性资料，是人们尊重或不尊重科学的分界线。要尊重科学，就不能忽视第一性资料。如果不重视第一性资料，不作调查研究，就没有发言权。我们搞石油的斗争对象是油层，这个东西深埋地下，确实是不能直接观察它，摸也摸不着，看也看不见。可是，我们要想把生产搞得好，首先就要对油层情况有个清楚的了解。过去，我们曾经在玉门和克拉玛依油田以及四川等地方，由于当时对第一性资料重视不够，吃了不少的苦头。比如说，克拉玛依油田也是世界上比较大的油田之一，可是一直对油层认识不清。原来总以为地下油层是很均匀的，一层一层的，后来重新打井，取出岩芯一看，完全不是那个样子，地下是堆积了很厚的砾石，油就存在石缝中。1958年，我们在川中南充一带，钻探见到了油，地下情况还未了解，仅是二三口井出了油，就急急忙忙地做了结论，说大油田到手了，这话说得太早了。在四川，我们也是搞得很凶的，两年一口气打了300多口井，当时想“一锄头挖个金娃娃出来”，结果是金娃娃未挖到手，碰了个大钉子。这类事给了我们很大的教训。我们就得了一个经验，即在地下石油没有拿到手以前，你趁早不要说大话。一口井出油，不等于说找到了一个油田；一时的高产，更不等于能长期高产。我们就得到了这么两句话的教训。这很有用处，这就变成了我们的财富了。到1960年大庆油田一上手，我们就再三强调要把油层情况搞清，狠抓第一性资料，作为我们压倒一切的任务。把人们的冲天干劲发挥到获取第一性资料上去。正是因为这样，这一次在大庆，不但是把油田拿到了，而且在勘探过程中，就把油层情况一步一步地搞清楚了。这叫做一步一个脚印，步步落实。这样，这个油田拿下来就比较顺利。我们为了把油层情况搞清楚，规定每打一口井，都必须要取得20项资料、72个数据，一点不能少，一个不能错。这个规定对工程技术干部来说是个很大的推动。当然，地质家是非常拥护的，因为他们是很愿意得到这些科学数据的。这对地质家、科学家撑腰可大哩！所以，他们的劲头也就来了。油田的资料也就搞得好、搞得准，做了大量的工作。现在这个油田打了1116口井，共取了11400米岩芯，井壁取岩芯14500多颗，每口油井都用电法测井15～18条曲线，总共测过28800多条曲线。测量油层的原始压力9480多个井次，前后共测量流动压力36568个井次，这都是第一性资料。对这些资料，我们做过55万多个岩石样品的分析，进行过160多万次的分析化验。把这些分析化验资料综合起来，我们搞过1744万次地层对比。就是通过一口井一口井油层的对比，看油层是不是连通，性质有没有变化，一个数据一个数据地进行对比。这是个很艰苦的工作，共有800多个技术干部干这件事情，他们经常干到深夜。由于我们占有了大量的资料，大量的数据，搞了大量的试验，作了严格的分析研究，对油层的情况了解得就比较清楚。弄清楚了大庆油田地下有45个油层和这些油层相互之间的差别。当然，油层多是好事，可是在开采技术上，也是一个大麻烦。因为油层多，一个油层和一个油层又不一样，将来怎么能最大限度把每个油层里的油拿出来，是工艺上很大的一个难题。我们不仅弄清了有多少油层，而且每个层是个啥样子，也基本上清楚了。各个井在地下的连通情况怎样，也搞得比较清楚了。至于我们在开采中，注入油层里的水怎样流动，注了水后油层里起什么变化，以及一口井什么时候会被水淹等一系列的问题，也能够计算得比较准确了。例如，我们在生产试验区里，把水注进去，观察水流动的速度有多大，现在有28口油井出水了，被注入的水淹了，这和地质家在事先计算出的水淹时间只相差不到20天。和地底下油水“捉迷藏”，是够准确的了，为开发油田打下了科学的基础。这样，今后的生产就会处于一个主动的地位。也就是说，不会说瞎话了，或者顶多有时说话的程度不够准确，但不会差得太远。

再例如，建设炼油厂，开工之前，我们就下了决心，一定要建好，一定要做到一次成功。因为这个炼油厂完全是我们中国自己设计，绝大部分设备也是中国自己制造，而又是自己施工的。如果头一炮打不响，问题就多了。为了要做到一次成功，我们就把这个决心反复给职工讲，这个雄心壮志，就变成了政治力量，动员起了群众。但是，工作必须落实在科学的基础上。我们从开始设计，从每一张图纸，一直到施工的每一个工序上，都要求十分严格，狠抓质量，一点不马虎。如果设计上错了，哪怕基础已经搞好，我们也挖掉重来，硬是下这个本钱，严格要求，一丝不苟。设计图纸不准有一点错，施工当中不准有一点质量不合格，一点一点地抠，一步一步地抠。这样抠是不是慢了呢？一点没有慢，反而在施工中步步落实，都是一次成功。从基础一次成功，到上面安装，不管一个螺丝、一个闸门、一条管线，都必须绝对合格，焊接要合格，绝缘要合格，防腐要合格，保温要合格，处处落实，结果是快了，质量又好。到今年9月，第一期工程已建成，本来应该投产，我们硬是没有马上投产，而有意识停下一个月，彻底来个大检查，不准工程质量上有一点漏洞。所以质量上没有问题，因为功夫下到了。同时在投产以前，组织职工像解放军那样大练兵、大演习。怎么练，怎么演习呢？首先把工人的岗位确定了，第一步就搞岗位练兵。岗位练兵是从单机练兵到合成练兵，一直练到每个人的动作绝对符合操作规程。硬是进行考核，工程师在那里看，合格签字，不合格重练。一个动作一个动作地练，一个人一个人地练，一个部分一个部分地练。经过岗位练兵，单机运转以后，然后进入到协同动作、联合运转大演习。因为，这个炼油厂规模很大，全部开动起来，必须是一个整体的、有机的结构，人们的动作必须是协同动作。这样的演习共进行过四次，使人们的动作在投产以前都合乎标准。协同动作很熟练了，才开始进油正式投产。10月20日正式进油，虽然是个全新的炼油厂，但就和老厂一样，一进油，温度、压力逐步升高，它就汽油、柴油、煤油都出来了。这个一次成功，怎么来的，就是一切细节都卡死了，它就能做到这一点。本来新装置、新设备，尤其是高压、高温的炼油厂，各种结构上总是热胀冷缩，过去就有人说炼油厂投产没有不出事故的。可是，我们这次硬是做到了进油不出问题，因为在事先把这些隐患都消灭掉了。总之，工作必须是科学的、扎扎实实的，就是实干。我们认为，鼓干劲有两种鼓法，一种是鼓虚劲，一种是鼓实劲。我看我们还是要多鼓点实劲，少鼓点虚劲，事情就会办牢靠了。

三、认真做好基础工作，狠抓基层建设

要办好一个企业，我们觉得必须把基础打得牢牢靠靠，扎扎实实。这个问题，我们也接受了以往的教训。要搞好一个企业，不能光搞轰轰烈烈，还必须把力气使在打基础上。光图热闹，赶时髦，搞花样，结果回头一看，是漂浮的。

搞花花哨哨不行。以往我们制度也不少，但是过不了硬。当时，看起来似乎还有点味道，过些时候味道就不大了。因此，在会战中，我们下了决心要把基础工作做好，把工作做到井口上，做到工地上，做到基层单位里去，把基础打牢靠。只有这样，生产才稳当，队伍才拖不烂，打不垮。从这几年的搞法来看，要搞好一个油田，必须要抓好哪几个方面呢？我们体会有如下六个方面：

第一，要时时刻刻注意掌握油层动态。我们是开采油矿的，油层是在地底下，它在生产过程中起什么变化，必须时刻了解掌握，搞生产才能主动，搞计划才能准确，制定生产措施才有依据。如果油层情况有变动，自己都不知道，那么生产计划也好，措施也好，就都失去了依据，必然做被动的事情。那么怎么掌握油层变化情况呢？就是靠在日常生产中大抓第一性资料，尤其是班班观测，班班记录，天天分析，日积月累就可以看出它的规律来。

第二，基本建设的工程质量，必须是优质的、头等的。这对油田和炼油厂来说，则更为重要。油田上的油井是个命根子。所以每打一口油井，必须严格要求质量，因为一口油井生产几十年，质量不好，给生产上遗留的祸根很多。过去，我们也有过很多教训。如在克拉玛依油田，曾经打过一

批井，质量不大好，到现在还有几十口井在那里放着，投不了产。所以，我们从会战开始以来，对质量采取了严肃的态度，严格的要求。在油田建设中，不论是铺设管道，不论是建设泵站，都要求质量好，焊接都要牢靠，防腐绝缘工作做得合格。关于质量问题，我们是有过斗争的。这中间有种种坏的习惯，对质量不大重视。所以从会战开始以来，部党组为了质量问题，是每会必讲，每件事情都要检查，每一星期都要通过电话会议，讲一次质量问题。光提醒人们注意还不够，还必须严肃对待。如会战刚开始，有一口井在打井过程中，因为工程师没有注意，资料没有搞全搞准，我们就抓住这个事情不放，开了半个多月会，讲道理，批评这种现象，而且把那个工程师撤职，狠狠地整顿了一下。这个工程师经过了教育，后来工作又搞得很好，又复了他的职。所以，在我们会战队伍里的地质技术人员有一个纪念日，每年到“4月19日”就开纪念会，以便牢记这个问题。我们的油田建设队伍也有个纪念日“12月1日”，也是因为有些工程质量搞得不好，进行了批评。这样做有好处，要人们牢牢记住。我们深深地感到，质量问题是人们的党性问题，对质量不负责任，那就是对党不负责任，那就是对我们的社会主义事业不负责任。质量问题不完全是个技术问题，也并不完全是个客观条件。当然，原材料有时有点关系，但是只要代用得合乎规格，也可以保证质量。所以在设计范围内，在一定的物质基础条件之下，质量是可以搞得合乎规格的。质量所以搞不好，主要是人们的责任心问题。尤其是领导干部对质量的态度问题。对质量不负责任的人，就是党性不强的表现。共产主义风格是把困难自己担起来，把方便让给别人。而搞基本建设不讲究质量的人，恰巧相反，他是把方便统统占了，而把困难留给别人，留给生产的人。

在我们领导干部中间，要树立质量第一的思想，要坚定不移。同时，为了保证质量，我们采取了如下一些有效措施：

(一) 保证质量首先决定于设计的好坏

我们在会战中，设计院就驻在工地，并且在设计前作周密的调查研究，设计出来的东西，必须作三结合的审查。我们的三结合有两套，即设计的、施工的和供料的三结合来审查，再一个是技术干部、领导和工人三结合审查，两套三结合合在一块来审查设计。在施工中，设计人员要跟着工人走，设计人员必须住在工地上，一个图纸一个图纸地向工人交底。一旦发现不确当的地方，就要立即研究改正。工人在知道了图纸的全部意图之后，他在施工中若是发现设计有缺点，他会想出办法来弥补，可以发挥主动性。这是我们保证质量最过硬的一手。

(二) 根据设计要求，合理地选择原材料

施工所用的原材料，必须经过分析化验。水泥也好，钢材也好，都必须经过分析化验，不合格的不准使用。如果要代用的话，必须事先经过反复试验，证明其性质良好，合乎设计要求，不会影响质量的时候，才准代用。这个必须卡死，松不得口。一松口，就会有人强调困难，随便代用，就会出麻烦。

(三) 在施工工地上，实行以质量为中心的岗位责任制

在岗位责任制中有一条规定，叫做“五不准施工”，在五种情况下，工人有权利拒绝施工。“五不准施工”就是：①任务不清，情况不明，施工图纸不清楚，不施工。②质量规格标准和技术措施规定得不清楚，不施工。③备料不合要求、施工必需的基本条件没有准备好，不施工。④施工的设备仪表不齐全、不完好，不施工。⑤上道工序质量

不合格，下一道工序不施工。我们的岗位责任制中还规定，下一道工序的工人验收上一道工序。例如，砌墙的工人来验收基础的质量，如果认为基础的质量不合格，砌墙的工人就拒绝砌墙，必须由搞基础的工人返工。这样，对质量有很大的帮助。这正是党给工人的民主权利。

（四）万一工程质量不合格时，必须坚决推倒重来，绝不马虎凑合

会战开头两年，确实推倒了不少东西。我们打的油井1000多米深，已经把钢管都下进去了，不合格，硬是下命令把钢管拔出来。有的时候拔不出来，这个井宁肯报废，也不迁就。这样的井，我们报废了两口。当然，报废一口井不是随随便便就算了，报废一口井，推倒了一个工程，要召开一万人的大会，认真地进行教育。群众和各级干部就看你领导是什么态度，他们看你态度坚决，非报废不行，非推倒不行，你再开上个大会，他们就会觉得这可不能含糊，凑合不过去，人们的风气就转过来了。推倒重来，我们是干过，可是以后，推倒重来的事就少了，逐步地发展到1962、1963年的一次成功，不返工。事实说明，没有当初推倒重来的决心，就没有今天的一次成功。

（五）我们在基本建设施工过程中，实行"五到现场"

就是：设计工作要到现场，供应工作要到现场，施工指挥要到现场，政治工作要到现场，生活管理要到现场。这是保证质量也是保证施工速度的一个根本措施。

影响油井质量最主要的有三个地方：第一关是井的斜度，如打1000米深的井，如果打得笔直，它的质量就容易好，因为钢管容易顺当地下去，而且易于下到井的中心，最后拿水泥固井的时候，就容易搞好，井的寿命也长。如果井打得斜度很大，一面斜还好办，如果打成歪歪扭扭的"狗腿子"，就

没有办法。我们现在井的斜度是要求1000米的井不超过3度，今年已经做到了。第二关是油井下钢管后灌水泥固井，用300多大气压的泵，憋进地层和钢管的环形空间，如搞不好，就会打穿，将来非漏不行，我们现在合格率已达98.4%。第三关是打开油层，打开油层的准确度很不易瞄准，当电缆把火焰喷射器放下去时，电缆在不同的温度、不同的深度之下，其伸缩系数很不一样。千分之一的误差，就差一米，油层又多，误差千分之一就错过了。所以，这个问题很不好解决。最近，我们搞了一个在世界上也是比较新的技术，工程师们利用接箍磁性反应探测，在火焰喷射器上面加一个磁性定位器，就可使火焰喷射器每下过一个接箍，它的磁性就表现一次，等于是炮弹说了话。所以，现在我们准确度大了。

我们就是卡这三个关键，把井打直、固井牢靠、射孔准确。做到这三件事，措施上是要作一系列的规定，最根本的是从最原始的动作起，钻机安得要笔直，从40多米高的井架到1000多米的地下为止，必须是垂直的一根线。这个精确度，一般说很不容易，所以钻机的安装必须平、稳、直、准。现在，我们都是拿罗盘定，用经纬仪找中心。影响井斜的还有一个就是钻头的选择，打到什么地层要用什么性质的钻头，特别是钻压要调节好，不然，软的地方压弯了，硬的地方又顶回来了，容易打成“狗腿子”，所以从钻具的配合，一直到工人操作都要作具体规定，才能把一口井打直。

第三，搞好技术练兵。就是训练好工人的技术，要练好一套真本领，硬功夫。我们这一套训练，就是学解放军练兵，我们叫岗位练兵。从生产需要出发，贯彻学用一致、少而精的原则，坚持做什么、学什么，缺什么、补什么，力求实效，促进生产。岗位练兵必须是勤学苦练，我们叫作练“四过硬”：一是在机器上过得硬，熟悉机器性能，和战士要熟悉大炮、机关枪一样，要会维护、保养，会排除一定的故障。二是练操作上过得硬，动作熟练、精确，协同动作好。在现代化企业中，练兵最重要的一个内容是练协同动作，因为我们任何一个生产过程，都是许多机器构成的，操作上必须是协同动作好。三是练质量过得硬，干活要正正规规，合乎质量规格标准，要正规化。四是练复杂情况面前过得硬，否则有时就容易出事故。这和部队练兵一样，加上各种地形复杂条件，练怎样接近敌人。在我们工业生产里面，就是要练有安全知识，能判断、预防和处理一些事故。我们练“四过硬”，坚持天天练，在岗位上随时随地练，练硬功夫。比如我们采油工人练兵，主要是练操作井口闸门。怎样练呢？就是要和解放军一样，要练到把眼睛蒙住拆装闸门，进行比赛。有些小伙子黑夜熄了灯还不睡，搬一个闸门放在床底下，趴在床上拆开装起、装起拆开地练。还有，我们仓库里的管料工人，不仅把他管的几百种、几万件料记熟，在什么地方放的记清，还在夜间把仓库灯关了，说我要什么料，提出单子来，几分钟内，靠摸黑就把料拿出来。这样锻炼就有了硬功夫，就是遇到意外情况，也能保证质量和安全。

第四，把设备管好。现代化企业，设备是物质基础，是生产手段，人操作机器，有技术，有原料就可以出产品。所以在现代化企业里，必须精心管理设备，做到台台完好。现代化企业，如果不注意设备，不去管好设备，拿军队来作比方，就等于自动放下武器。在会战中，因为生产紧张，设备出力比较大。但是，由于这几年我们狠抓了设备，设备情况还是比较好的。现在会战地区常用设备有3900多台，其中完好率达87%。油田上固定设备少，多数是开上走的机械设备，达到87%的完好率，不算很低。当然，还需要继续提高。我们对管理设备有些什么办法呢？我们采取过这样一些措施：

一是不断向旧的、不好的习惯势力作斗争。坏的习惯势力是什么？就是在使用机器设备上“不拘小节”，吊儿郎当。丢个螺丝，润滑油不合规格，根本不在乎，用上就算了。油料不讲究清洁，水也不讲究清洁。机器出大毛病，往往是从小地方引起的。这几年，我们狠抓了这些问题。这种怪毛病，就是因为平时对设备管理要求不严，设备已经有了毛病，又怕完不成任务，便带病运转，叫做“驴不死不下驴”。其实，这不是工人的毛病，是领导上的毛病。我们除了靠平时教育，靠检查以外，还用了一种贴封条的办法，就是把机械工程师、技术员、老技师、老工人组织起来，到处查机器，机器上缺了螺丝，就贴上封条，不准你动。特别是卡车，沿路检查，油料不合格，水不合格，干脆就贴上封条，停在那儿，不准动。其实这些问题很容易解决，只要人们注意起来，举手之劳，就可以解决。和习惯势力作斗争，是我们管好设备的一个大问题。

二是实行定人、定机、定岗位，谁用谁管谁保养。操作工必须学会保养，使职工人人关心爱护设备。单人操作的，比如卡车，就是司机一人开；还有一班操作的，就实行专人专机制；三班操作的设备，几个人共同操作的设备，就设一个“机长”，非经批准，不准随便乱更换。这样就有人操心机器了，机长负责督促，大家来管好设备。

三是实行定期强制保养制。机器必须保养，而且必须强制保养。比如规定机器运转2000小时，不管好用不好用，都要停下来强制保养。保养时应解体检查，如果零件、部件都很好，就擦洗一下，也会延长使用时间。这个我们是从飞机场学来的，只要飞机一落地，地勤人员就给你强制保养。铁路上保养机车也很严，我们学了之后，就用在我们管理钻机、采油设备以及炼油厂设备上，很有效果。

四是要确保检修的质量。检修时，对机器、设备必须进行解体检查，特别要重视把机器的“内脏”搞得规格、完整、灵光。

五是要狠抓操作。操作要十分严格，必须按照操作规程办事，这样才可以保持设备经常完好，生产上就主动。

第五，建立基层生产岗位责任制。基层生产岗位责任制是生产管理的根本制度。几年来，我们反复研究了这个问题。我们这个油田，在1961年，主要是勘探和生产试验，到了1962年进行了大规模的生产建设。这个时候，生产规模发展得很快。大规模建设一开始，差不多每天有油井投产，隔几天又有泵站投产，生产管理上千头万绪，相当复杂。当时，我们生产管理没有跟上，于是问题就多了，出了一些事故。为此，我们就把一些领导干部放下去，跟班劳动，跟班调查，跟班写实，描写工人究竟是在怎么做，问题为什么存在，进行了一番调查研究。从调查回来的大量事实看，工人的积极性很高，工人都想把生产管好，基层干部也累得要死，东跑西抓，但是问题解决不了，生产还管不好。所以那个时候，基层干部有个反映，叫做“天天抓问题，问题越抓越多”，“抓大问题、关键问题，可是问题越抓越大”。这是什么道理？经过反复调查，人家总结出一条道理，我们生产管不好的根本原因是：一方面，日常生产中大量的、常见的、千千万万的具体事情需要人来管；另一方面，我们也有成千上万的工人，积极性很高，想把事情管好，但这两个方面没有结合起来，关系没有固定下来。工人想管好生产，而没有门路，就是这么一个矛盾。根据对情况的分析，得出一条结论，要想搞好生产，必须把成千上万的事情和工人的关系固定起来。用什么办法呢？要学战士站岗放哨的办法。我们把每个生产岗位和每个岗位上的人，都提出个岗位责任制。这样一搞，效果很好，生产局面很快就转过来了。我们以往搞过很多制度，搞过计划管理、定额管理、一定的奖励制度、经济核算制度等等。这些制度都很重要，都要有。但是，从我们自己体验下来，岗位责任制是更根本的东西。有了过硬的岗位责任制，在这个基础上，计划管理、定额管理、经济核算，就容易落实，就能过硬。如果岗位上的工人吊儿郎当不注意，夜班睡了觉，没有不出事故的。不是质量事故，就是人身、火灾等别的事故。所以，训练队伍，首先要把工人训练得像人民解放军站岗放哨一样认真。

我们的岗位责任制包括六个内容：岗位专责制、巡回检查制、交接班制、设备维护保养制、质量检验负责制、班组经济核算制。把这六个制度捆在一起，组成岗位责任制。其中岗位专责制是个核心，交接班制是个关键。因为所有六个方面的问题，最后集中在交接班制上。我们把交接班制规定为“七不交接”。下一班接上一班的时候，上一班要七个方面交代清楚，下一班如果有一个方面不清楚，可以不接班。“七不交接”就是：任务交代得不清不交接；质量要求和措施不明不交接；设备保管得不好，工具、设备配件缺少损坏不交接；安全设备不正常不交接；工作场所不清洁，有漏油、漏气、漏水、漏火、漏电不交接；原始资料不全不准不交接；上一班为下一班必须做好准备工作，做得不好不交接。

这个制度，我们开始实行的时候也很乱。过去有个老习惯，“张师傅、王师傅，咱俩挺相好，为啥这样认真呢？”严格不起来。过去，工厂里的交接班情况很马虎，有马路交接的，有宿舍交班的，有的打个招呼就完了的，有澡堂子里交班的，也有的干脆不交的。什么都有，很不严肃。我们狠狠地整顿了一下，必须严格交接，而且首先卡住上一班未做好，下一班不准接班。你接了班，不管发生任何问题，你就得负全部责任，我们以往的交接班不严，失了火，出了事，追来追去追不出道理来，推来推去成了无头案。现在不行了，上班未搞好，下班不接。所以，现在的交接严格极了，而且下一班要给上一班评分。

我们生产中的大量事情，等于每天有几万人进行了检查，每交接一次班，等于全油田检查了一遍，这是光靠干部跑断腿也做不到的事。所以，井上没有油污，井下没落物，就是靠这样做到的。

归根到底来说，岗位责任制要想执行得好，决定于工人的主人翁态度，决定于高度的责任心，这是个灵魂。要是没责任心，制度就成了一个没有生命力的东西。责任心则来源于思想教育，来自于一整套的思想政治工作。为了更有效地调动职工的积极性，充分地发扬民主是很重要的。所以，我们在岗位责任制中，规定了岗位上的工人有五大职权：①工人在生产岗位上时应严守岗位，如果没有胜任的操作人员代替时，不管命令来自哪里，值班工人可以拒绝执行离开岗位的命令。②岗位工人有权阻止非本岗位人员动用本岗位各种物品，并拒绝没有操作合格证或实习证的人操作自己所管的设备。③岗位工人必须搞好设备维护保养工作，并严格执行定期检修制，如上级命令越期继续进行操作，岗位工人可以拒绝接受。④岗位工人发现生产上有隐患时，要立即报告所属上级，请求紧急处理，如上级既不指示，又不处理，发展到危险的程度时，可以停止操作。⑤岗位工人在没有操作规程、没有质量标准、没有安全技术措施的情况下，可以拒绝生产或施工。我们感到，规定这些职权，体现了社会主义制度的特点，体现了工人当家作主的地位，增强了他们的主人翁责任感，充分调动了他们的积极性。

我们深深体会工人参加管理，不是光表现在搞个“三结合”，也不光表现在参加个职工代表大会，提几个提案。我觉得，工人在岗位上真正成为主人，有了权利，是体现工人参加管理的很重要的方面。因为你真正发扬了民主，他们也就能坚持原则，就能打破情面，在工作上真正负起责任来，严肃认真，一丝不苟。工人在岗位上就能把工作越做越好，好上加好。而且由于给了工人职权，就能加强自下而上的群众监督，提高了工人对领导干部的要求，有效地限制了领导上的官僚主义和瞎指挥。

第六，基础工作里最重要的一条，就是加强基层建设。我们企业的工作，最后都要落实到基层单位。在我们来说，基层就是井队、泵站、车间等。基层单位是企业的组织基础。我们工作的好坏，决定于基层单位的强弱。基层单位强，它就能够打硬仗；基层单位弱了，再有好制度、好措施也贯彻不下去，行不通。所以，我们企业的组织建设工作、政治工作、企业管理，都要集中地做到基层，加强基层。

这几年来，我们狠抓了基层建设，总的讲来，是抓了开展“五好”单位的运动。我们规定的“五好”条件是：政治思想好，生产完成好，集体作风好，技术训练好，生活管理好。

究竟建设基层、加强基层工作的核心是什么？根据我们的摸索，最重要的有下面四条：

（一）要有一个好的干部班子，其中关键人物又是三个主要干部，他们是领导核心

一是要有个好的车间主任或井队长。在一个队里或一个车间里头，要把既是劳动模范又是生产能手的人，选拔起来当队长和车间主任。这样的干部就会以身作则，遇到复杂情况也能处理，也有威望。这样的队长、车间主任，就能冲锋陷阵，到了紧急的时候，也能顶得住，什么任务都能拿得下

来。不这样，队伍就没有战斗力。这样的同志，也许会有一些缺点，例如不善于讲究方式方法，或者有些时候态度粗暴一些。想找个十全十美的人不太容易，对这样的同志，要肯定他们的优点，帮助改正缺点，使其更加全面起来。

二是必须配备一个好的政治指导员。指导员必须是立场明确，干劲大，讲原则，能团结人，分析问题有条理，并且要熟悉生产，能联系群众。在工作中要支持队长，有的时候还得给队长"擦屁股"。例如，到了生产紧要关头，队长的火起来了，可能态度不好，指导员就得做些解释工作，保证团结。我们从会战以来，就提倡这种作风。例如有个1206钻井队，队长是个青年，叫段兴枝，这人是火性子，哪怕是冬天，打钻的时候，他也是衣服一脱就上去了，就是方式方法有点欠妥。有一次，这个队和别的队比赛，他三天三夜没下井场，眼睛都红了，最后还是输了四个钟头。他这一输，浑身不是劲，见了钻头、钻杆踢一脚，见了指导员"摔一下"，见了工人也发脾气，反正是不对劲得不行。当时，他队里的指导员就不错，这个人叫陈茂汉，他看到这个味道不行，就先想法叫队长回去睡觉，他转回来开工人大会，向工人分析队长是个什么心情，三天三夜恶战，下了什么辛苦，取得了什么成绩；再分析一下为什么输了四个钟头，下次能不能赢回来？因为这个指导员会做工作，"擦了屁股"，队长威信还提高了，工人反而更加喜欢这个队长。如果不是这样，这个队就会闹不团结。我们抓住这个例子在指导员中加以提倡，对保证团结，起了一定作用。

三是要有个好的技术员，最好是当过工人，顶过生产岗位，能文能武，能说能做，熟悉技术。要明文规定技术员是队、车间的领导成员之一，有权协助队长指挥生产。这样，就可以充分发挥他的作用。

基层单位有这样一个领导班子，就是说，有一个能打硬仗的队长，一个能团结人的指导员，再加上一个能文能武的技术员，就会团结得好，做起工作来，也能放心。

(二) 必须有一个好的党支部

一个基层单位没有好的党支部，就不能成为一个好集体。支部建设的方面很多，这里只讲一个我们认为是最根本的问题，就是支部必须发扬革命精神。支部的作用应该是从政治上教育人，鼓舞每个人搞好生产，从政治上支持每个干部，放手去工作，努力完成生产任务。这样，支部的威信就高，成为团结的核心，发扬战斗堡垒作用，人们就心情舒畅。有了好人好事，就大家表扬，有了缺点毛病，不管是谁的，也能直率地批评。如果支部不讲革命精神，光讲谁大谁小，谁领导谁，你说了算，我说了算，陷入个人主义的泥坑，争权夺利，扯不完的皮，说不完的是非，什么事也办不好，支部就不能成为核心，发挥不了战斗堡垒作用，就不能团结群众，不论保证作用也好，领导作用也好，都根本谈不到。

发挥支部的领导作用很重要。基层单位干部之间闹关系，往往是由于集体领导和分工负责二者之间的关系摆得不对而产生的。在一个基层单位，如果没有支部的集体领导，无论是队长或指导员，要想搞好工作是不可思议的。因此，在一个基层单位，重大问题都要在支委会上讨论，实行支委会集体领导下的队长负责制。但是，支部对上级布置的任务和命令，必须全力保证执行，不能变动。在支委会集体领导下，搞好干部的分工负责，协同一致，又是十分重要的。首先要强调各有专责，把责任落实到每个人身上。队长指挥生产，负生产管理上的全部责任；指导员负责政治工作；技术员负责生产技术。明确分工，又要强调协同一致，共同负责，你中有我，我中有你。例如，基层干部轮流跟班劳动的时候，不管是谁，既要对生产负责，又要对政治思想负责。总之，有了成绩归大家，有了缺点，抢着担责任，互相团结，互相支持，一切为了搞好生产。

（三）基层单位要树立团结的风气

对一个基层单位来说，团结是更为重要的，一定要在基层干部之间养成团结互助、阶级友爱的风气。干部爱护工人，工人尊重干部，尊师爱徒，人人以团结互助为重，教育每个成员做到有碍团结的话不说，有碍团结的事不做，队伍里头逐步养成团结的风气，那就好办了。

（四）加强基层建设

首先企业领导机关必须面向基层，为基层服务，这是最重要的。要把工作做到基层去，不要只管在机关里忙忙碌碌。机关多了，不能乱要报告，乱开会，乱发报表，我们那里叫做取消“苛捐杂税”。我们一般是职能部门要开会到前线去开，到工地上去开，不能拉回来开。

四、积极培养，大胆提拔年轻干部

我们认为，队伍建设中的一个重要问题，是干部队伍的建设，尤其是现代化企业应该重视建设一支好的技术干部队伍。因为现代化企业，没有一支好的技术队伍，技术水平就不能提高，不能发展。我们在会战三年半当中，打破了唯“资格论”的框子，大胆地提拔了一批年轻的、思想好的、革命意志旺盛的、有能力的干部，发挥了很大作用。三年半时间，共提拔了1663名，这个数量不算少。其中，提拔为总工程师的有8名（现在我们总共有16名总工程师），提拔为主任工程师的有63名，提拔为工程师和地质师的有307名，这些同志的年纪大多数在30岁左右。这批年轻干部提拔起来以后，在会战当中出了大力，作出了很多的贡献。

在培养干部上，首先是领导对这个问题要重视起来，要从整个革命事业出发。干部是革命最大的本钱，不仅要从我们这一代，而且还要考虑到下一代。现在看来，我们提拔年轻干部非常重要，也确是时候了。现在的老干部的年纪终究是一年比一年老了，总会有一天要“革命成功”的嘛！培养下一代干部对我们事业来说非常重要。

我们培养干部，不论在什么时候都要遵循党的德才兼备的政策。正因为这样，我们提拔干部必须打破唯“资格论”的框子，也要打破唯“学历论”。不论是唯“资格论”，还是唯“学历论”，我们打破它好。打破这个框子，我们的眼界才能开阔，才能够大量地发现人才。在我们实际工作当中，看干部要看主流，培养干部要有方向。就是说，我们了解干部，必须从一个干部的全部历史和全部工作出发，如果只看一个干部的一时表现，那是靠不住的。每个干部身上的优点、缺点各有不同。我们对一个干部的看法，必须看他根本的一方面，看主流。比方说，我们经常遇到的干部有三种：一种干部是政治上很好，革命意志也旺盛，干劲也大，干起工作来，能以身作则，冲锋在前，退却在后，奋不顾身，认真负责。这些干部在其他方面也会有缺点，比如工作方式、方法有些毛病等。对于这种干部，我们觉得，应该肯定他们的成绩和长处，而耐心地帮助他们克服缺点。需要的时候，这种干部是可以提拔的。因为一个队伍中，培养提拔这种干部多了，战斗力就强，能打仗。第二种干部，在工作上怕负责任，甚至不负责任，干劲不足，责任心不强；反过来，他倒非常注意讲求方式方法，讲究关系，讲究礼貌，对上有一套，对下又有一套，有的时候欺上瞒下，拖拖拉拉。这种干部，一看好像是优点很多，如果不从全部的工作过程，全面来看，有的时候看得就不清楚，这种干部，我们觉得不能提拔。因为一个队伍里头，这种干部多了，那就要丧失战斗力，靠这样的干部干工作，没有不坏事的。在一个车间、一个井队，有这种人，我们就坚决调开，不然队伍的战斗力培养不起来。还有第三种干部，他们干劲大，思想好，政治上也坚强，水平也高，工作方式方法又好，这种干部是不多的。当然，我们要努力把干部培养成这个样子。

培养技术干部的问题，在企业里已经成为一件大事情。因为每年毕业的学生越来越多，企业里的技术干部年年增加，如果不重视这件事，是会要吃大亏的。培养技术干部，我们这几年怎么搞的呢？有这样一些不成熟的经验。总的说，对技术干部培养要坚持中央提出的方针，培养他们走又红又专的道路。在我们实际工作中是怎样具体贯彻的呢？

第一，要重视解放后我们党办的学校培养出来的这一批年轻知识分子，不要光是局限在那一些老一批的知识分子身上。现在从数量上看，青年知识分子占多数；从质量上说，解放以后的学生，学的东西不见得比老一批的少。比如会战中，共有6804名技术干部，解放以前的只有一百零几个，可以说几乎全部是解放后培养起来的。我们把培养技术干部的重点，放在培养年轻一代身上。会战中，有16名总工程师，其中只有4名是解放以前的。例如，提了一个油田总地质师，今年才30岁，提拔的那一年是28岁，很年轻。他还不是大学毕业，是个专科毕业生。他的全部精力都放在工作、读毛主席著作、读技术书籍上，很用功。这个同志原来在新疆工作，很长时间把他当作技术员使用。我们部里是了解这个干部的。会战时，就指名调这个干部，又入了党，不久就提成油田总地质师，结果干得很好。我们搞的地层对比，几千万个数据、资料等等，就是这些人动手搞的，干的工作比老辈好得多。他们精力充沛，责任心强，一心向着党，一心向着革命事业，再苦再累，毫不在乎。这样，我们事业就能蓬勃发展。

第二，在实际工作中，狠抓学习毛主席著作。这对知识分子干部，尤其重要。我们觉得知识分子走上革命化道路，尤其是在和平时期，和“三八”式时代不一样了，那时屁股后头有日本人，有蒋介石，要逼上梁山，投笔从戎，走上革命道路。而现在的知识分子，怎么走革命化道路呢？我们的体会，最根本的是用主席思想武装他们。主席思想是教育人的最有力的武器，所以就应该坚持不懈地组织学习主席著作，经常地学，反复实践。开始可能有人认为学习主席著作不如学技术书籍。当然，我们并不放弃读技术书籍，而且还大力提倡读技术书籍。但是，主席著作的学习必须强调和坚持，要想尽一切办法来组织他们学习。日久天长，他们从思想上、政治上，特别从思想方法上，就会从他们原来狭隘的小天地里面解脱出来。知识分子不仅在政治上要革命化，政治上要红，拥护共产党，拥护社会主义，更重要的是思想方法要红，要解决认识论和方法论问题。这个问题不解决，理论脱离实际，谈工作就谈不在一起，作风合不来，工作合不拢。读主席著作，最重要的是既可以从政治上提高他们的觉悟，更重要的可以从认识论、方法论上来改造人。这个问题解决了，知识分子的力量就大了。我们提拔了一个钻井总工程师，工人叫他是“工人的总工程师”，就是说他和工人一个样了。这些人不仅是人生观解决了，而且是认识论、方法论的问题也基本解决了，能和群众打成一片，能深入实际。正如地质研究所的知识分子所说的：“在大庆工作了几年，我们知识分子那股酸不溜溜劲儿都没有了。”

第三，在工作上，对技术干部做到四句话：“充分信任，大胆使用，严格要求，热情帮助”。这几年，我们会战工委作了个决定，就是各级负责的技术干部，都是同级的领导成员。这样，把实际责任给了他们，让他们有职有权地去进行工作，支持他们，特别要教育基层干部尊重技术干部的领导。比如，我们大型炼油厂的建设，只用了一年半时间，搞得很漂亮。这个炼油厂的总指挥是谁呢？是我们部里基本建设司的一个副总工程师。这个人是1958年前后入党的。比他资格老的有“三八”式的，可都听他的指挥，搞得很好，工作做得比较扎实。我们放手使用技术干部，可以发挥出他们的才能来。但有没有搞错了的呢？当然也有，但是比较起来是少数的，还是大胆使用的好处多。在放手使用的同时，要严格要求，热情帮助。就是说，应该办到的事情，没有办到，应该办好的事情，没有办好，一点也不客气，要严肃对待，直率地批评。但在批评当中，要帮助他们总结经验教训，要启发帮助，提出方向，让他提高。这几年，我们在大庆有个办法，叫做开大规模的技术座谈会，每年要开好几次，小型座谈会就多了。有技术干部参加，也有领导干部参加，还吸收工人参加，以技术干部为主，总结工作，讲经验。在技术座谈会上，不光是讲技术，常常是变成了学习毛主席著作的会。在会上，用主席思想解决工程技术上的问题。这种技术座谈会，有时一开就是个把月。当然，不是二十四小时都开，而是开半天，工作半天，又开半天，会内会外结合在一起开，效果很好。余秋里部长到了大庆，总是要开几次技术座谈会。这样，技术干部和领导就非常亲切，觉得心心相印。因为时间久了，他们与领导没有戒备，没有隔阂，不分界限。我看做到与技术干部没有界限这一条很重要。一个工厂的厂长或党委书记，如果技术干部到现在还与你有一条界限，还有戒备的话，那工作是难做的，再讲什么制度或分工也都是不起作用的，甚至越讲越麻烦，那就会出来几驾马车。

我们体会到，技术座谈会必须讲毛主席著作。必须讲政治，必须讲思想。反过来，政治部开会，指导员开会，偏偏得讲技术。这样搞，我们感到是个很好的形式。不然，我们的厂长、党委书记只讲政治，技术干部专讲技术，这自然就会合不拢，必然会有界限。领导上不但要在工作中和技术干部打成一片，还要在生活上打成一片。领导干部带领他们学主席著作，他们帮助领导干部学技术，这样天长日久，技术干部也就学会了辩证法，领导干部学到了技术，自然界限就不存在了。当技术干部工作上有了成绩，就表扬，有了缺点，就直率地批评，甚至也可以处分，但这是造不成隔阂的，而且可以变成推动人们前进的力量。

在工作中，要给他们创造学习和研究科学技术的方便条件，给他们解决一些困难。比如，我们在大庆办了技术书籍图书馆。这个图书馆有4万多册书，特别是收集了一套美国石油杂志（从创刊到现在），对技术干部的帮助很大。只要我们领导上与技术干部团结得好，亲密无间，事情就好办了，不论怎么样，都可以引导他们走上革命的道路。

第四，对于大学、中技毕业的学生，刚分配来就让他们当工人，顶岗位，劳动锻炼。规定大学生当两年工人，中技学生当三年工人，然后再提起担任技术工作。这样，他们就不空虚了，成为既能说，又能做，能文能武的技术干部。我们是从1962年开始实行这个办法的，现在已搞了快两年，看来效果好。作为今后的一个方向来看，是一个比较实际的做法。

现在的青年技术干部是“三门”干部，即从家门出来，进学校门，出了学校门进机关门。让他们从学校门出来，先到生产实际中去锻炼一下是十分必要的。经过锻炼，再担任技术工作，就有了实际经验，能文能武。我们1962

年实行这个办法时，国家还没有统一规定，阻力是很大的。刚毕业的学生说："我到大庆来，就够客气的啦，到了这个困难的地方，还把我放下去当工人？"有的人还给国务院写信告状，说"大庆这个地方技术干部太多，还把我们大学生拿下去当工人，不当人"等等。我们顶住了，就这样，搞到现在，效果很好。现在，我们生产岗位上顶工人的有1990多个大专学生，可以说90%的人学得是很好的，还不到10%的不大安心，需要继续做工作。例如，武汉城市建设学院的一个女大学生，开始下放到油田供水站当工人，一到岗位上，在泵房里把她过去念过的书都摆起来，坐在那儿啥也不干，就是看书。工人们叫她"刘大学生"，她自己满不在乎，感到自己是当然的"刘大学生"。因为活也不做，地也不扫，于是工人就叫她"刘小姐"。后来领导上让她代替技术员的工作，干了三个月，怎么也干不下来，工人在生产中遇到问题，问"刘大工程师"，她怎么也解决不了，弄得满头大汗。这一下子教育了她，她才感到自己需要当一当工人，思想转变了，扎扎实实地跟老师傅学。这个时候，工人改变了态度，叫她"小刘"了。从这个人身上我们看得很清楚，如果不改造思想，就直接让她当工程师，那是空空如也，技术也得不到提高。所以，把大学生放下去当工人，顶一下生产岗位，好处很多，一是政治思想上的收获，二是技术上也有收获。

五、要培养一个好的作风

一个现代化的企业，没有一个好的作风是办不好的。我们培养队伍的作风，就是学了解放军"三八"作风。开始我们一方面学解放军的作风，同时，在队伍中狠反了"一粗、二松、三不狠"的老毛病。一是工作粗，不细致，再是松松垮垮，三是抓不起来。特别是领导干部抓问题抓得不紧，抓不死，搞工作搞不彻底。从反对这个老毛病开始，逐步发展到现在提倡的“三老、四严”、“四个一样”的作风。“三老”就是当老实人，说老实话，做老实事；“四严”就是严格的要求，严密的组织，严肃的态度，严明的纪律。后来有个管油井的组长李天照又提出“四个一样”，即黑夜和白天干工作一个样，坏天气和好天气干工作一个样，领导不在场和领导在场干工作一个样，没有人检查和有人检查干工作一个样。这是一个工人提出的四句话，很有意义，我们就把它归结起来当作队伍的作风，普遍推广。现在看来，经过逐步培养，这个作风有点样子了。

当一个队伍形成了这样一个作风，力量是很大的。作风是个无形的力量，当它一旦形成起来，就能够起到我们领导上和生产管理制度上起不到的作用。有些制度规定不到那么严密，领导做工作总会有一些漏洞，有了这个作风，广大职工可以积极地、主动地弥补领导上、制度上的不足。

我们队伍的作风，是怎样培养起来的呢？我们这几年的体会主要有两条：

一是靠干部带作风。好作风是领导带起来的，靠命令是命令不出来的，靠制度也是定不出来的。就是要靠各级领导以身作则，身教言教，日久见效。特别重要的是领导干部要以身作则，严格要求自己。如果各级领导不严格要求自己，那就很难要求自己的队伍，就会上行下效。只要领导干部始终如一地严格要求自己，队伍就会“兵随将转”，好作风就会自然形成。

二是不断地提倡和教育，树立榜样，这一条很重要。要树立好作风，就要不断地提倡，不断地教育，多树榜样。榜样树得多了，好人好事就多了，人多势众，自然就成了好的作风。

相关链接

中共中央关于传达《石油工业部关于大庆石油会战情况的报告》的通知

——《大庆企业文化辞典》

1964年初，石油工业部部长余秋里、副部长康世恩在人民大会堂，向中央一级机关和北京市的干部以及一些企业的职工作了《关于大庆石油会战情况的报告》。中央认为这个报告很好，并于同年2月5日就如何组织传达报告等发出通知。指出："石油工业部关于大庆石油会战情况的报告很好。中央一级机关和北京市的干部以及一些工厂企业的职工同志们听了这个报告以后，反映很好、很强烈，极大地推动了各方面的工作。现在，中央决定在全国工交、财贸、文教系统和各级机关、团体、部队中，普遍传达这个报告，一直传达到基层单位。"

"大庆油田的经验虽然有其特殊性，但是具有普遍意义。他们贯彻执行了党的社会主义建设总路线……把政治思想、革命干劲和科学管理紧密结合起来，把工作做活了，把事情做活了。它是一个多快好省的典型。它的一些主要经验，不仅在工业部门中适用，在交通、财贸、文教各部门，在党、政、军、群众团体的各级机关中也都适用，或者可做参考。"

"为了便于组织传达，除了发给你们若干份文件以外，并且把这个报告制成了录音。你们可以组织党内外干部先听录音，然后进行讨论。也可以同时向一般工作人员和全体职工放录音。具体办法，请你们规定。"

"讨论中各方面的反映，特别是工厂企业基层单位的反映，请你们最近即选一些送中央。"

学大庆要学根本*

学大庆要学根本，不能搞形式主义。这次政治工作会议，听了大庆油田很多人介绍情况，同志们都感到大庆油田的经验还是值得一学。怎样学，你们回去照本宣讲，把在大庆听到的传达一遍，然后，要求学大庆、赶大庆，还要超大庆。那么一号召，是不是你那个地方就把大庆经验学到手了呢？工作就能做活呢？我看这样的方法肯定不行，肯定会把大庆的革命精神全丢了，只留下一些大庆的形式。就像去年有些人学大庆的总结评功，只学了个把人抬起来。再如大庆有个推倒重来，是怎么来的呢？就是施工质量不好，从第一块砖做起，第一块砖砌得不合格就得拿掉重来；哪一块砖不合格，就把哪一块拿掉重来。工人讲得好，推倒的不是一块砖，推倒的是坏毛病、坏思想，重来的是好作风、好思想。可是有些人，学推倒重来，他们砌头一块砖不注意，砌几十万砖了还不管，砌起的墙不合格，推倒重来，这不是给国家活浪费吗！因此，学大庆，形式表面地学，这不行。这次政工会要防止这个，临走时把笔记本都没收，回去按你脑子里体会什么，就传达什么。不然不理解精神，照本传达，结果是形而上学，就不是按毛主席的辩证法来办事。把你们笔记本全没收，并不是因为保密，而是没收你的形而上学。

下面讲一讲回去怎么传达贯彻的问题。

一个问题是怎么看待大庆的经验？大庆的经验分两部分。一部分是属于基本经验，它是带有普遍性的，各企业都是适应的，适应的时间是比较长的，适应性也是广的。学习大庆

* 选自康世恩同志1965年7月在石油工业部第二次政治工作会议讲话，题目为编者另加。

主要是要学这些基本经验。第二部分是属于具体经验，具体经验是有局限性的。它是在大庆会战的条件下适合的，在大庆是成功的，但是用在另一个地方，时间、条件不同，就要根据你们的具体情况来运用。最根本的是把基本经验学到手，带回去。至于具体经验，可以参考，按照自己企业本身特点来创造，更不能单纯地追求形式，不能照搬。学习大庆要学精神实质，反对形式主义。对大庆的经验要有一个清醒的看法。大庆的基本经验是不能丢的，必须把它领会透，回去要坚决贯彻。至于哪些是属于基本经验，这次会议报告里，讲了五个方面。实施这些基本经验，在大庆有一系列的具体做法，这些具体做法，就不能照抄，可以从大庆的具体经验中得到启发，按照你们的实际情况去创造一套适合本单位的办法。这样做，不论是先进的、中间的、后进的企业就都能学习大庆，而不是大庆的经验你那儿不能办。

还有一个问题是学习了大庆经验以后，就认为你们那个地方什么也不对了，什么都错了，全盘否定，来一个重打锣鼓另开张。这种想法是错误的，做法也是脱离实际的。一个企业办了10多年、20多年，你回去给来个全盘否定，推倒重来，重打锣鼓另开张，这怎么成啊！全盘否定本身就是一分法，不是两分法。学习大庆，或者学习别人的先进经验，并不是自己的都不要了，而是要把大庆的经验与自己的实际结合起来，创造适合自己的一套办法。如果带着推倒重来、重打锣鼓另开张这样一种情绪回去搞工作，肯定行不通，因为你脱离了实际。有些人可能就埋怨，说学了大庆经验，回去书记那儿不支持，厂长那儿通不过。我看那倒不见得是书记、厂长不对，而是你回去来一个重打锣鼓另开张，书记、厂长敢让你这样干吗？不管怎么样，现在生产任务还是很紧张的，正在生产高潮中，生产前线正在那里拼死拼活打仗，如果来个重打锣鼓另开张，那只好停了钻，关了油井，炼油厂炉子灭了火。这种做法是脱离生产，脱离实际，根本行不通的。那么，正确的办法是什么呢？正确的办法，就是要从你们自己的实际情况出发，哪怕你抓一个车间、一个井队，或抓机关里的一个科室，都要按这一套革命化的办法来办事。先搞出个样板来，再逐步地推广，逐步地贯彻，不能脱离实际，不能要求过急，光急是急不出一个办法来的，要慢慢来。当然，慢慢来不等于不积极地去想办法干，更不是搞不搞都可以，这种态度当然也不对。我看，具体地讲，大家回去要扎扎实实地做工作，蹲点，抓培养样板，从实际出发就会见到效果的。

相关链接

大庆精神

——《大庆油田企业文化辞典》

大庆精神是石油战线老一辈领导人和广大石油职工在困难的时候、困难的地方、困难的条件下，学习和运用毛泽东思想，继承和发扬中国共产党、中国工人阶级和中国人民解放军的优良传统，在开发建设大庆油田的实践中逐步培育和形成的，是战争年代革命精神的继承和发展，是中华民族精神的重要组成部分。其基本内涵是：为国争光、为民族争气的爱国主义精神，独立自主、自力更生的艰苦创业精神，讲究科学、“三老四严”的求实精神，胸怀全局、为国分忧的奉献精神。无论过去、现在，还是将来，大庆精神都是激励人们不断奋进的重要精神力量。

大庆精神在大庆石油会战中孕育产生。大庆石油会战是在困难的时候、困难的地方、困难的条件下进行的。当时，国外敌对势力对我国实行经济封锁和军事威胁，国内连续三年遭受自然灾害，国民经济出现了严重困难，国家迫切需要石油。面对恶劣的自然环境和财力、物力的严重匮乏，以王进喜为代表的广大石油职工没有被吓倒，通过认真学习《实践论》和《矛盾论》，坚定了攻克一切困难的决心和信心，在极端艰苦的条件下，形成了“有条件要上，没有条件创造条件也要上”的大无畏精神。面对缺乏开发和管理大油田的经验，广大职工把高度的革命精神与严格的科学态度结合起来，形成了“当老实人、说老实话、办老实事”，“严格的要求、严密的组织、严肃的态度、严明的纪律”的优良作风。当时开发大庆油田，国家资金有限。大庆石油职工在处理国家与个人、生产与生活的关系上提出“先国家后个人”、“先生产后生活”，并以“宁肯少活二十年，拼命也要拿下大油田”的英雄气概，苦战三年拿下了大庆油田，一举摘掉了长期压在中国人民头上的贫油帽子。

大庆精神在生产实践中得到丰富发展。会战时期，大庆人学习运用毛泽东思想指导实践，创造形成了以艰苦奋斗“六个传家宝”和“三老四严”、“四个一样”为代表的传统文化。改革开放时期，用邓小平理论指导油田勘探开发，形成了新时期铁人精神。进入新时期，以“三个代表”重要思想和科学发展观为引领，进一步丰富了市场观念、竞争意识、诚信品质、和谐共赢等文化要素，使大庆精神始终具有先进性和时代性。广大干部员工在具体工作实践中将其体现到四个方面，即把“爱国”情怀体现到立足本职、胸怀全局，自觉维护国家石油战略安全上；把“创业”激情体现到解放思想、奋发有为，一心一意推进企业可持续发展上；把

"求实"态度体现到严细认真、精益求精，在各项具体工作中争创一流业绩上；把"奉献"精神体现到时刻以国家和企业利益为重，自觉维护改革发展稳定大局上。

大庆精神得到了党和国家领导人的高度评价和充分肯定。1964年，毛泽东同志发出了"工业学大庆"的号召，亲手树起了大庆红旗。1978年，邓小平同志第三次视察大庆时，作出了"要把大庆油田建设成美丽的油田"的重要指示。1990年，江泽民同志视察大庆时，把大庆精神进一步概括为"爱国、创业、求实、奉献"。1996年，胡锦涛同志在接见大庆油田负责同志时指出："大庆的历史功绩不仅在于为国家生产了大量的原油资源，而且还在于为国家造就了一支英雄的工人阶级队伍，培养输送了一批领导骨干和科技骨干；不仅在于创造了巨大的物质财富，而且在别人卡我们脖子、国家十分困难的时候，用石油支撑了共和国的经济大厦。还有很重要的一条，就是在大庆油田的开发建设中培育了大庆精神、铁人精神这一宝贵的精神财富。"并殷切希望大庆油田要"珍惜大庆光荣史，再创大庆新辉煌"。

第二章 心系国家和民族的命运

教学目的

帮助学员和读者深刻理解国有企业只有坚持从全局和战略的高度谋划企业的发展，牢记使命、勇挑重任，才能切实履行好自己的经济责任、政治责任、社会责任，最大限度地实现自身的发展。

学习要点

- “我为祖国献石油”的精神，如何有力支撑了这场波澜壮阔的现代化大生产？
- 如何认识大庆油田在国家经历困难考验的时期有力地支撑了我国工业体系和国民经济体系的运转？
- 大庆人的精神风貌和取得的成就是怎样说明了“人是需要一点精神的”？
- 为什么说新中国石油和石油化工事业的发展是党领导社会主义建设的一个成功典范？

大庆精神大庆人*

列车在祖国广阔的土地上奔驰着。它掠过一片片田野，越过一条条河流，穿过一座座城市，把我们带到了向往已久的大庆。

大庆，不久前人们对她还很陌生。如今，人们在各种会议上，在促膝谈心时，怀着无比兴奋的心情谈论着她，传颂着她。有机会去过大庆的人，绘声绘色地描述着这个几年前还是一个未开垦的处女地，现在已经建设起一个现代化的石油企业；描述着大庆人那一股天不怕、地不怕的革命精神和英雄气概。没有经受过革命战争洗礼和艰苦岁月考验的年轻人说，到了大庆，更懂得了什么叫做革命。身经百战的将军们，赞誉大庆人“是一支穿着蓝制服的解放军”。在延安度过多年革命生涯的老同志，怀着无限欣喜的心情说，到了大庆，好像又回到了延安，看到了延安革命精神的发扬光大。

我们来到大庆时，这里还是严冬季节。迎面闯进我们眼底的，是高耸入云的钻塔，一座座巨大的储油罐，一列列飞驰而去的运油列车，一排排架空电线，和星罗棋布的油井。这一切，构成了一幅现代化石油企业的壮丽图景。同它相对衬的，是一幢幢、一排排矮小的土房子。它们有的是油田领导机关和各级管理部门的办公室，有的是职工宿舍。夜晚，远处近处的采油井上，升起万点灯火，宛如天上的繁星；低矮的职工宿舍里，简朴的俱乐部里，不时传出阵阵欢乐的革命歌曲声，在沉寂的夜空中回荡。到过

* 本文为第一篇公开向全国报道大庆石油会战的长篇通讯，由新华社记者袁木、范荣康采写。中央人民广播电台于1964年4月19日首次向全国广播，《人民日报》全文发表，在全国引起强烈反响。

1963年12月3日，周恩来总理在第二届人大第四次会议上
庄严宣告，中国已经实现石油基本自给。

延安的同志们，看着眼前的一切，想到大庆人在艰苦的条件下为社会主义建设立下的大功，怎么能不联想起当年闪亮在延水河边的窑洞灯火哩！

但是，对于大庆人说来，最艰苦的，还是创业伊始的年代。

那时候，建设者们在一片茫茫的大地上，哪里去找到一座藏身的房子啊！人们有的支起帐篷，有的架起活动板房，有的在不知道什么时候被丢弃了的牛棚马厩里办公、住宿。有的人什么都找不到，他们劳动了一天，夜晚干脆往野外大地上一躺，几十个人扯起一张篷布盖在身上。

霪雨连绵的季节到了。帐篷里，活动板房里，牛棚马厩里，到处是外面大下，里面小下，外面雨住了，里面还在滴滴嗒嗒。一夜之间，有的人床位挪动好几次，也找不到一处不漏雨的地方。有的人索性挤到一堆，合顶一块雨布，坐着睡一宿。第二天一早，积水把人们的鞋子都漂走了。

几场萧飒的秋风过后，带来了遮天盖地的鹅毛大雪。人们赶在冬天的前面，自己动手盖房子。领导干部和普通工人，教授和学徒工，工程技术干部和炊事员，一齐动起手来，挖土的挖土，打夯的打夯。没有工具的，排起队来用脚踩。在一个多月的时间里，垒起了几十万平方米土房子，度过了第一个严冬。

就在那样艰苦的岁月里，沉睡了千万年的大地上，到处可以听到向地层进军的机器轰鸣声，到处可以听到建设者们昂扬的歌声：“石油工人硬骨头，哪里困难哪里走！”夜晚，在宿营地的篝火旁，人们热烈响应油田党委发出的第一号通知，三个一群，五个一伙，孜孜不倦地学习着毛泽东同志的《实践论》和《矛盾论》。他们朗读着，议论着，要用毛泽东思想来组织油田的全部建设工作。没有电灯，没有温暖舒适的住房，甚至连桌椅板凳都没有，但是，人们那股学习的专注精神，却没有受到一丝一毫影响。

人民日報

REN MIN RI BAO

学习大庆经验，把革命干劲和科学精神结合起来

大庆精神 大庆人

1964年4月20日，《人民日报》全文发表

新华社记者袁木、范荣康采写的长篇通讯《大庆精神大庆人》

时间只过去了短短四年，如今，这里的面貌已发生根本变化。我们访问了许多最早来到的建设者，每当他们谈起当年艰苦创业的情景，语音里总是带着几分自豪，还带着对以往艰苦生活的无限怀念。他们说，大庆油田的建设工作，是在困难的时候，困难的地方，困难的条件下开始的，如果不是坚信党的奋发图强、自力更生的号召，如果没有一股顶得住任何艰难困苦的革命闯劲，今天的一切都将是空中楼阁。许多人还说，他们过去没有赶上吃草根、啃树皮的二万五千里长征，也没有经受过抗日战争和解放战争的战火考验，今天，到大庆参加油田建设，也为实现六亿五千万人民的远大理想吃一点苦，这是他们的光荣，是他们的幸福！

深深懂得发扬艰苦奋斗、自力更生这个革命传统的伟大意义，心甘情愿地吃大苦，耐大劳，临危不惧，必要时甚至不惜牺牲个人的一切，而能把这些看做是光荣，是幸福！这，不正是大庆人最鲜明的性格特征吗？

有着二十多年工龄的老石油工人王进喜，大庆油田上有名的“铁人”，就是大庆人这种性格的代表人物。

当年，这里有多少生活上的困难在等待着人们啊！但是，四十来岁的王进喜在一九六O年三月奉调前往大庆油田时，他一不买穿的用的，二不买吃的喝的，把被褥衣物都交给火车托运，只把一套《毛泽东选集》带在身边。到了大庆，他一不问住哪里，二不问吃什么样的饭，头一句就问在哪里打井？接着，他马上就去查看工地，侦察线路。

钻机运到了，起重设备还没有运到。怎么办？他同工人们一起，人拉肩扛，把六十多吨重的全套钻井设备，一件件从火车上卸下来。他们的手上、肩上，磨起了血泡，没有人叫过一声苦。开钻了，一台钻机每天最少要用四五十吨水，当时的自来水管线还没有安装好。等吗？不。王进喜又带领全体职工，到一里多路以外的小湖里取水，保证钻进，这样艰苦地打下了第一口井。

无语的大地，复杂的地层，对于石油钻井工人来说，有时就好像难于驯服的怪物。王进喜领导的井队在打第二口井的时候，出现了一次井喷事故的迹象。如果发生井喷，就有可能把几十米高的井架通通吞进地层。当时，王进喜的一条腿受了伤，他还拄着双拐，在工地上指挥生产。在那紧急关头，他一面命令工人增加泥浆浓度和比重，采取各种措施压制井喷，一面毫不迟疑地抛掉双拐，扑通一声跳进泥浆池，拼命地用手和脚搅动，调匀泥浆。两个多小时的紧张搏斗过去了，井喷事故避免了，王进喜和另外两个跳进泥浆池的工人，皮肤上都被碱性很大的泥浆烧起了大泡。

那时候，王进喜住在工地附近一户老乡家里。房东老大娘提着一筐鸡蛋，到工地慰问钻井工人。她一眼看到王进喜，三脚两步跑上去，激动地说："进喜啊进喜，你可真是个铁人！"

像王"铁人"这样的英雄人物，在大庆油田岂止一人！

马德仁和段兴枝，也是两个出名的钻井队长。他们为了保证钻机正常运转，在最冷的天气里，下到泥浆池调制泥浆，全身衣服被泥水湿透，冻成了冰的铠甲。

薛国邦，油田上第一个采油队长。在祖国各地迫切需要石油的时候，他战胜了人们想象不到的许多困难，使大庆的首次原油列车顺利外运。

朱洪昌，一个工程队队长。为了保证供水工程赶上需要，他用双手捂住管道裂缝，堵住漏水，忍着灼伤的疼痛，让焊工在自己的手指边焊接。

奚华亭，维修队队长。在一次油罐着火的时候，他不顾粉身碎骨的危险，跳上罐顶，脱下棉衣，压灭猛烈的火焰，避免了一场严重事故。

毛孝忠和萧全法，两个通讯工人，在狂风怒吼的夜晚，用自己的身体连接断了的电线，接通了紧急电话。

管子工许协光等二十勇士，在又闷又热的炎夏，钻进直径只比他们肩膀稍宽一点的一根根钢管，把总长四千八百米的输水管线，清扫得干干净净。

……

大庆人都贯注了革命精神，他们的确是特殊材料制成的。历年来，在大庆油田，每年都评选出这样的英雄人物一万多名。

请想想看！在这样一支英雄队伍面前，还有什么样的困难不能征服！

但是，大庆人钢铁般的革命意志，不仅表现在他们能够顶得住任何艰难困苦，更可贵的是，他们能够长期埋头苦干，把冲天的革命干劲同严格的科学态度结合起来。这正是他们在同大自然作战的斗争中，战无不胜、攻无不克的法宝。

在油田勘探和建设中，大庆人为了判明地下情况，每打一口井都要取全取准二十项资料和七十二个数据，保证一个不少，一个不错。

一天，三二四九钻井队的方永华班，正在从井下取岩芯。一筒六米长的岩芯，因为操作时稍不小心，有一小截掉到井底去了。

从地层中取出岩芯来分析化验，是认识油田的一个重要方法。班长方永华，当时瞅着一小截岩芯掉下井底，抱着岩芯筒，一屁股坐在井场上，十分伤心。他说："岩芯缺一寸，上级判断地层情况，就少了一分科学根据，多了一分困难。掉到井里的岩芯取不上来，咱们就欠下了国家一笔债。"

工人们决心从极深的井底，把失落的岩芯捞上来。队长劝他们回去休息，他们不回去。指导员把馒头、饺子送到井场，劝他们吃，他们说："任务不完成，吃饭睡觉都不香。"他们连续干了二十多个小时，终于把一筒完整的岩芯取了出来。

这从深深的井筒中取上来的，哪里是什么岩芯，简直是工人们对国家建设事业高度负责的赤胆忠心啊！

几年来，就是用这样的精神，勘探工人、钻井工人和电测工人们，不分昼夜，准确齐全地从地下取出了各种资料的几十万个数据，取出了几十里长的岩芯，测出了几万里长的各种地层曲线。地质研究人员和工程技术人员，根据大量的第一性资料，进行了几十万次、几百万次、几千万次的分析、化验和计算。

想一想吧，是几十万次，几百万次，几千万次啊！那时候，大庆既没有像电子计算机这一类先进的计算设备，又要求数据绝对准确，如果没有高度的革命自觉，没有坚韧不拔的革命毅力，没有尊重实际的科学精神，这一切都可能做到吗？

正是因为有了这种自觉、这种毅力、这种实事求是精神、这种以毛泽东思想武装起来的新作风，在几万名大庆建设者的队伍中，形成了一种非常值得珍贵的，既是继承了我党的优良传统，又是在社会主义建设时期的全新的风气：他们事事严格认真，细致深入，一丝不苟。大庆人不论做什么工作，他们的出发点都是："我们要为油田建设负责一辈子！"

大庆的钻井工人们有一个永远不能忘记的"纪念日"——"难忘的四·一九"。那是指一九六一年的四月十九日。这一天以前，大庆人封掉了一口新打的油井。这口井，如果同老矿区的井比起来，已经不错了，照样可以出油，只是因为井斜度超过了他们提出的标准，原油采收率和油井寿命可能受到影响，建设者们含着泪，横着心，把它填死了。“四·一九”这天，大庆人召开万人大会总结经验教训，展开了以提高打井质量为中心的群众运动。

“四·一九”以后，这里的油井都打得笔直。最直的井，井斜只有零点六度，井底位移只有零点四米。打个比方说，这就等于一个人顺着一条直路走，走了一公里，偏差没有超过半米。

一二八四钻井队有一次打的一口油井，发生了质量不合格的事故。这个队的队长王润才和工友们，把油井套管从深深的地层中拔出来，逐节检查，研究发生事故的原因。他们终于发现，有一处套管的接箍，因为下套管前检查不严，变了形。后来，队长王润才就背上沉重的套管接箍，走遍广阔的油田，到每一个钻井队去现身说法，给全体钻井工人介绍发生质量事故的教训。

对油田建设负责一辈子的大庆人，用科学精神武装起来的大庆人，就是这样对待自己工作中的缺点的。从那时以后，油田上打井因为套管接箍不好而造成质量事故的情况，再也没有发生过。

不仅对待关系到整个石油企业命运的大事情如此严格，即使对待一些看来“微不足道”的小事情，也同样一丝不苟。大庆人说：“好作风必须从最小处培养起。”

今年春天，油田上召开了一次现场会。会场中央，端端正正放着十根十米长的钢筋混凝土大梁。这些大梁表面光滑平整，根根长短粗细一致，即使最能挑剔的人，也找不出它们有什么毛病。但是，油田建设指挥部的负责人却代表全体干部在会上检讨说，由于他们工作不深入，检查不严，这些大梁的少数地方，比规定的质量标准宽了五毫米。

五毫米，宽不过一个韭菜叶，值得为它兴师动众地开一次几百人的现场会吗？不，值得！大庆人性格的可贵之处正在这里。会上，工程师们检查了他们没有严格执行验收标准，关口把得不好；具体负责施工的干部和工人，检查了他们作风不严不细，操作技术不过硬。人们纷纷检查以后，干部、工程技术人员和工人们，抄起铁铲，拿起磨石，把大梁上宽出五毫米的地方，一一铲掉，磨光。人们说："咱们要彻底铲掉磨掉的，不只是五毫米混凝土，而是马马虎虎、凑凑合合的坏作风！"

这种一丝不苟的作风，在工程技术人员中也形成了风气。几年来，他们不分昼夜，风里雨里，奔波万里，为的是找到一个合理的科学参数；他们伴着摇曳的烛光，送走了多少个不眠之夜，为的是算准一个技术数据。

青年技术员谭学陵和另外四个年轻人，花了整整十个月时间，累计跑了一万二千多里路，从一千六百多个测定点上测得五百多个数据，找到了大庆油田最正确的传热系数，为整个油田输油管道的建设提供了科学根据。

技术员蔡升和助理技术员张孔法，在风雪交加的冬季，身揣窝窝头，怀抱温度计，五次乘坐没有餐车、没有卧铺、没有暖气的油罐列车，行程万余里，在挂满冰柱的守车上实地探测原油外运时的温度变化。

技术员刘坤权，一个普通高中毕业的学生，一连几个严冬，冒着风雪从几百个不同的地方挖开冻土，进行分析化验，终于研究出这里土层的冻胀系数，为经济合理地进行房屋基础建筑提供了可靠数据。

亲爱的读者，你们看到这些事例会想些什么？当我们听到这一切时，都被大庆人这种可贵的性格深深地感动了。

在大庆，我们访问过不少有名的英雄人物，也访问过许多在平凡的岗位上忠心耿耿的"无名英雄"。从他们身上，我们发现，大庆人不论做什么工作，心里都深深地铭刻着两个大字："革命"。

电测中队现任副指导员张洪池，就是大批"无名英雄"中的标兵。

四年前，张洪池是人民解放军这个伟大集体中的"普通一兵"。来到大庆以后，他当过电测学徒工，当过炊事员，样样工作都做得很出色。在长期的平凡劳动中，他显示了一个自觉的革命战士的优秀品质。他在自己的日记上曾经写道：

"共产党员要像明亮的宝珠一样，无论在什么地方，都要发光发亮。"

"我要像个万能的螺丝钉一样，拧在枪杆上也行，拧在农具上也行，拧在汽车上，机器上，锅台上……凡是拧在对党有利的地方都行，都要起一个螺丝钉的作用，而且要永远保持丝扣洁净，不生锈。"

做一粒到处发亮的宝珠！当好一颗永不生锈的万能螺丝钉！这就是大庆人对待生活的态度。

一天夜晚，在一间低矮的土房子里，我们见到了油田的一个修鞋工人，他的名字叫黄友书，三十来岁年纪，也是个复员军人。他到大庆以后，当过瓦工、勤杂工、保管工，磨过豆腐，喂过猪。后来，领导上又派他去给职工们修鞋。

修鞋！在轰轰烈烈的社会主义建设战线上，去当一个"修鞋匠"？对这种平凡而又琐碎的劳动，你是怎样看待的？

黄友书二话没说，愉快地接受了任务。他说："战士没鞋穿打不了仗，工人没鞋穿也搞不好生产，谁离得了鞋啊？给工人们修好鞋，这也是革命工作！"

他跑遍附近好几个城镇去找修鞋工具。他每天挑着修鞋担子下现场。他经常收集废旧碎皮，捡回去洗净揉好，用它来给职工们掌鞋。

黄友书看到职工们穿着他修好的鞋踏遍油田，心里乐开了花。就是这个并非油田主要工种的修鞋工人，每年都被职工们选为全矿区的标兵，被誉为忠心耿耿为人民服务的“老黄牛”。

在大庆，这样的事例是举不胜举的。从大城市的大工厂调来不久的老工人何作年，自豪地说：“在咱们大庆，人人都懂得他们做的工作是革命。扫地的把地扫好了，是革命；烧茶炉的把开水烧好了，又省煤，也是革命。一个人懂得了这个道理，做啥也浑身是劲。大家都懂了这个道理，就能排山倒海，天塌下来也顶得住！”

一切工作都是革命，所有的同志都是阶级兄弟。人们精神世界的升华，渗透到人与人之间的关系中去，谱成了多少扣人心弦的乐曲！在大庆这个革命的大家庭中，人们时刻铭记着毛主席在《为人民服务》这篇文章中的教导：“我们都是来自五湖四海，为了一个共同的革命目标，走到一起来了。”“一切革命队伍的人都要互相关心，互相爱护，互相帮助。”

在大庆，干部们对工人的关心，关心到了一天的二十四小时。每天深夜，干部都要到工人的集体宿舍中去“查铺盖被”，看一看工人兄弟休息得可好，睡得是否香甜。

一场暴风雪过后，气温骤然下降了十多度。年轻的单身工人张海青，被子又薄又脏，还没有来得及拆洗，没有添絮新棉。支部书记李安政“查铺盖被”时，发现了这个情况，他趁工人们上班，悄悄把张海青的被子抱回家，让自己的爱人拆洗得干干净净，又把自家的一床被拆开，扯出一半棉花，絮到张海青的被子里。张海青发现他的被子变得又洁净又厚实，到处查问是谁干的，李安政在一旁一声没吭。新从一个大城市调到大庆的老工人王文杰，把这一切看在眼里，暗暗掉下了眼泪。

一二〇二钻井队的十几户家属，听说技术员李自新的妻子死了，遗下两个孩子，争着把孩子抱到自己家里看养。她们说："孩子没妈了，我们就是她俩的妈。"前任队长王天其的爱人李友英，天天把奶喂给李自新一岁的女儿小英，却让自己正在吃奶的孩子小香吃稀饭。有人为这件事写了一份材料给钻井指挥部党委书记李云，李云把这份材料转给李自新，同时含着泪给李自新写了一封意味深长的信："等两个孩子长大了，告诉她们：在新社会里，在革命大家庭里，人们是怎样关怀她们，养育她们长大成人的。叫她们永远记住，任何时候都要听党的话，跟着党走。"

在地质研究所、设计院、矿场机械研究所这些知识分子干部集中的"秀才"单位，人与人之间的关系也发生了根本变化。有一次，地质研究所女地质技术员陈淑荪，看到同一个单位的地质技术员张寿宝的被面破了，就把一床准备结婚时用的新缎子被面，从箱底翻出来，偷偷缝在张寿宝的被子上。张寿宝发现了，怎么也不肯要。陈淑荪对他说："你说说，我们是不是阶级兄弟？是不是革命同志？是，你就把被面留下。不是，你就还我。"这几句话，说得张寿宝感动极了。他含着两眶激动的眼泪，再也说不出不要被面的话了。

为了实现六亿五千万人民的远大理想，心甘情愿地吃大苦，耐大劳；为了对国家建设事业负责一辈子，事事实事求是，严格认真，一丝不苟；为了革命的需要，全心全意地充当一颗永不生锈的万能螺丝钉；在革命的大家庭中，人人关心别人胜过关心自己……这些，就是大庆人经过千锤百炼铸造出来的可贵性格。在我们伟大祖国的社会主义建设事业中，是多么需要这样的性格啊！

也许有人要问：大庆油田的辉煌成就和建设者们身上

的巨大变化，这一切是怎样得来的？大庆人的回答很简单："这一切都是毛泽东思想的胜利！"

一个晴朗的早晨，我们去访问油田的一个工程队，想进一步了解毛泽东思想在大庆是怎样的深入人心。同路的一位年轻工人说："那里今天开会，不好找人。"我们问他开什么会，他说："冷一冷。"冷一冷，这是什么意思？年轻工人解释说："我们大庆经常开这样的会，找一找自己的缺点，找一找工作中还存在的问题。找准了，就能迈开更大的步伐前进。"

在大庆人已经为祖国建设立下奇功的时候，在全国都学习大庆的时候，他们还要冷一冷，继续运用毛主席提出的"两分法"，从自己的不足处找出不断前进的动力。这不正是我们想了解的问题的答案，也是大庆人更可贵的性格吗？

相关链接

为国分忧 为民争气

——《大庆企业文化辞典》

大庆人最基本的价值观念，是大庆精神的首要内容。它产生于大庆石油会战的初期。当时，由于"大跃进"和"反右倾"的错误，加上自然灾害和苏联政府撕毁合同，国民经济发生了严重困难，国家对石油的需求非常迫切。据统计，1959年我国石油产品的自给率仅为40.6%。为缓解供求矛盾，不得不耗用大量外汇进口原油和成品油。即便如此，石油产品的供应仍然十分紧张。民用油中数量最大的煤油和柴油，商业部门年底库存量1959年比1958年分别降低15%和24%，1960年比1959年又分别下降了38%和23%，高级航空燃料油则全部依赖进口，许多公共汽车背上了煤气包，部队执勤、训练也因缺油受到影响。因此，国家需要石油工业大步快上。在这种形势下，4万多人的会战队伍在短短3个月的时间里，一下子集中到了草原覆盖、沼泽遍地、只有几百户人家和几处牧场的萨尔图地区。这里年平均气温为3.4度，有5个月平均气温在零下4.9度以下，有6个月冻土深度达2米多；半年风雨，土地泥泞不堪。生产方面，设备不齐全、不配套，汽车、吊车缺少。生活上，无住房、无床铺，粮食定量不足。面对重重困难和矛盾，会战初期党的临时办事机构——石油工业部机关党委作出了《关于学习毛泽东同志所著〈实践论〉和〈矛盾论〉的决定》。广大会战职工围着篝火学“两论”，对各种困难和矛盾进行反复的讨论。1960年3月从玉门到大庆参加石油会战的钻井队长王进喜在学习“两论”时，联系自己1959年参加全国劳模会在北京看见的一件事说：“我看到北京街上跑的汽车有的背了个大包，就问别人，人家说因为我们国家缺少汽油，烧的煤气。我一听，心里真难受，我们这么大个国家，汽车没汽油烧还得了！我是一个石油工人，让国家作这么大难，还有脸问！会议期间听说东北发现了大油田，当时就找到部领导申请到这个油田工作，恨不得一下子到大庆，把大油田拿下来，把石油落后的帽子甩到太平洋里去，非为党、为中国人民争口气不可！”石油工业部机关党委宣传王进喜这个典型，推动“两论”学习活动，很快在会战队伍中形成了统一的思想：“我们石油资源太少，产量太低，技术落后，不能满足国家需要，是当前压倒一切的困难，是所有矛盾中的一个最主要的矛盾。从国家的整体利益、长远利益来看，上的话，无非是石油职工多流些汗，多吃些苦，这是局部的、第二位的困难；因而，上有困难，不上就更有困难。”基于这样的认识，油田广大职工下定了“为国分忧、为民争气”的决心，以“有条件要上，没有条件创造条件也要上”和“宁肯少活20年，拼命也要拿下大油田”的英雄气概，一心艰苦创业。“为国分忧、为民争气”，建立在高度的国家主人翁思想觉悟基础上，具有鲜明的民族自尊、自信、自强意识，是大庆人爱国主义精神的集中体现。30年来，大庆人之所以能艰苦奋斗、不断进取、慷慨奉献，关键在于以这一决心作为价值取向。

国家的大庆，人民的大庆*

1960年2月21日，石油部党组在哈尔滨召开了大庆石油会战第一次筹备会议，参加会议的有全国石油系统37个局、厂、院、校的主要领导。康世恩传达了党中央的批示和石油部党组给中央的报告，宣布党组“关于全国石油系统37个局、厂、院、校主要领导带队，组织精兵强将，自带设备、工资参加大会战的决定”。余秋里部长宣布，松辽石油会战在石油部党组直接领导下，成立会战领导小组，组长由副部长康世恩担任，副组长由石油部勘探司司长唐克、部机关党委副书记吴星峰担任。成员有新疆石油管理局局长张文彬、玉门石油管理局局长焦力人、松辽石油勘探局局长李荆和、石油部科学研究院院长张俊、北京石油学院院长阎子元、石油部基建司司长张仁、石油部供应局副局长宗世鉴、石油部第一工程局局长陈李中、川中矿务局副局长李镇靖等。会议还讨论了会战的指导思想、工作方针和主要任务。康世恩指出，这次会战，就要以革命的思想做统帅，做到处处革命，人人革命，事事革命，这是这次会战的灵魂，没有这条红线，这个会战就会冷冷清清，凄凄惨惨。要树雄心、立大志，做到用最快的速度，达到最高的水平。在速度上要搞几个世界第一，而且创出一套高水平。会议确定了三项任务：一是在2000平方公里的面积上甩开勘探，争取打200口左右的探井，迅速探明油田面积，找到10亿吨的可采储量。二是选择已经探明的有利地区，打出200口左右的生产试验井，进行油田开采试验，实行先注水、后采油，采收率

---

* 节选自《大庆油田史》，题目为编者另加。

要达到60%，全部油井要求前3年不递减，后5年递减率不超过5%～6%，当年生产原油50万吨，年底达到日产4000吨的水平和年产150万吨的生产能力。三是在大庆长垣以外的附近地区，进一步开展地震勘探，完成地震测量4万公里，选择有利构造进行钻探，争取再找到一些新的油田。同时，为了尽快探明大庆长垣地下情况，早日拿下大油田，会议决定将大庆长垣划分为葡萄花、太平屯、高台子、杏树岗、萨尔图五个战区，并作了具体分工。

筹备会议于3月3日结束后，参加石油会战的各路石油队伍，于三四月间相继抵达大庆地区。为解决人力不足这一问题，在此之前，周文龙副部长给罗瑞卿总参谋长、张爱萍副总参谋长写了一封信，汇报了松辽地区石油勘探情况和准备组织会战的打算，提出了分给3万名转业退伍官兵的请求。余秋里也把这一想法给周恩来总理作了汇报，周总理表示同意，并让余秋里向正在广州开会的毛主席汇报。在广州，余秋里见到了刘伯承、贺龙元帅和罗瑞卿总参谋长，他们都表示同意。毛主席听了余秋里汇报，对会战寄予很大的希望。2月22日，中共中央作出“从当年退伍兵中动员3万人交给石油部参加开发大庆地区新油田工作”的决定。以后，中央军委又决定给大庆分配3000名军官。这批官兵分别从沈阳部队、南京和济南部队来到大庆，参加石油会战。国务院各部和黑龙江省支援石油会战的干部和工人，也陆续到达大庆地区。党中央的决定，中央军委的支持，有关方面的大力支持，更加坚定了石油部领导坚决打好大庆石油会战的信心。

1960年3月25日至27日，石油部党组在哈尔滨召开大庆石油会战第二次筹备会议。会上，余秋里宣布，为加强党对会战的领导，成立松辽石油会战地区临时工作委员

会，余秋里兼任书记，吴星峰、雷震任副书记，随后又增补宋惠为副书记。会议确定了4月份的工作方针：全面完成准备工作，集中拿下萨尔图油田，打响第一炮，迎接大会战。会议决定部机关党委组成会战期间党的临时办事机构，各司、局干部和原松辽局机关组成行政及生产行政部门（对外仍称松辽石油勘探局），于4月8日前，到安达县办公。会议结束后，经过准备，会战领导机关于4月1日，开始在安达县驻地办公，下设工程组、油田组、研究组、办公室、群工组。据当年4月的统计，参加石油会战的人员已达4万多人，其中总工程师、总地质师、大学教授、工程师和地质师等各类工程技术干部达1000多人。

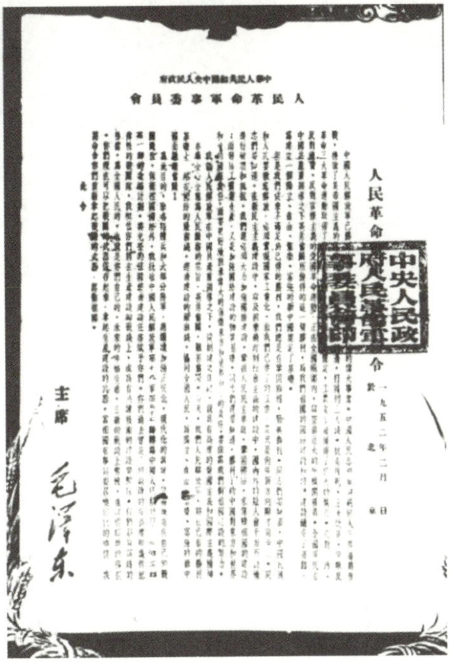
中華人民共和國中央人民政府
人民革命軍事委員會
主席 毛澤東
一九五二年二月 日

1952年2月，正当国民经济恢复任务接近完成，有计划的经济建设即将开始之际，毛泽东主席发布命令，批准中国人民解放军第十九军第五十七师转为中国人民解放军石油工程第一师，为石油工业的发展输送了骨干。

大庆石油会战从一开始就得到全国各地、各行业的大力支持。1960年3月9日和11日，国家经委两次召开会

大庆石油会战誓师大会

议，讨论解决“大力支援东北松辽油田的勘探开发工作”，并作出会议纪要。纪要指出：“关于支持松辽油田‘大会战’的工作，在中央书记处领导下，做具体督促、检查工作的是计委、经委和建委。凡是应当解决的问题，三个委一定要积极帮助解决。”为了迅速动员一批钢材、设备及其他基建物资，支援松辽油田勘探，国家计委、经委和建委于3月13日和17日连续发出电报，要求有关单位迅速组织货源，各地迅速就地加工，迅速运到现场。冶金、机械、林业、电力、铁道等部，都全力以赴给予支持。据统计，当年到达战区的钢材有73130吨，木材50023立方米，水泥72713吨，机电设备50268吨，各种车辆400套台，地方建筑材料64245吨。全国有18个省、市、自治区的400多个厂家，为大庆会战生产加工需用的设备和原材料。水电部指令黑龙江省电管局抢建电网，还专门派来34号列车流动电站，解决临时用电困难。邮电部要求黑龙江省邮电管理局，组成邮电工程队抢建哈尔滨到大庆的通讯线路。铁道部决定修建萨尔图到大赉100多公里的铁路线，为原油运输创造条件，并立即着手修建萨尔图、让湖路两个火车站的工程。铁道部还表示，从3月开始，石油部要多少车皮就给多少车皮，而且列入正式计划。当时，从全国各地运到大庆的各种器材、设备已有几十万吨。

大庆石油会战更是得到黑龙江省委、省政府最大的支持和援助。当松基3井喷油后，省委就向党中央呈送了《关于大力开发石油资源、发展石油工业的决议》。《决议》指出，必须特别重视，加强领导，大力支援，以便更快地把黑龙江省建设成为一个新兴的石油工业基地。要求全省各地区、各部门必须以积极的态度，主动地从各方面支援这一新兴工业的发展，使其迅速地成长壮大。随后，又几次召开会议讨论支援石油勘探问题，并通知有关市、县委做好石油勘探的服务工作。省委从哈尔滨、松花江、齐齐哈尔等地区，抽调1600多名各类工种的工人，充实油区服务行业。当康世恩向省委报告了石油部关于开展石油大会战的决定和部署后，欧阳钦当即表示："黑龙江人民一定会全力以赴支援大庆石油会战，要人给人，要物给物。"并决定：成立支援大庆石油会战领导小组，由省委常务副书记强晓初任组长；由副省长杨易辰负责勘探职工的粮食、副食品、煤炭、服装等物资供应；由副省长陈雷负责机修、卫生医疗、学校等建设工作。

石油会战队伍的集中，全国四面八方的支援，大量各种器材、设备的运抵，生活物资的保证，为大庆石油会战的开展创造了良好的条件。

相关链接

要有“三股气”

——《大庆企业文化辞典》

即对一个国家来讲，就要有民气；对于一个队伍来讲，就要有士气；对于一个人来讲，就要有志气。这句话出自中发1964（78）号文件所批转的《石油工业部关于大庆石油会战情况的报告》。民气，主要是指民族的自尊心和自强心。一个国家有了民气就能傲视和排除各种困难，不屈服于来自各方面的压力，自力更生，奋发图强，挺立于世界民族之林。士气，主要是指群体的斗志和信念。一个队伍有了士气就能在极其险恶的条件下完成艰巨任务，成为拖不烂、打不垮的坚强集体。志气，主要是指一个人的理想、意志和奋斗精神。一个人有了志气，就能发挥出极大的主动性、创造性，为国为民作出应有的贡献。这三股气，是大庆人艰苦创业的强大精神力量。

国家缺油是最大的困难*

一、自觉加压，发愤图强，为国家分担忧患的民族精神

常听铁人说：没有党和毛主席，我早就被扔到玉门东岗上喂狼了。铁人是新中国第一代石油工人。解放前，他为了养家糊口，15岁就在玉门当油娃，与油井打了10来年交道。解放后，他成为玉门石油管理局勘探公司的一名工人。翻身做主的喜悦，使他在旧中国遗留下来的破烂摊子面前，产生了振兴中国石油工业的强烈愿望。凭着这股朴素的阶级感情，他不怕苦累，不畏艰险，任劳任怨，猛拼猛干。

1952年秋季，我随石油师转业到玉门。当时，铁人是井队钻工。对于他的能干，在还未见面之前就已有所闻。初次相见，果然名不虚传。他对解救他脱离苦海的党和毛主席的一片忠心，他浑身上下那股似乎总也使不完的劲，以及他西北人独有的粗犷豪爽的性格，给我留下了极其深刻的印象。后来，他被提为钻井队长，我任钻井大队长；到大庆后，我任钻井指挥时，他任钻井大队长；我任会战指挥部副指挥时，他任钻井副指挥。随着工作的接触，我们过从渐密，情志愈投，终成挚友。

1956年，铁人担任了1259钻井队队长。那时，我国钻井生产相当落后，缺技术，缺设备，缺经验，缺人才，很难快速发展。铁人却不示弱，于1958年响亮地提出了“战胜戈壁滩，钻透祁连山，进军吐鲁番，玉门关上立标杆”的口号。

1958年5月，我奉调参加川中会战，但玉门人的成就

* 选自《大庆石油会战——大庆文史资料第二辑》中《铁人精神光耀千秋——怀念王进喜同志》，题目为编者另加，作者李敬，原石油工业部副部长。

还时有所闻。得知在白杨河会战中，铁人带领全队创造了月5开5完、进尺5000米的当时我国中型钻机最高纪录，被授予“卫星钻井队”、“钢铁钻井队”的光荣称号。1959年，他的队又刷新本队保持的钻井高指标，打出了年进尺7.1万米的全国最新水平，相当于旧中国42年钻井进尺的总和。这年11月，铁人作为石油战线的劳模代表，出席了全国群英会。我们四川石油管理局南充钻探大队的两名先进代表也出席了这次会议。会后，这两位同志载誉归来，不仅带回了党和国家授予我们大队“为把我国建成一个具有现代工业、现代农业和现代科学事业的伟大社会主义国家而奋斗”的金字奖旗，而且还向我谈起了会议的盛况，谈起我国工业、交通运输、基本建设等方面的巨大成就，特别是谈到了石油工业突飞猛进的发展和王进喜同志所取得的新成绩，我感到格外高兴，备受鼓舞。

如果说，铁人从解放前为谋生而投身石油行业，到解放后他知恩图报献身石油事业，是朴素阶级感情的一次飞跃的话，那么群英会上遇到的两件事，就使他朴素的阶级感情升华为强烈的民族意识和爱国热忱。

第一件是看到了一个怪现象。一进京城，铁人发现来往奔驰的公共汽车上都背着一个鼓鼓的煤气包。他深为自己是石油工人却眼睁睁地看着国家缺油作难而感到羞愧、内疚。第二件是听到了一个好消息。会议期间，传来了我国东北地区发现大油田的喜讯。铁人一扫愁容，逢人就说：“谁说中国‘贫油’？我们非打出个大油田给他们看看。”

回到玉门，铁人兴奋无比，再三请战，要求带队出征。他满怀深情地说：“过去，我只知道好好工作，报答党和毛主席，不清楚工人阶级肩负的担子有多重。北京汽车上的煤气包，把我压醒了，真真切切地感到国家的压力、民族的压力，‘呼’地一下子都落在了自己肩上。让国家缺油作难，是石油工人的奇耻大辱；为国家分担困难，是石油工人的神圣职责。”这就是铁人的民族魂，就是老一辈石油工人的民族魂。怀着这种为祖国争光、为民族争气的崇高精神，王进喜同志率队东进，投入了他日夜向往的大庆会战战场。

1960年春，我和铁人在大庆重逢。当时，我在第二探区（杏树岗），他在会战指挥部的主战场——第三探区（萨尔图）。虽然相距30多公里，他的先进事迹却可以及时地传递过来，使我欣喜、振奋。

当年，王进喜同志一下火车，就直奔马家窑。站在一望无际的茫茫荒原，望着山南海北赶来会战的支支劲旅，铁人欣喜若狂、热泪盈眶。他对战友们说："我们掉进大油海里啦！甩开膀子痛痛快快地大干吧。这下可要把‘贫油’的帽子甩到太平洋里了！"

大庆会战是在困难的时间、困难的地方、困难的条件下开始的。面对重重困难，铁人清醒地意识到"这困难，那困难，国家缺油是最大的困难"。"上，无非是我们多吃点苦；不上，国家就更困难。"一个"上"字就是从铁人那个队首先喊出来的。"有条件要上，没有条件创造条件也要上"。铁人带着1205钻井队创造了大庆会战史上一个又一个奇迹：靠人拉肩扛，35吨重的钻机等设备，被撬杠、扁担、绳子连拖带拉，安装就位；奋战3天3夜，38米高、22吨重的井架迎着寒风矗立荒原，50多吨打井用水，凭水桶、脸盆端进井场。铁人5天5夜不下火线，带领全队打成了大庆会战开始后的第一口油井。这口井只用了6天多时间，质量达到全优，打出了中国石油工人的威风和志气，为大庆会战史写下了胜利的开篇。

迎着困难开展的大庆石油会战

铁人的先进事迹像星星火种，点燃了战区职工的会战烈焰。4万多大庆人心连心、肩并肩，共同担起了历史赋予的神圣使命。1960年4月29日，在大庆石油会战万人誓师大会上，铁人披红戴花，由指挥部领导扶镫牵马，绕场一周。老部长余秋里高呼："向铁人学习，人人争做铁人！"全油田迅速掀起了学习铁人的热潮。在铁人精神鼓舞下，大庆人奋战3年，高速度、高水平地拿下了我国头号大油田。

1963年，敬爱的周总理在第二届全国人民代表大会第四次会议上向全世界庄严宣告：中国石油基本自给，使用"洋油"的时代一去不复返了。这一宣告，粉碎了中国是"贫油国"的论断，开辟了我国找油找气的新纪元。大庆人为此欢呼，为此自豪。大庆大庆，值得大庆。但是，铁人却没有陶醉在胜利的欢庆之中。他身在油田，心怀天下，决心赶超世界先进水平。

经过一代“铁人”的奋战，大庆首车原油开始外运

铁人知道，早在2000年前，我们的祖先就已经发现并开始利用石油及天然气。400多年前，我国就在四川打成全世界第一口油井，比俄国和美国的第一口油井提前300多年。中华民族曾有过处于世界领先地位的石油史。作为炎黄子孙，作为社会主义中国的石油工人，怎能甘心久居人后？1966年，铁人指挥他的钻井队突破进尺10万米大关，攀上了当时世界钻井年进尺的峰巅，把美国王牌钻井队和苏联功勋钻井队远远地抛在后面，再一次为中华民族争了光、争了气。

正当铁人和他的战友们向新的征程进军的时候，大庆——我国工业战线上的这面红旗，遭到了腥风血雨的狂暴袭击。大庆红旗被诬作“黑”的，标杆被视为“吹”的，铁人被说成“假”的，并强加给莫须有的十大罪状而惨遭迫害。在那是非颠倒无处说理的年月，我不止一次地自问：铁人，你何罪之有？！

疾风恶浪，方显出英雄本色。我们的铁人不愧是顶天立地的英雄。他忧虑的不是个人的荣辱进退，而是党和国家的命运前途，是石油事业的兴衰成败，是大庆红旗永不倒。面对“虎狼”、面对生死，他义正辞严：“我是铁人还是泥人，无关紧要。但大庆是毛主席的大庆，是7亿人民的大庆。这面红旗谁也动摇不了。”“就是把刀架在脖子上，我也要说，大庆红旗是红的！”一语千钧，掷地有声。铁人捍卫的岂止是大庆红旗，他是在维护国家的尊严、民族的尊严。这就是中华民族坚韧不屈的脊梁！这，就是石油工业兴旺发达的中流砥柱！

二、舍家忘我，拼命大干，以发展石油事业为己任的奉献精神

我曾与铁人同在玉门奋战近7年。从1960年到1966年，我又与铁人一道度过了大庆会战初期的艰难岁月。在与铁人相处的10多年里，我时时都可以感受到他那种源于强烈事业心的、永不衰竭的革命干劲、工作热情和在充满坎坷荆棘的道路上压倒一切困难、夺路前进的大无畏英雄气概。

铁人把发展祖国的石油工业视为自己生命的全部，又把全部生命奉献给了他所挚爱的石油事业。为此，他征戈壁，战荒原，创纪录，攀高峰，生命不息，奋斗不止。他凭着几十年的钻井经验，根据不同时期，不同地区的具体情况，不断提出新的奋斗目标，并身体力行，率先实践。从50年代的“月上千、年上万”到60年代的“日上千、月上万”，他把钻井速度提高了10多倍。1970年4月，铁人抱病玉门，参加全国石油厂（矿）长会议。会议期间，他又把钻井标尺提到了“日上千，月上万，一年进尺15万”的高度。他总是想得那样深，看得那样远，永不满足，永不停步。在他的进程表上，这一个目标的实现，便是下一个目标的开始。事实证明：铁人一步一层天的奋斗目标，已作为我国石油钻井每一个时期发展提高的重要标志而永载史册。

胸怀目标，脚踏实地，一不怕苦、二不怕死，一心只想着多打井、快打井、打好井。1960年5月，打会战第二口井时，他被砸伤的腿肿得还很厉害，但他放心不下井队，两次从医院偷跑回队，成天拄着拐棍，坚持在井场指挥生产。一天，井上突然出现意外井喷迹象，只听“轰”的一声，60多斤重的方瓦憋飞十几米高。在这危急关头，铁人当机立断，拄着双拐，拖着伤腿带领全队职工扛水泥、运泥土，压制井喷。一袋袋水泥和泥土倒进泥浆池，却搅拌不开，打不进井里。正当大家焦急无措的时候，只见铁人甩掉拐杖，大喊一声“跳”便跳进齐腰深的泥浆池中，奋战3个小时，终于制服了井喷。这是有史以来从未有过的压井办法。铁人和他的同志们凭着对党、对祖国、对人民、对石油事业的满腔热血，谱写了一曲新中国石油工人的壮丽凯歌。10多年来，铁人和他的同志们在险情面前，总是临危不惧，挺身而出，消除了多起事故，抢救了大量国家财产，使这曲凯歌响彻神州大地。

铁人热爱井队，热爱油田，以苦为荣，以苦为乐。他很爱编顺口溜，一高兴，就溜上那么几句。广为流传的有：“北风当电扇，大雪当炒面。天南地北来会战，誓夺头号大油田。”“石油工人一声吼，地球也要抖三抖。石油工人硬骨头，哪里困难哪里走。”等等。在异常艰难困苦的生活环境和工作条件下，顺口溜成为铁人言志的一种特殊方式，也成为铁人调动职工积极性的一种特殊方式。记得1961年春节期间，我去看望铁人。一到钻井二大队，就被大队门口的一副对联吸引住了。那上面写的是“三间破房建基业，白手起家定乾坤”。横批是“前途光明”。这不正是对联主人的豪情壮志吗？

王进喜用身体搅拌泥浆

铁人的乐观和豪爽，时时处处可见。越是艰难困苦的时候，体现得越加充分。打会战第一口井时，许多人因缺吊车无法上钻机急得直嚷。他却乐呵呵地说："我们有的是'宝贝'——大活人。"放井架时，他腿被砸伤，同志们抱着他流满血的腿直哭，他却硬朗朗地说："如果在战场上受了伤，一连人都围在这哭，还不都得被敌人活捉？"在生产试验区打开时，铁人废寝忘食连轴转。有一次，刚端起饭碗，便靠在钻杆边打起盹来，工人们心疼得直落泪，他却风趣地望着摔碎的碗说："对不起，保证赔你个新碗。"看着他日渐消瘦的脸庞，大家都劝他多多保重身体，他却爽朗地说："不就是个死么？我早就豁出去了。只要上午拿下个大油田，哪怕下午倒在钻台上也痛快，也值得！"跟他在一起的人，都会感到一种神奇的吸引力和感染力，使你心甘情愿地跟着他去吃苦受累，拼搏奋进。

铁人信奉这样一个哲理：干，才有马列主义；不干，半点马列主义也没有。他牢记毛主席的教导："我国是一个社会主义大国，但又是一个经济落后的穷国。要使我国富强起来，需要几十年艰苦奋斗的时间。"发展祖国石油工业和改变我国“一穷二白”落后面貌的高度事业心和责任感，成为铁人舍身忘我、拼搏大干的力量源泉。他当工人的时候，什么活重干什么，哪里危险去哪里，吃大苦，耐大劳，豁出命地干；他当井队队长的时候，常常吃在井场，睡在井场，身先士卒、冲锋在前，带领全队向着一个个奋斗目标进击；他当大队长、副指挥的时候，抓全局、顶关键，走遍了每一个钻井队，指挥生产在前线，解决问题到现场；他当了中央委员以后，不居功，不自傲，仍然是心不离群众，身不离劳动，亲自组织回收队，堵塞管理漏洞。即使在他惨遭迫害的时候，唯一使他放心不下的还是打井、出油。

在十年动乱中，大庆油田也难以幸免空前的浩劫。在这关键时刻，铁人大义凛然，挺身而出，冒着风险，向党中央、周总理上书直言。接着，他又亲赴首都，直接向总理反映大庆面临的危难，提出解救的建议。敬爱的周总理一向十分关心石油工业的发展，十分关心大庆这个能源基地的建设。铁人的上书和面谈，引起了总理的高度重视，指示大庆油田要恢复“两论”起家的基本功。在周总理的直接关怀支持下，大庆又一次排除干扰和破坏，在石油工业发展的大道上，高举红旗，勇往直前。铁人为挽救大庆、挽救我国的石油工业作出了特殊贡献。

铁人的心里，不仅装着一个大庆，而且装着整个石油事业。他常说，我们国家光有一个大庆不行，有两个也不够，要有3个、5个、8个、10个，越多越好，越大越好。在落实支援新区建设的人员、设备等问题时，铁人说：“不要分什么你的我的，统统都是国家的、党的、人民的。拿下新油田，关系到整个石油工业的大发展。我们要顾全大局，看到全中国、全世界。想到几十年、几百年。”他主张：支援新区要派精兵强将。给人，要给过硬的，给物，要给优质的，给设备，要给成套的，保证队伍开上去就能打得响，打得胜。

1970年3月，铁人率领大庆学习慰问团，来到会战新区江汉油田。当时，他已是中央委员，我却在“牛棚”里喂牛、种地，接受审查。听人说，铁人刚到江汉油田招待所，就急切地询问：“李敬同志在哪里？我要见他。”当时，我正在淘厕所，见有人传叫，不知又有什么麻烦。谁知，推门进去，迎上前来的竟是4年不见的老铁！铁人紧紧抓住我的双手，握了又握，摇了又摇。我们泪眼相向，百感交集，沉默许久说不出话来。那分别后的思念，相逢时的喜悦，以及几年来酸甜苦辣的一切滋味，全部蕴含在这默默无言之中。铁人看我衣着破旧，心里什么都明白了。他鼓励我想开些，相信党，相信群众。那次相见，时间较短，我有一肚子的话要对老铁说，却始终没讲出一句话。铁人走后，陪同他慰问的同志告诉我，他曾多次对有关负责同志讲：“李敬同志是我的老领导。从50年代开始，我们就在一起了。我了解他，敢担保他没有问题。请你们尽快解放他。这些老同志，都是我们党的宝贵财富，都是石油发展的有功之臣。新区建设需要他们，不能再把他们圈在牛棚里啦！”铁人的相知，铁人的深情，激起我万千感慨。从和铁人握别的时候起，我就等待着，盼望着，等着盼着我们再度重逢、开怀畅谈的那一天。可万没有想到，江汉一别，竟成永诀！

1970年7月，我离开“牛棚”，被派往13团任副团长。没过多久，噩耗传来。11月15日，铁人去世的讣告摆在我面前，我不胜悲恸，潸然泪下。直到这时，我才真正感觉到追悔莫及，才真正意识到那次无语的相见铸成了我终生的遗憾。我含悲忍痛发去一封唁函，遥寄我对党的好儿子、工人阶级的好榜样、石油工业的骄傲、我的老战友铁人王进喜的沉痛哀悼。

“宁可少活20年，拼命也要拿下大油田。”铁人一生舍身忘我，无私奉献，为发展祖国的石油事业长年奔波，日夜操劳，终致身心交瘁，英年早逝。去世时，他年仅47岁，正是年富力强、为事业效力的好时候，可他却过早地离开了我们。

三、严细认真，一丝不苟，对党对人民高度负责的求实精神

铁人干事业有股“拼”劲，抓工作有股“狠”劲，在大庆战区是出了名的。他对上级指示的坚决贯彻，对工作的严细认真，对质量的一丝不苟，对安全的常抓不懈，以及他人民公仆的赤热感情和普通一兵的艰苦本色，都是他优秀品德和可贵精神的重要组成部分。

难忘的“4·19”，是大庆人永志不忘的纪念日。时隔29年，我还记忆犹新。那是1961年4月19日，大庆会战工委在油建礼堂召开千人反事故大会。在这之前，我们钻井指挥部填封了一口打斜了的新油井。开会那天，我作为钻井指挥部指挥上台作检查，总结教训，接受批评。当时兼任会战指挥部指挥的石油工业部副部长康世恩同志严厉批评我们是“抬着棺材进坟墓”，是给国家造成重大损失的罪人。大家

王进喜被石油工业部机关党委评为油田会战第一个劳动模范

都为造成的损失深感痛心。会场上，许多同志落了泪，铁人在台下也坐不住了，他主动跑上台来，靠在我身边，陪着我挨批。会后，铁人又自责地对我说："都是我们没把工作做好。让领导代我们受过，心里不是滋味。"他抹了把泪，接着说："流这些咸水子有啥用？今后，你看我的。"话不多，却发自肺腑，让你感觉到彼此之间心心相印，肝胆相照。

"4·19"以后，钻井指挥部紧接着召开了现场会，贯彻落实会战工委的指示精神。会前，铁人找到我，要求开会时狠狠批评，不要留情面，为的是让大家都能牢记这次惨痛的教训。会上我认真地检讨了自己的过失，承担了责任，同时也毫不客气地批评了铁人，说他"一粗二松三不狠"，他的大队出事故，"算不得英雄，是狗熊"。随后，当时是钻井二大队大队长的铁人自觉从严，主动承担责任，作了深刻检查。他沉痛地说："前天，井队的同志们狠着心，含着泪，填死了一口不合格的井。指挥部的领导也和我们一同去背水泥。有人难过地说，'标杆队的队史上还没有这么一笔。'我说：'没有这一笔，队史就是假的。这一笔，不但要记录在队史上，还要印刻在每个人的心里，要让后来的人都知道，我们填掉的不单纯是一口废井，而是填掉了低水平、老毛病和坏作风。'"这次会议，在职工中引起了强烈的震动。大家没有悲观，没有消沉，而是变失败为教训，变压力为动力，揭矛盾，找差距，查苗头，挖隐患，几天之内就制定了一系列整改措施，并逐步把"4·19"发展成了"人人出手过得硬、事事做到规格化、项项工程质量全优"的安全质量活动日。

从此，铁人抓安全、抓质量更上心了，他经常到井场转，到车间看，一旦发现问题，就动真的，来实的，绝不轻易放过。有一次，1284钻井队完钻固井后，试压不合格。队上估计是套管有问题，便倒扣逐根检查，结果发现第18根套管接箍被咬扁变了形。铁人火了，责令该队队长王润才背上套管接箍，现身说法，挨队检查。每讲完一个队，还得让队长签字，评价他的检查，大伙“满意”“不满意”。直到王润才跑遍了二大队所属的15个钻井队，又主动到一大队的两个钻井队作了检查以后，铁人才让他回大队部，语重心长地对他说：“党和人民把油井交给了我们，我们就要对油田建设负责，对党和人民负责，对子孙后代负责。”王润才痛哭流涕。他深知“严是爱，松是害”，深知铁人不是和他过不去，而是和“低、老、坏”过不去；不是对他个人狠，而是对不负责任的态度狠。事后，铁人向我汇报这件事的处理过程时，心情很沉重。我没有求全责备。我知道，让王润才背着六七斤重的套管接箍，步行数百里路作检查，铁人的心里也不会轻松，但没有严要求，就出不了高水平，我完全理解他的良苦用心。

铁人心疼国家财产，更心疼为国家创造财富的人。数九隆冬，萨尔图气温下降到零下40多度。工人们都入睡了，铁人却披上老羊皮袄，察看每个地窖的火情。他把钻工们都当宝贝疙瘩，说“冻坏一个，我们的事业就少一份力量”。1205钻井队原有个棒小伙子叫张启刚，膀宽腰圆，肯吃苦，舍得下力，是个好苗子。不料，在一次意外事故中，铁人喜爱的这个小伙子不幸伤亡了。当时，队上职工情绪比较低落，生产受到影响。我和铁人即日赶到队上做工作，跟班劳动，安定职工情绪。我们帮队上订了报纸，并为每个职工配备了饭盒，保证大家能吃上热饭菜。铁人还动员全队职工捐粮票捐钱，寄给张启刚同志的母亲。没过多久，老人寄来一缕白发。铁人捧着白发，泣不成声地对我说：“老人家把独养娃交给了我们，我们怎么对得起白发老人！”谁说铁人是铁石心肠？他那宽阔的胸怀里，充满着阶级情、战友谊、同志爱。打那以后，每逢祭日，铁人就带领全队为张启刚同志扫墓，在墓前进行安全教育，启发大家牢记血的教训。后来，张启刚同志牺牲的那天，就成了1205钻井队法定的安全教育日。

随着对铁人的加深理解，我逐渐发现，自己在思考问题、寻求方案的时候，往往会去征求一下铁人的意见。长此以往，竟成习惯。每逢工作顺利的时候，我们就到落后单位去，查查不足，保持冷静；每当遇到挫折的时候，我们就到先进单位去，数数成绩，提高勇气。铁人就像是温度表，基层的一切动态，都可以在他那里灵敏地显示出来。直到现在，有了难处时，我还会想起铁人，想起他给我的支持和帮助，从铁人精神中汲取营养和力量。对铁人的加深理解，我还发现，常找铁人的并非我一个人。不论是出门还是在家，铁人身边总是围着许多职工、家属。他走到哪里哪里就成了“接待站”。铁人不愧是人们称赞的、让领导放心、与群众贴心的“信得过、靠得住”的好干部。

铁人像热爱石油事业那样，热爱为石油事业奋斗的人们。在他随身携带的小本子上，密密麻麻地记满了各种各样急办的事。对群众的疾苦，他了如指掌，并逐一解决。队里新到了职工家属，不等人家找上门，他早已派人把粮、油送到家里。许多井队技术员而立之年找不到女朋友，他热心地从中牵线搭桥。到基层检查工作发现有家属生娃坐月子，他立即让工会主席送去棉花、布匹，派人挑水、买粮……翻开铁人那本“毛选”，在《关心群众生活，注意工作方法》一文中，圈圈点点画了许多记号。这篇文章，铁人反复读过多遍，其中有许多句段，都能背诵下来。他经常告诫自己，也告诫身边的干部：“毛主席管着全国的大事，那么忙，还想着群众的柴米油盐。我们是党的基层干部，总不能把马列主义的道理和党的政策，光挂在口头上，摆在书架上，撂在文件夹子里吧？家属大嫂房子漏雨、缺原油烧，几十里外的钻工就感到冷了；娃儿们没地方读书，当父亲的能安下心来打井吗？这些不上串儿的事，我们当干部的不管，谁管？”的确，铁人管得很宽很多。接送职工上下班的车辆安排好没有，他要管；家属区道路通畅不通畅，他要管；就连业余秦腔演出队组织得如何，他也要管。他带领职工家属自己动手，盖起了全指挥部第一批干打垒住房，又开辟荒地，种粮种菜，办成了第一个拥有自建粮店、邮局、豆腐房、缝补组、卫生所、澡堂、托儿所、小学、广播室的家属生活区。铁人究竟为群众办了多少实事好事，谁也说不完、数不清。二大队职工家属这样说：全大队每一块庄稼地里都印下了铁人的足迹，全大队每一栋干打垒里都洒下了铁人的汗水。铁人用赤诚滚烫的阶级情爱，温暖了周围人们的心。

铁人把为群众排忧解难当作自己的本分，同时把保持生活的艰苦朴素看成自己应有的本色。当工人时，他知足知福，从不因个人私事麻烦领导。当干部后，他廉洁奉公，不搞特殊，全心全意为群众谋利益，丝毫不为自己打算。他当大队长不久，管理员建议给大队部添置几把靠背椅，铁人执意不许，说“坐板凳照样开会、办事”。他家经济困难，大队决定给他长期补助，可铁人的领款折子上，始终是空白的。逢年过节，领导为照顾他身体，常送些苹果、猪肝给他补养，铁人却一点也没留下，每次都送给了病号或食堂，说“哪怕每人摊到一个油珠，也还是大家吃了好”。铁人那条帆布工裤，补丁上面摞补丁，总舍不得更换；铁人那件光板老羊皮袄，既用来御寒，又可当铺盖，穿了一年又一年；铁人那只炒面袋，跟他转了一个井队又一个井队。他常说：“我从小放牛，懂得牛的性子。牛索取极少，奉献很多。我们都应做勤勤恳恳为人民服务的‘老黄牛’。”

铁人为事业、为群众操心尽力，几十年如一日，直至生命最后一息。就在病危弥留之际，他断断续续嘱托的还是将所有伤、亡职工登记造册，按期察访慰问；要搞好回收队的养猪种菜。铁人住院期间，组织上考虑到他的母亲、爱人、孩子有病，生活困难，曾几次给他送去补助金，他都再三辞谢。在生命的最后一刻，铁人吃力地从枕边摸出一个小纸包和一个小本子，对守候在身边的人说：这些钱，请组织上用到最需要的地方去。打开纸包，人们才知道，几笔补助费竟分文未动；翻开笔记本，那上面清清楚楚地记着补助的日期和金额。在病床前，铁人再三叮嘱家人：“我死后，千万不能向组织上提出任何经济要求，不能给组织增添任何麻烦。”铁人没有给他的家人遗留什么财物，却给我们留下了无价的精神财富。他的死和他的生一样崇高伟大。正像大庆职工家属说的那样：即使砸碎铁人的骨头，也找不到半点“私”字的渣渣。面对铁人，我们每个活着的人难道还有什么个人私心不能抛弃，还有什么个人私利不能牺牲吗？

相关链接

“铁人”精神

——《大庆企业文化辞典》

这是全国著名劳动模范、铁人王进喜的崇高思想、优秀品德的高度概括，是我国石油工人精神风貌的集中体现。“铁人”精神内涵丰富，主要是：“为国分忧、为民争气”的爱国主义精神；为“早日把中国石油落后的帽子甩到太平洋里去”，“宁肯少活20年，拼命也要拿下大油田”的忘我的拼搏精神；为革命“有条件要上，没有条件创造条件也要上”的艰苦奋斗精神；“要为油田负责一辈子”，“干工作要经得起子孙万代检查”，对技术精益求精，为革命“练一身硬功夫、真本事”的科学求实精神；“甘愿为党和人民当一辈子老黄牛”，不计名利，不计报酬，埋头苦干的高尚情操；“当了干部，还是个钻工”，“绝不能特殊，绝不能高人一头”，时时处处严格要求自己，谦虚谨慎、戒骄戒躁，永做普通劳动者的高贵品格；热爱同志、关心同志，千方百计解决群众疾苦的深厚无产级感情；刻苦学习马列著作和毛泽东著作的高度自觉性。这一精神是王进喜朴素的阶级意识在党的培养教育下、在为新中国石油工业奋斗中的升华，是中华民族的传统美德在共产主义思想照耀下的结晶，是“铁人”自身的品格与许许多多石油战线先进人物精神境界的融合。它作为大庆企业精神的重要组成部分，有着不朽的价值和永恒的力量。

要为人民负责一辈子*

参加过大庆会战的老同志，都知道一九六一年四月十九日会战领导抓工程质量的故事。人们说，没有“四·一九”质量纪念日，就不会有以后“好字当头，自觉从严”的施工队伍；就不会出现以后的项项工程质量全优，事事达到标准化。“四·一九”确实是个值得纪念的日子。

一九六一年会战一开始，钻井和油建队伍都上得很猛，但忽视工程质量的现象时有发生。油建队伍为创纪录，一夜时间砌成大墙，一丈量墙歪了，只好推倒重来。钻井指挥部在南线组织大会战，从一月到四月份，共计钻井

为保证工程质量，油建十一中队队长，标兵周占鳌（右1）检查焊口，一丝不苟。

* 选自《创业轶事》，题目为编者另加，原题为《难忘的“四·一九”质量纪念日》。

三十二口。其中，有四口误射孔，五口固井质量不合格，四口井底冲洗不干净，五口油层浸泡时间过长。这样下去，“一粗、二松、三不狠”老毛病不改正，对社会主义建设事业要带来多大的损失啊！为此，总指挥康世恩同志忧心忡忡。

就在这时，钻井指挥部又打了一口井斜超过要求三度的井。如果按过去“睁一只眼闭一只眼”，照样可以完钻试油。但这次康世恩没有放掉这个苗头，他横下一条心，非把忽视质量的倾向整改过来不可。

四月十四日，在油田地质座谈会上，有人说：“今年会战一上手，工业、农业都全面铺开了，形势大好。”康世恩沉着脸，一言不发。等别人把话说完，他站起来愤慨地说：“形势大好？好什么！井都打斜了！”他压住火，耐心地解释：“从钻井队伍暴露出来的问题看，我们的领导要立即扭转急躁情绪。现在天还冷，供水困难，驻地移动，很多事情还没有摆顺。如果指标与实际差得太远，就会形成强制性，把群众置于被动地位，好的队伍完不成指标，也就会产生猛干、蛮干、忽视质量。脱离实际、脱离群众要害死人！”康世恩要钻井指挥部主要领导在四月十五日开职工大会，向职工做检查。他对钻井指挥李敬说：“你们要怕丢人，我就让你们上万人大会去检讨。驴粪蛋子外面光，贴金马桶里面脏。谁不讲质量，我就和谁拼命！痛心的是我们钻井钢铁战线在先进的时候就埋藏着垮台的因素，首先从质量上垮台了！”从批评这天起，钻井指挥部连续召开党委会议、干部大会、职工大会，采取整风的方法严格检查解决质量问题。四月十九日，会战指挥部在油建礼堂召开了各单位主要领导干部和职工代表参加的千人大会。会上，康世恩对发生的一些忽视质量情况一一列举，分析危害和根源。他说：“质量的问题不完全是技术问题，主要是人们的思想方法和责任心的问题，尤其是领导干部对质量的态度问题。对质量不负责的人，就是党性不强的表现。”当他讲到钻井1205队发生井斜问题时，痛心疾首，情绪激愤。他把钻井指挥部的书记李云、指挥李敬，指名道姓地点出来，让他们站在主席台前，指着他俩的鼻子问：“要把队伍带到什么方向去？”康世恩说：“钻井战线是油田的生命线，工作质量的好坏，决定油田的命运。党把这个战线交给你们两人是组织的极大信任，我代表会战工委向你俩致谢。”说着他向李云、李敬深深鞠了一躬。接着，康世恩又说：“钻井队伍是一支过硬的队伍，指到哪里，打到哪里。能否解决质量问题，主要就看领导往哪里指了。我希望你们能把队伍带到以确保质量为中心的道路上来。为此，我再诚心诚意地向你俩致敬！”说着，他又向李云、李敬鞠了一躬。康世恩的几个躬，鞠得李云和李敬满头冒汗，恨不得地面有个缝钻进去。

在康世恩狠狠批评钻井领导的时候，已经当了大队长的铁人王进喜正好来到会场。他刚一到门口，一个钻井队的工人就对他说：“赶紧趴下。”王进喜问：“趴下干什么？”这位好心的工人说：“康部长正在发火批评我们哩！”王进喜说：“我不能表扬时戴花上台当英雄，受批评时就趴下装狗熊。”说完，他就挺起腰杆走上主席台，站在李云、李敬等人旁边陪着接受批评。康世恩见王进喜来了，就当面批评王进喜，告诫他们不能光猛干、蛮干，要树立质量第一的思想。这次大会上，干部在台上受批，职工在下面低头流泪，都说这是最难忘的一天。

会后，石油部长余秋里知道了经过，他打来电话：“支持康世恩抓质量的行动，并要求1205队把这口不合格的井填起来。”听说要填井，这要损失几十万元，许多工人痛心得抱头大哭起来。有人说："填了井，咱们标杆队的队史上就留下了耻辱的一页。"铁人说："没有这一页，队史就是假的，对老毛病、坏作风，只有整改得彻底，才能牢记一辈子。"事后，李云、李敬和王进喜，带着1205队的职工，硬是含着泪水，把那口不合格的井给填死了。以后，不仅1205队，就是整个钻井战线都没出现过类似的问题。

从此以后，每年的四月十九日，就成为钻井战线的一个重要纪念日。这一天，各单位都要研究讨论解决质量问题。

相关链接

五毫米看作风

——《大庆企业文化辞典》

1964年2月28日，油建指挥部的领导，各大队、中队的干部以及机关干部，工程技术人员和工人代表共604人，在总机厂的建筑工地上召开了一次现场会。

会场中央放着10根10米长的钢筋混凝土大梁。这些大梁表面平整光滑，根根粗细一样，即使最能挑剔的人也难以找出什么毛病来。然而，油建指挥部指挥却代表领导首先在会上检讨，说由于他们脑子里缺乏高标准，工作不深入，检验不严格，这些大梁的少数地方比规定的质量标准宽了5毫米。

5毫米不过一片韭菜叶，他们却紧紧抓住苗头不放。党委书记说，好作风必须从小处培养起。只有抓住"微不足道"的小问题大做文章，才能防微杜渐，避免发生大问题。领导带头检查，大家坐不住了。负责施工的二大队六中队的职工接着检查了他们的作风不严不细，没有做到人人出手过得硬，道道工序质量全优；工程技术人员检查了他们没有严肃认真地执行验收标准，质量关把得不严。

检查之后，指挥部领导抄起榔头、扁铲等工具，冒着寒冷，光着手把大梁上宽出的5毫米铲掉、磨光。大家说："这铲掉的哪里是5毫米混凝土，铲除的是马马虎虎的低标准思想和凑凑合合的坏作风。"

我为祖国献石油*

在举国上下隆重纪念新中国成立60周年的喜庆氛围中，我们怀着无比激动和崇敬的心情在这里集会，热烈庆祝大庆油田发现50周年。首先，我代表大庆油田党委和大庆油田，向出席庆祝大会的各位领导、各位来宾，表示热烈的欢迎！向为大庆油田开发建设做出重大贡献、建立不朽功勋的老领导、老会战、老同志，表示崇高的敬意！向长期以来关心和支持大庆油田开发建设的各级领导、同志们、朋友们以及社会各界，表示衷心的感谢！

1959年9月26日，国庆10周年前夕，以松基三井喜喷工业油流为标志，发现了大庆油田。半个世纪以来，沐浴着党和国家的亲切关怀，伴随着石油工业的发展壮大，以铁人王进喜、新时期铁人王启民为代表的大庆石油人，用热血、忠诚乃至生命，书写了我国石油工业发展史上的辉煌篇章。累计生产原油20.2亿吨，实现年产5000万吨以上连续27年高产稳产，创出了国内外同类油田开发的领先水平；上缴各种税费1.1万亿元，2000年以来连年位居中国纳税百强企业榜首，为国家做出了高水平的贡献；取得科技成果8100多项，大型陆相砂岩油田开发技术居世界领先地位，油田勘探开发成果与“两弹一星”共同载入我国科技发展的史册；孕育了大庆精神、铁人精神，以及“三老四严”、“四个一样”、岗位责任制等优良传统作风，打造出一支敢打硬仗、永创一流的过硬职工队伍；促进了区域经济社会的共同发展，建成了现代文明的新型矿区，改善了职工的生产生活条件，走出

* 选自2009年9月22日在大庆油田发现50周年庆祝大会上，大庆油田党委的总结，题目为编者另加。

一条党领导建设社会主义工业企业的成功之路。

五十载艰苦创业，半世纪沧桑巨变。在庆祝大庆油田发现50周年的重要历史时刻，我们无比激动和自豪，心潮澎湃、感慨万千。我们不能忘记，是毛泽东、邓小平、江泽民、胡锦涛等党和国家领导人亲自培育、精心哺育了大庆精神、大庆红旗，是党中央、国务院直接组织领导了当年的石油大会战，是中央和国家机关各部委为油田开发建设提供了有力的支持和保障。我们不能忘记，是余秋里和康世恩等几代石油工业领导人的运筹帷幄、科学指挥，确保了石油大会战的全面胜利，推动了大庆油田各个时期的新发展。我们不能忘记，是黑龙江省各级党委、政府及黑龙江人民的宽广胸怀，“全省上下勒紧腰带保会战”的深情厚谊，在最困难的时候给了大庆人最有力的支持；是3万名解放军官兵转战松辽，30多个工矿企业选调精兵强将，各省市像当年支援前线那样无私援助，保证了石油会战和开发建设的顺利进行。我们不能忘记，是铁人王进喜等老一辈石油创业者，是油田历届老领导、老同志及广大石油科技工作者，困难面前敢于担当、敢于冲锋、敢于牺牲，铸就了大庆的不朽丰碑。大庆油田取得的成就，属于大庆石油人，属于中国石油工业，属于黑龙江省，更属于党和国家！

大庆油田的历史带给我们的思考和启迪是深刻的。回顾50年的实践，我们深切体会到：

一部大庆油田发展史，就是一部胸怀祖国、产业报国的历史。半个世纪以来，大庆油田始终把“为国争光、为民族争气”作为不懈的追求，这种强烈的爱国主义情怀，给了大庆人以坚定的信念、顽强的毅力和不屈的性格。正是因为有了这种力量，当年的石油大会战，在困难的时期、困难的地点、困难的条件下，仅用3年时间就拿下大油田。正是因为有了这种力量，十年动乱期间，油田上下始终坚持生产、快速上产，使原油产量迅速攀上5000万吨高峰。正是因为有了这种力量，进入改革开放的新时期，大庆油田才实现了稳产10年、再10年，并把这一辉煌延伸到了21世纪。建设大油田，做出大贡献，始终是大庆人矢志不渝的价值追求，始终是大庆人前进发展的强大动力。

一部大庆油田发展史，就是一部为油拼搏、为油奉献的历史。半个世纪以来，大庆油田自觉高唱“我为祖国献石油”的主旋律，从老铁人“宁肯少活二十年，拼命也要拿下大油田”，到新铁人“宁肯把心血熬干，也要让油田稳产再高产”，这种使命意识与石油情怀始终如一。为找油，我们立足松辽，开拓海外，大打勘探进攻仗，使石油探明储量从油田发现之初的22.6亿吨，逐步增长到63.6亿吨；为拿油，我们精益求精，精雕细刻，不断冲击老油田开发极限，使主力油田采收率突破50%，并向60%乃至更高目标挺进；为高产，我们挑战高含水，进军低渗透，推动三次采油大发展，建成了世界最大的三次采油基地；为稳产，我们解放思想，深挖潜力，全面打响高科技新会战，踏上了4000万吨持续稳产的新征程。“这困难、那困难，国家缺油是最大的困难；这矛盾、那矛盾，国家缺油是最大的矛盾”，充分体现了老一辈石油人的高度责任感，更是新时期大庆人的执著追求。

一部大庆油田发展史，就是一部精神支撑、精神铸就的历史。半个世纪以来，大庆油田靠精神而站立，因精神而恒久。没有精神的支撑，就不会有“人拉肩扛”、“用身体搅拌泥浆”的英雄壮举，就不会有“永争第一、勇站排头”的进取意识，更不会喊出“有条件要上，没有条件创造条件也要上”的豪迈誓言。这些年，油田的管理体制、工作条件和队伍结构发生了深刻变化，但石油人的爱国情怀没有变、创业激情没有变、求实态度没有变、奉献精神没有变。大庆人坚持用大庆精神保稳产、用大庆精神闯市场、用大庆精神谋发展，勘探发现了我国东部陆上最大的庆深气田，进入了蒙古、苏丹、伊拉克等国际市场，开创了可持续发展的新局面。大庆精神、铁人精神是我们的政治优势，也是我们的力量源泉，到任何时候，都必须一代一代地传下去。

一部大庆油田发展史，就是一部自主创新、持续创新的历史。半个世纪以来，大庆油田高度重视创新，持续推进创新，靠创新保持了勘探开发的领先水平，靠创新为企业发展提供了不竭动力，靠创新走出了一条具有油田特色的发展之路。从当年自主开发建设大油田，首创“三基”工作等基本经验，到新时期探索新型工业化道路，荣获首届“中国工业大奖”，大庆人始终秉承超越权威、超越前人、超越自我的“三超”精神，开拓进取，锐意创新。油田科技坚持“应用一代、储备一代、研究一代”，形成了水驱、聚驱、三元复合驱等一整套具有自主知识产权的核心主导技术系列；企业管理坚持立足基层、面向实际、注重特色，形成了以岗位责任制为基础，传统管理与现代管理相结合的油田特色管理模式。创新，是一个国家和民族进步的灵魂，也是大庆油田科学发展、持续发展的根本所在。

一部大庆油田发展史，就是一部前赴后继、艰苦创业的历史。半个世纪以来，一代又一代大庆石油人，与油田同呼吸、共命运，同成长、共进步，把青春和智慧献给了油田，献给了祖国的石油事业。广大职工在不同的历史时期，在各自平凡的岗位上，所表现出来的主人翁责任感，所焕发出来的积极性、主动性和创造性，汇聚成了我们事业蓬勃发展的决定性力量。当年的老石油、老会战，从四面八方云集松辽大地，头顶青天、脚踏荒原，战天斗地、艰苦创业，铸就了我国石油工业的历史辉煌。与油田一同成长起来的中青年一代，接过前人创业的火炬，解放思想、开拓进取，攻坚克难、奋勇登攀，不断创造了油田开发新的水平。承载着继往开来历史重任的油田新一代，勤奋好学、爱岗敬业，朝气蓬勃、志向远大，昭示了油田更加美好的未来与希望。大庆油田的发展成就，是几代石油人不懈努力、共同奋斗的结果；大庆油田的开发建设，是贯彻落实党的全心全意依靠工人阶级根本指导方针的生动实践。

走过50年的发展历程，大庆油田改革发展已进入新的历史阶段。当前，随着全面建设小康社会进程的加快，国家能源形势对石油工业发展提出了新的要求，大庆油田在维护国家石油战略安全中，承担着义不容辞的重大使命。作为新时期大庆人，我们一定牢记胡锦涛总书记视察大庆时的指示要求，弘扬大庆精神，继续艰苦创业，坚持科学发展，创建百年油田，努力向新的更高的目标进军！

我们要建设一个资源探明率最大、油田采收率最高、分阶段持续稳产，在国家能源布局中始终保持重要地位的百年油田。实现原油4000万吨持续稳产，2020年油气当量保持在4000万吨以上，本世纪中叶、油田开发100周年之际，油气当量保持在2000万至2500万吨，全面建成国家重要的能源生产、工程技术、装备制造、油田化工和科技创新“五大基地”，让大庆油田基业长青。

我们要建设一个面向全球、面向未来，技术水平和综合实力赶超国际一流，在中国石油综合性国际能源公司战略中发挥重要作用，在海外油气资源勘探开发领域具有强劲竞争力的能源企业。2020年，油田经营总收入达3000亿元以上，海外市场收入达到非油业务50%以上，让大庆油田走向世界。

我们要建设一个发展和谐、环境和谐、人企和谐，始终走在全面建设小康社会前列的现代企业。油田开发技术走在世界石油工业的前列，经营管理水平走在国内同行业的前列，精神文明建设走在全国工业企业的前列，让大庆油田更加美好。

“珍惜大庆光荣史，再创大庆新辉煌”，是胡锦涛总书记对大庆油田寄予的殷切期望。站在油田发现50周年新的历史起点上，我们一定在党中央、国务院的亲切关怀下，在中国石油天然气集团公司和黑龙江省委省政府的坚强领导下，高举中国特色社会主义伟大旗帜，全面落实科学发展观，把握第一要务，坚持统筹兼顾，落实以人为本，着力构建和谐，扎实推进创建百年油田实践，为夺取全面建设小康社会的新胜利，做出新的更大贡献。让辉煌历史走向未来，让大庆红旗更加鲜艳！

相关链接

为石油事业艰苦奋斗一辈子

——《大庆企业文化辞典》

铁人王进喜的一句名言。是以他为代表的大庆石油职工的共同意愿。在大庆石油会战中，以铁人王进喜为代表的大庆石油职工，为了高速度、高水平拿下大油田，为国分忧、为民争气，以“有条件要上，没有条件创造条件也要上”的英雄气概，自力更生，艰苦奋斗，战胜了生产和生活上的重重困难，取得了石油大会战的胜利，为我国石油基本自给，作出了卓越的贡献，受到了党和人民的高度评价。在这种情况下，还要不要继续艰苦奋斗？1964年8月，大庆会战工委制订了领导干部“约法三章”，第一条就是“坚持发扬党的艰苦奋斗的优良传统，保持艰苦朴素的生活作风，永不特殊化。”1965年7月，铁人王进喜在石油工业部政治工作会议上作了题为“为石油事业艰苦奋斗一辈子”的发言，他语重心长地说：“我们国家现在还穷，还没建设好，石油还没完全够用，我一定要艰苦奋斗一辈子。”“要让我们国家的石油按6亿5千万人口来算，一年一人合上半吨油。”他还说过：“今后我们要走的道路还长着哩，还一定会遇到很多困难，不管困难多大，我们决不低头，一定要挺着腰杆子干一辈子。”“现在我们少数人的吃苦，能换来多数人的幸福，换来子孙万代的幸福。”“艰苦奋斗是我们党的性质确定了的。为了实现共产主义，就要艰苦奋斗一辈子。”同年8月9日，《战报》全文刊登了铁人王进喜的发言。在各级领导干部的言传身教和“铁人”精神的感染下，经过石油大会战锻炼的广大石油职工，进一步增强了为国家分担困难、为全国人民造福的奉献意识，决心为石油事业艰苦奋斗一辈子。老一代石油职工的崇高思想和模范行为，对新一代石油职工产生了重大的影响，“为石油事业艰苦奋斗一辈子”的思想，是大庆人艰苦创业精神的重要组成部分，是大庆人长期艰苦奋斗的精神动力。

第三章 坚持科学理论的指导

教学目的

帮助学员和读者深刻理解马克思主义中国化的理论成果是引领国有企业改革发展的强大动力，也是解决国有企业矛盾和问题的锐利武器；国有企业要实现又好又快发展，必须结合企业实际充分发挥马克思主义科学理论的指导作用，始终保证企业沿着健康的轨道前进。

学习要点

- 为什么说大庆油田的开发建设实践证明：马克思主义不仅是革命的理论，也是建设的科学？
- 当年会战如何用辩证唯物主义、历史唯物主义的世界观和方法论统一思想，保证了油田开发建设的顺利实施？
- “两论”起家基本功，对新的历史条件下国有企业科学发展的意义是什么？
- 如何认识国有企业也是贯彻和实践党的基本理论的重要阵地？

“两论起家”——用科学的思维带队伍，干工业*

1959年12月，在哈尔滨召开的东北协作区会议期间，我和李人俊同志向周总理汇报工作时提出，松辽石油勘探有新的发现，石油部准备组织一次会战，迅速拿下油田。总理对此非常关切，对组织会战表示同意。他预见到会战将遇到种种风浪，重重困难，是一场大仗、恶仗，深刻地指出：要用毛泽东思想指导大会战，用辩证唯物主义的立场、观点、方法，分析、解决会战中可能遇到的各种问题。我向党组同志传达了总理的这一指示。大家认为，总理的指示，为即将进行的石油会战和大庆油田的开发建设，指明了方向。毛泽东思想是中国革命和建设的指导思想，大庆石油大会战，也必须以毛泽东思想为指导。只有靠毛泽东思想，才能统一人们的认识和行动，只有运用辩证唯物主义这个有力的思想武器，才能正确地认识和解决矛盾，夺取会战的胜利。

1960年3月28日晚，我乘火车从北京出发，在哈尔滨停留一天后，于3月31日，同在哈尔滨主持大庆会战第二次筹备会议的康世恩同志一起，到达会战指挥机关临时驻地安达县城。

从4月1日起，我用几天时间，到会战的主战场——萨尔图探区察看了一次，同刚刚到达战区的会战职工进行了交谈；听取了一些领导干部和地质技术干部的汇报，了解了会战准备情况和油田地质情况。我得到的总印象是队伍上得很猛，地面、地下各种矛盾很突出。

---

* 选自《余秋里回忆录》，题目为编者另加。

大庆石油会战是在困难的时候、困难的地点、困难的条件下开始的。1960年，我国的国民经济发生严重困难。在这样一种严峻的形势面前，我们打破常规，集中兵力开展石油大会战，必然会遇到各种各样的困难和问题。几万人的队伍在很短的时间里，一下子涌到只有几处牧场、几百户人家的萨尔图地区，从安达站到萨尔图站，沿途50多公里的铁道线上，每个站台都下人、卸货，铁道两边堆满各种设备、器材、行李、货物。由于缺少起重运输设备，这些物资怎么也疏散不开。有些火车皮几天卸不下货，有些卸下的设备材料几天运不到施工现场。不到现场，很难想象会如此混乱。

3、4月份的萨尔图，还是天寒地冻的季节。职工们一无房屋，二无床铺，有的寄住在牧场的牛棚马圈里，有的挤在自己修的地窝子、马架子里。吃得也很困难，少粮缺菜，连锅灶、炊具都很不够。不少职工用铝盔盛饭，脸盆熬汤。生产上设备不配套，汽车、吊车严重不足，钻机设备在铁道两边一躺就是好几天运不走。没有工业水源，靠农村的土井连生活用水都保证不了，生产用水只能到水泡子里破冰取水。公路不通，电话不灵，组织指挥生产常常要靠步行。在这种情况下，职工队伍思想上也存在不少问题。部分干部对组织石油会战心存疑虑，有的担心靠石油部有限的人力、物力，能不能把这场会战打下来；有的到了现场之后，面对着艰苦的环境、困难的条件和种种非常规的措施、办法，感到这里的一切都是乱糟糟的，埋怨会战不正规，不像个搞工业的样子。有少数同志怕艰苦，怕受累，挑工种，讲待遇。个别干部一下车，不管队伍，不问设备，不关心工作任务，先打听中灶食堂在哪里。还有极个别职工开了小差，当了逃兵。

对于油田地下情况，当时我们还了解得不多。长垣南部探区已经打了20多口井，经过初步研究分析，掌握了一些情况，但有些情况一下子还说不清楚。北部探区，除萨尔图第一口井出油后正在试采外，新开钻的几口井正在钻进中，具体情况还不清楚。最主要的问题是，我们缺乏勘探开发大型油田的实践。在当时的国内外环境下，我们已不可能在物质上、技术上得到国外援助，只能立足于自己力量的基点上，独立自主地进行勘探、开发和建设工作。因此，能不能进一步探明这个油田的地质情况，正确地认识油田；能不能根据油田的客观实际，制定出科学的开发方案；能不能掌握油田生产的客观规律，成功地开发和建设油田，这是对会战领导和全体会战职工的严峻考验。

面对着种种矛盾和重重困难，我想到了周总理的指示。4月上旬，有几天时间，我用半天工作，找干部和地质技术人员谈话，了解情况；半天关起门来，阅读毛主席著作，主要是《实践论》、《矛盾论》和《关于领导方法的若干问题》。同时，要求会战领导小组的领导同志也这样做。学过几天以后，我同康世恩、唐克、吴星峰等同志进行了几次讨论，分析会战的形势、任务和矛盾、困难。

我们认为，面对错综复杂的各种矛盾和困难，从领导思想上不能就事论事，头痛医头，脚痛医脚。必须透过现象，看清本质，抓住主要矛盾和矛盾的主要方面，主要矛盾解决了，其他问题就会迎刃而解。

我们分析了当前面临的许多矛盾和困难，既有主观上的，也有客观上的；有物质上的，也有技术上的。具体说，就是人力不足，资金不足，设备缺乏，材料缺乏，生产设施不配套，生活条件差，气候严寒，队伍技术素质不高，缺乏勘探、开发大油田的实际经验，等等。在这些矛盾和困难中，生产、生活条件上的矛盾和困难，相对来说是暂时性的，在党和国家的关怀和各地方、各部门的支援下，只要把群众发动起来，经过努力，是可以逐步解决的。而从长远来说，从影响油田命运来说，起决定作用的主要矛盾和最大困难，则是如何搞清油田地下情况，掌握油田客观规律，科学地开发大油田。这个问题，只能由我们自己来解决，别人帮不了什么大忙。如果这个问题不解决，大油田可能看成小油田，好油田可能认为是差油田，高产油田可能搞成低产油田，在勘探、开发中，就会成为盲目的、不清醒的糊涂人。过去，我们在这方面是有经验教训的。在大庆会战中，要避免重蹈覆辙，必须解决认识论和方法论问题，解决指导思想问题，用科学的理论来指导我们的实践。

战報

第1号

部机关黨委開始在此辦公

四月八日召开了总指挥部机关党员大会

部机关党委关于学习毛泽东同志所著"實践論"和"矛盾論"的决定

三个探区普遍发动群众 大搞战前准备

致讀者

《战报》是石油大会战中党的领导机关主办的第一份报纸，1960年4月13日创刊。《战报》自创刊以后，始终坚持正确的政治方向，宣传党的各项方针、政策，开展形势任务教育，反映干部群众的意见要求，表彰先进典型，传播先进经验，批评落后现象，对动员和组织广大群众克服困难，完成各项任务，提高思想觉悟，培育大庆精神、铁人精神，加强队伍建设，起到了很大作用。广大职工和家属喜爱它，亲切赞扬它是“不见面的指导员”。

我们认为，在自然科学领域，只要从事科学研究试验的人不带偏见，经过实践，迟早总会取得成功，认识和掌握客观规律，从而自觉或不自觉地接近或达到唯物论、辩证法的要求。在油田勘探、开发方面也是如此。世界上许多国家，经过几十年乃至一二百年的实践，发展了现代石油工业，发现和开发了一批大型油田，形成了一套石油理论和工艺技术。我国现代石油工业发展的历史很短，由于长期受“贫油论”的思想束缚，只能照抄别人，靠洋拐棍走路，没有形成自己的石油理论。要逐步赶上国外先进水平，发展我国的石油勘探和开发事业，必须以马克思列宁主义、毛泽东思想为指导，自觉地运用辩证唯物论的立场、观点和方法，从我国的实际出发，自觉实践，加强石油地质科学研究工作，认识和掌握油田客观规律。这样，就可以少碰或不碰钉子，少走或不走弯路，发展的步子可以更快一些，并且逐步形成符合我国实际情况包括石油地质条件的石油理论。

这样分析以后，顿觉头脑清醒多了，进一步明确了今后工作的方向和重点。我由此想到，如果组织油田的职工学习《实践论》、《矛盾论》，以“两论”为武器，结合实际，分析和解决在会战中的各种矛盾和困难，对于做好各项工作，夺取会战的胜利，必将起到重要作用。当前工作千头万绪，最重要的是要用毛泽东思想武装会战队伍，统一职工思想。我把这个想法和康世恩等同志谈过以后，他们都表示赞成。

《实践论》、《矛盾论》是毛泽东同志关于辩证唯物主义和历史唯物主义的经典著作，对于我们树立正确的世界观、方法论有着重要的指导作用。学习这两本著作，不仅是当前组织开展石油会战的实际需要，也是石油职工队伍、干部队伍长远建设的根本要求。我认为，学习“两论”不能仅仅停留在一般的号召上，要由党的组织正式作出决定，对党、团员和干部、群众提出明确的要求。经过我们几个人共同讨论，以石油部机关党委（当时石油会战党的临时办事机构）的名义，于1960年4月10日作出了《关于学习毛泽东同志所著〈实践论〉和〈矛盾论〉的决定》。这个决定是大庆石油会战中的第一个决定，发表在1960年4月13日会战机关报《战报》的创刊号上。《决定》指出：

我们正面临着会战——大规模的生产实践，在会战中，把别人经验都学到手，但又不迷信别人的经验，不迷信书本，我们要勇于实践，发扬敢想、敢说、敢干风格，闯出自己的经验。同时，我们在实践中要不迷失方向，就要掌握马列主义的理论武器，把实践经验上升到理论，包括正确认识油田规律，使我们的实践具有更大的自觉性。

为此，部机关党委决定立即组织全体共产党员、共青团员和干部学习毛泽东同志的《实践论》和《矛盾论》，并号召非党职工都来学习这两个文件，用这两个文件的立场、观点、方法来组织我们大会战的全部工作。

学习要根据理论结合实际的原则，采取边读、边议；边议、边做的方法。各级党委要订出学习计划，并列入向上级党委汇报内容。

掌握武器，勇于实践，认识油田规律，这是我们的学习目的。我们号召参加大会战的职工，立即掀起一个学习毛泽东著作的高潮，为开展技术革命、生产革命，做好思想革命。

1960年4月26日，我在会战领导小组扩大会议上指出："毛泽东思想是我们全部工作的指针，'两论'是会战的灵魂。这两篇文章一定要很好地读，反复地读。读了毛主席的著作，就会感到头脑清醒，浑身是劲，就有办法；离开了毛泽东思想，就什么事情也搞不成。"

石油工人围着火炉学习“两论”

学习“两论”的决定，得到了广大职工的拥护，全油田很快掀起了学习《实践论》、《矛盾论》等毛主席著作的热潮。一开始，没有那么多书，就到安达县新华书店去买。县里书店的毛主席著作卖光了，就派人到哈尔滨、北京去买《实践论》、《矛盾论》的单行本。石油部从北京买了几万册，派专人坐飞机送到哈尔滨，再运到战区，发到职工手中，基本上做到了人手一册。干部读，技术人员读，工人也读。人人学，人人议，人人用。职工把毛主席著作带在身上，放在枕边，有时间就读一段。钻台边、工地上、车间和宿舍里，到处都可以看到工人们学习的场面。一些老工人文化低，自己不能阅读，就请别人念，自己认真听，认真想，讨论时积极发言。技术干部下现场、到工地，都随身带着小书包，里边总是装有毛主席著作。各级干部以身作则，带头学习。开会时学，总结工作时学，遇到问题和矛盾时结合实际深入学习，并逐渐成立了各级领导班子的中心学习小组，建立了学习日制度。除了个人自学、领导班子集体学习之外，各级领导成员还经常给基层的职工讲解辅导，介绍心得体会，也时常了解基层的学习情况，总结、推广职工的学习经验。以后，根据会战形势发展和队伍建设的需要，又组织职工学习了毛主席其他有关著作，如《纪念白求恩》、《为人民服务》、《愚公移山》和《关于领导方法的若干问题》、《关于正确处理人民内部矛盾的问题》以及集中兵力打歼灭战等方面的论述。通过培养骨干、树立典型、交流经验、组织讲师团等方法，不断把学习毛主席著作的活动引向深入。

学习“两论”，用毛泽东思想指导会战，我们坚持理论联系实际、有的放矢的原则，注意抓了四点：一是用“两论”的立场、观点、方法，分析会战形势，在每个时期，都抓住主要矛盾，特别是抓主要矛盾的主要方面，集中主要精力，加以解决。二是提倡实事求是的科学态度，批判地接受国内外油田勘探、开发的经验教训，从实际出发，大胆实践，解决会战中的重大科学技术难题。三是普及“两论”的基本知识，用毛泽东思想武装会战队伍，在改造客观世界的同时，增强改造主观世界的能力。四是坚持群众路线，改进领导方法，重视调查研究，从群众中来，到群众中去，启发和依靠群众的积极性和自觉性，做好会战各项工作。从我们领导思想上来讲，学习“两论”，就是要以辩证唯物主义和历史唯物主义为武器，克服机械论和形而上学，打破“贫油论”、“油田开发不可知论”的思想束缚，解放思想，在实践中解决石油勘探、油田开发科学技术的复杂问题，探索中国石油工业发展的道路。

几万名职工学习“两论”，收到了巨大的效果，在一定意义上说，这是马列主义、毛泽东思想的一次大普及。最突出地表现在广大职工努力学习、运用“两论”的观点，分析面临的各种矛盾和困难，形成了统一的思想，坚定了搞好石油大会战的信心。大家说，这矛盾，那矛盾，国家缺油是最主要的矛盾。这困难，那困难，我们探明的石油资源太少，产量太低，不能满足国家需要，是压倒一切的困难。石油工业如果上不去，不但不能适应国民经济和国防建设的需要，而且国际敌对势力还会利用这个缺口来卡我们的脖子。从国家的整体利益、长远利益来看，把会战打上去，是我们的历史使命。我们多流些汗、多吃些苦，这是局部的、第二位的困难。如果打不上去，国家没有油，这才是根本的、第一位的困难。上，有困难；不上，就更困难。要想回避这个矛盾，躲开这个困难，是万万办不到的。只有下定决心，知难而进，拿下这个大油田，把这个最主要的矛盾解决了，其他的矛盾才能迎刃而解。这个基本的认识，在石油会战中，是深入人心的。不管是干部还是工人，机关还是基层，大家都知道要“牵牛鼻子”、抓主要矛盾。“牛鼻子”、主要矛盾是什么？就是我们的国家缺少石油，石油工业落后。怎么解决这个主要矛盾？就是要发愤图强，艰苦奋斗，克服困难，坚持会战，全力以赴，拿下大油田。几万会战职工有了这样一个统一的认识，共同的目标，那就什么样的困难也不在话下。

学习“两论”，从某种意义上说，也是一次思想的大解放，打破了人们头脑中旧的条条框框，提高了领导水平和工作能力。技术干部搞不清油田情况，不像过去那样，一味钻到书本里寻找现成答案，而是本着实践第一的观点，大搞调查研究，狠抓第一性资料，把油田情况搞清楚。在科学技术上遇到难题，人们不是望而生畏，半途而废，而是破除迷信，解放思想，勇于实践，反复试验，大胆创造，敢于和国际先进水平较量，攀登世界科学技术高峰。大庆会战科学技术上的不少创造，就是这样搞出来的。油田建设上任务重、时间紧，在人力、物力、财力不足的时候，人们不像过去那样分兵把口，分散力量，而是运用集中优势兵力打歼灭战的办法，集中力量，确保重点，一个仗一个仗地打，取得一个又一个的胜利。当生产管理上千头万绪、矛盾百出的时候，人们不是像过去那样手忙脚乱，抓了这个，丢了那个，而是分析矛盾，抓住关键，建立了岗位责任制和正常的生产秩序。在生活上遇到困难的时候，人们不是愁眉苦脸，向外伸手，死等干熬，而是发扬“自己动手、丰衣足食”的南泥湾精神，开荒种地，大搞农副业生产，克服困难，改善生活，促进生产。

1963年，在总结大庆石油会战的工作时，会战职工都深有体会地说，我们的会战是靠“两论”起家的。记得有一次，我向毛主席汇报大庆会战情况时说到，大庆石油会战是靠“两论”起家的。毛主席问我：“是哪‘两论’啊？”我答道：“就是您的《实践论》和《矛盾论》。”毛主席笑了：“我那两本小书还有这么大的作用啊！”

相关链接

石油工业部机关党委
关于学习毛泽东同志所著
《实践论》和《矛盾论》的决定

（1960年4月10日）

我们正面临着会战——大规模的生产实践。在会战中，把别人的经验都学到手，但又不迷信别人的经验，不迷信书本，我们要勇于实践，发扬敢想、敢说、敢干风格，闯出自己的经验。同时，我们在实践中要不迷失方向，就要掌握马列主义的理论武器，把实践经验上升到理论，包括正确认识油田规律，使我们的实践具有更大的自觉性。

为此，部机关党委决定立即组织全体共产党员、共青团员和干部学习毛泽东同志的《实践论》和《矛盾论》，并号召非党职工都来学习这两个文件，用这两个文件的立场、观点、方法来组织我们大会战的全部工作。

学习是根据理论结合实际的原则，采取边读、边议；边议、边做的方法。每周学习时间不少于六个小时，要求在五月十日前学习完。各级党委要订出学习计划，并列入向上级党委汇报内容。

掌握武器，勇于实践，认识油田规律，这是我们的学习目的。我们号召参加大会战的职工，立即掀起一个学习毛泽东著作的高潮，为开展技术革命、生产革命，作好思想革命。

两论起家

——《大庆企业文化辞典》

1964年12月，周恩来总理在第三届全国人民代表大会第一次会上所作的《政府工作报告》中指出：大庆油田的建设，是学习运用毛泽东思想的典范。用他们自己的话说，是“两论起家”，就是通过大学《实践论》和《矛盾论》，用辩证唯物主义的观点，去分析、研究、解决建设工作中的一系列问题。石油工业部机关党委（大庆会战初期党的临时办事机构）在石油会战一开始，就旗帜鲜明地将“两论”作为指导油田开发建设的思想武器、理论指南。石油工业部机关党委于1960年4月10日作出的《关于学习毛泽东同志所著〈实践论〉和〈矛盾论〉的决定》中指出："在会战中，把别人的经验都学到手，但又不迷信别人的经验，不迷信书本，我们要勇于实践，发扬敢想、敢说、敢干风格，闯出自己的经验。同时，我们在实践中要不迷失方向，就要掌握马列主义的理论武器，把实践经验上升到理论，包括正确认识油田规律，使我们的实践具有更大的自觉性。""部机关党委决定立即组织全体共产党员、共青团员和干部学习毛泽东同志的《实践论》和《矛盾论》，并号召非党职工都来学习这两个文件，用这两个文件的立场、观点、方法来组织我们大会战的全部工作。""掌握武器，勇于实践，认识油田规律，这是我们学习的目的。"根据这一决定精神，广大会战职工认真学习"两论"，努力掌握马克思主义哲学这一认识世界、改造世界的强大思想武器，努力清除唯心论和形而上学的思想影响，逐步地认识大庆油田的具体实际和油田开发建设的规律，比较好地解决了会战工作中的一系列问题。1974、1975、1978年，大庆党委多次总结了"两论"起家的实践。主要包括：

（1）调查研究是一切工作的第一步，没有调查就没有发言权。油田找到了，但是油田有多大，油层有多厚，成条还是成块，是个好油田还是个坏油田等等，都要靠实践，靠系统地、周密地进行调查研究，在占有大量的第一性资料的基础上去认识。大庆广大干部、工人和科技人员，把高度的革命精神同严格的科学态度结合起来，狠抓第一性资料。从打一口井必须取全取准20项资料72个数据做起，取得了4.9万米岩芯、5万多条测井曲线，分析了70多万个岩样、1000多个油层试油情况，进行了800多万次化验、3800多万次地层对比。这样，就比较客观地搞清了油田多大、油层多厚、油层物理化学性质以及油层连通情况。原来，大庆油田下面存在着几套油层，每一套又由若干个小层组成，每一小层的厚度，薄的只有几十厘米，厚的有几十米。还认识到，地下油层不是像想象的那样整个连成一片，而是犬牙交错，极为复杂。

（2）认识只有回到实践中去，才能得到检验，才能纠正其错误或片面性。搞清了油田的地下情况，为制订比较符合实际的油田开发方案提供了依据。方案是否正确，是否合乎实际，还要接受实践的检验。油田开发遇到的第一个问题就是如何保持油井的自喷开采。按照一切经过实践的观点，首先开辟了一块30万平方公里的生产试验区，开展了10项开发试验，并采取领导、工人和技术人员三结合的方式，充分发扬民主，确定了早期内部注水，保持油层原始压力的开发方针。为了试验注水效果，不仅在室内进行模拟试验，还先后打了63口试验井，进行64种注水效果试验，不断认识，并逐步解决油水之间的矛盾，避害趋利。这样，就取得了注水的主动权。实践证明，早期内部注水的开采方针是合乎实际的。在油田开发的具体实践中，也不是一次就把井打完，而是采用分区开采的原则，开发一个区，总结一个区，修正方案再开发一个区。这样，开发方案就经历了一个实践、认识、再实践、再认识的循环往复的过程，使之一次比一次更接近于实际。

（3）矛盾贯穿于事物发展过程的始终，正是矛盾推动着事物的运动和发展。油田的开发充满着矛盾。油田一经开采，地下的油、气、水就开始产生剧烈的变化。从大庆油田来说，水蕴蓄着油的驱动能量，要长时期地保持油井自喷能力，就必须注水以保持压力。但是，油层压力有大小，水在油层中通过的能力有高低。因此，层间出现新的矛盾，有的油层水推进快，油出得快；有的油层水推进慢，油出得慢；有的油层水淹。所以，对每个具体油层必须天天作具体分析，及时掌握地下油水变化的情况。全油田每天要录取几十万个数据，全面了解油层的矛盾、油井间的矛盾、局部和全局的矛盾，准确地予以调整。最理想的是想往哪一层注水就往哪一层注，想注多就注多，想注少就注少，以具体解决特殊矛盾。油田工程技术人员和干部、工人自力更生，奋发图强，经过1018次试验，制成了我国独有的多级水力式封隔器——能够同时、多层、有控制地注水的新技术，从而创造了一套大庆油田特有的“六分四清”采油新工艺。它能充分调动注水之利，努力控制注水之害。加上油井压裂等改造措施，保持了油井的旺盛生产能力以及油田的长期高产稳产。

（4）正确处理主要矛盾和非主要矛盾的关系。大庆油田的发现并尽快投入开发，影响着我国石油工业的全局。集中全国石油企业的优势兵力，全国石油院校的优秀人才，来到大庆会战，形成弱者中的强者，劣势中的优势，大大加快了大庆油田开发建设步伐，只用3年多时间就拿下了大庆油田，结束了靠洋油过日子的时代，使得全国石油工业变被动为主动。在油田建设上，抓住产能建设这一主要矛盾集中兵力，快速全歼。全部建设项目中的92.8%做到了当年开工、当年建成、当年投产，提高了投资效益。在生产建设与安排职工生活的关系上，大庆领导机关坚持勤俭建国的原则，把国家有限的资金用到油田开发建设上去。生产建设力求高速度、高水平；生活设施则因陋就简，不脱离全国绝大多数人民，在优先发展生产的基础上逐步改善群众生活。

（5）诚心诚意地、卓有成效地依靠并调动群众的智慧和力量。大庆石油会战的胜利，油田开发建设的成就，绝对离不开相应的物质技术基础。但是，在大体相同的物质条件下，由于人们的精神面貌不同，必然产生不同的结果。在会战初期极为艰难的条件下，大庆领导机关树立了以“宁肯少活20年，拼命也要拿下大油田”的王进喜为代表的一大批英雄模范。大庆会战职工继承和发扬我国工人阶级的革命传统、优良品质，以强烈的爱国主义精神和民族自豪感，不怕困难、勇挑重担的革命英雄主义气概和高度的国家主人翁责任感，坚持“有条件要上，没有条件创造条件也要上”，不怕苦，不怕死，不为名，不为利，一心为会战，战胜重重困难，赢得了油田开发建设的高速度、高水平。

（6）主观和客观，理论和实践的统一，不是一次完成的。要在新的历史条件下，达到新的主观和客观的统一，就必须坚持靠“两分法”前进。

这几年我们工作的十条经验*

1960年石油工业在各方面的工作都取得了很大的成绩，尤其是大庆会战获得了重大的胜利，石油工业的形势比以往任何一年都要好。

原油生产继续高速增长。1960年，全国生产原油520万吨以上，比1959年增长了40%，超额完成了国家原油生产计划，并提前两年实现了“八大”所规定的1962年的原油生产指标。

勘探上获得了大丰收，天然油储量增长很快。近三年中，我国天然油储量增加了11倍。石油资源的增长，主要是由于拿到了大庆油田。大庆会战的胜利，是石油工业1960年一项有重大意义的成就，对改变我国石油资源的面貌有决定性的作用。

我国石油工业布局发生了新的变化。天然油产区，从1958年以前的陕、甘、新、青四个省（区），发展到陕、甘、新、青、川、黑、吉七个省（区）。在鄂尔多斯、华东、西南、华北、两广等地区都开展了勘探工作，有些地区有了在近期内找到油田的可能。

在炼油技术上，从只能生产单一的、低级的产品，进入到生产高级和多种产品的阶段。1960年试制成功并投入生产的新产品有86种，其中高级产品有34种。现在能够生产的产品已达416种，其中已大量生产的有286种。这是石油工业水平提高的一个重要标志，为油品生产完全立足于国内打下了初步的基础。

技术革新和技术革命运动取得了很大的成绩，石油工

* 选自《康世恩论中国石油工业》。

业的科学技术水平有了进一步提高。1960年，石油工业的技术革新和技术革命运动，已经从一般的改革劳动组织、操作技术，进入到对原有工艺技术和工艺流程的革命；从个别设备、个别部件的改造，进入到整个车间、全套工序比较全面的技术改造；从生产技术上的革新，进入到紧密结合科学研究进行理论上的探索。在技术革新和技术革命运动中，石油科学研究部门紧密结合生产，进行了很多科学研究工作，解决了一些重要的科学技术问题。

设备、器材的修配制造工作有了一定的发展。1960年自制的设备配件、零件，比1957年增加了十多倍，解决了不少问题。这是贯彻党的自力更生政策的结果。

农副业生产有了一个好的开端。1960年，各企业共开荒12万多亩，播种7万多亩，收获蔬菜2000多万公斤，粮食140万公斤，供应职工肉类50多万公斤，现有猪、羊近7万头。对克服生活供应的暂时困难，改善职工生活和支援农业，都起了一定的作用。这是一件具有政治、经济意义的事。

初步建成了现代化石油工业基础，建成了一批初具规模的油矿、炼油厂、人造油厂和机械修配制造厂，为今后发展我国石油工业打下了一定的物质基础。

锻炼出了一支能打硬仗的队伍。1960年底，石油工业职工总数达30万人左右。这支队伍是解放以后在党的培养下成长起来的，职工中的很大一部分是从解放军转业来的，在工作中以毛主席的思想为指针，坚决听党的话，有解放军的不畏艰苦、不怕困难的优良传统。三年来打了几场硬仗，实现了石油工业的高速度发展，也锻炼和提高了自己的本领，这是我们的无价之宝。

三年来更重要的一点，是在我们厂矿企业中贯彻执行了党的群众路线，并且初步形成了一套制度。党在企业中的领导威信空前提高，党的方针政策得到了贯彻执行。由于坚持了在党的集中领导下的群众运动，调动了各方面的积极因素，群众运动的声势浩大，广大职工群众的精神面貌有了巨大的变化。这是取得上述一切成绩的根源。

我们的成绩是很大的，但是原油的产量、产品的品种，尤其是国防用油和高级产品，还远不能满足国家的需要。石油工业仍然是国民经济中的一个薄弱环节。我们今后的任务，仍然十分艰巨，绝不能有丝毫自满和松懈。在估计成绩的时候，也要看到工作中存在着的缺点和问题。比如，有的油田开采得不够好；有些工程质量不完全合格；有些产品质量不完全合乎标准；有些规章制度丢掉了，存在着一些无章可守或有章不守的现象；有些单位抓生产不全面，在产、输、炼、运、装卸等环节之间，还存在一些不平衡的现象。我们必须清醒地看到这些缺点和问题，加以重视，严肃对待。有些缺点是由于经验不足产生的，有些问题是在规模浩大的群众运动过程中事先预料不到的。

产生这些缺点和问题的最根本的原因，是情况不完全明了，有些事情不大摸底，调查研究做得不够，功夫下得不到，这首先要从部里检查起。比如对川中油田，当时三个构造上同时喷了油，就热得多了一点，把拿下油田的速度设想得快了点，有些话说得早了些。有些单位原油生产指标订得高了一些，主观愿望是好的，无非是想多搞点油。但是，原油从地下是怎样出来的，油层情况变化如何，不完全摸底，思想方法上有主观片面的地方。部党组1959年6月在玉门召开的党组扩大会议上，对这些问题就已察觉，有所认识，对油田开采的方针和重大问题作了决定，并不断总结了各地的经验教训，集中地运用到大庆会战当中，事情就办对了。重要的问题是，只要我们认真地总结经验，深刻地记取经验教训，并下决心改正，就可以变成好事。工作中有缺点并不可怕，怕的是不认识，或者认识了而没有决心去改正。

几年来，我们积累了不少的经验。实践证明，情况明，才能决心大，办法对。我们要按照这个精神，来总结我们的经验。我们要讲的经验，就是怎样摸清情况，怎样正确地下决心，怎样制定我们的工作方针政策，怎样把工作越做越细。

一、搞石油工业必须以我为主

以我为主，就是要以毛泽东思想为指导，按照我国的具体情况，一切从实际出发来制定我们的工作方针和政策。因为我国的地质条件、资源条件、技术条件以及经济地理条件都和别国的不同；同时，我国的石油工业基础薄弱，发展的速度要求就要快。这就规定了我们搞石油工业与人家不同。照抄书本知识是行不通的。因为书本知识只是关于石油生成、聚积和地质勘探的一般的理论知识，不能解决我国石油地质的具体的问题。另外，照搬别人的经验来解决我国的石油问题，也是行不通的，因为别人的经验，同样不完全适合我国的情况。例如，世界各国的油田大多产自海相地层，而我国大量的沉积盆地却覆盖着巨厚的陆相地层，许多外国地质学家认为我国贫油，他们的所谓根据就在这里。就是我们的一些地质学家，对于在陆相地层找油，也有人将信将疑。但是，几年来我们以毛泽东思想为指导，破除迷信，解放思想，勇于实践，我们终于在陆相地层内，找到了许多油田，而且找到了像大庆这样的大油田。

那么，我们的经验到底是什么呢？一是要有志气，二是要闯，三是要学。所谓有志气，就是做事要有雄心壮志，要有找到大油田的坚定信心。这里首要的一条，就是破除迷信，解放思想。光有志气不够，还要敢于闯。就是通过广大群众的大量实践，占有大量资料，进行大量分析，敢于打破一切过时了的中外常规，又保持严格的科学性。只是闯还不够，还要善于学习。就是要用批判的观点，学习别国的经验，更重要的是把我们自己的实践中的成功和失败的经验，反复加以总结，从而找出一条符合我国实际情况的石油工业建设的道路。把这三条归结为一点，就是毛主席说的要“从战争学习战争”，我们就是要从建设中学习建设。以我为主是发展石油工业唯一正确的道路。

二、搞天然油的工作“岗位”在地下，斗争的对象是油层

我们搞天然油已经十多年了，但是，搞天然油的对象是什么？根本任务是什么？长期以来不很清楚。过去做了一些傻事，根本原因就在这里。

1959年初，刘少奇同志指示我们说，搞石油的人要处理好人、机器和石头三者的关系。这个指示十分重要。几年来的实践，使我们体会越来越深刻。处理好人、机器和石头三者的关系，实质上就是要处理好主观和客观的关系。人是主导的、决定性的因素；石头（油层）是客观存在，是要了解和改造的对象；机器（包括地面的一切工程）是用以了解和改造油层的手段。目的是要了解油层，掌握它的规律，把原油从地下采出来。对油层了解得越清楚，我们就越能发挥主观能动性，就可以由“必然的王国”进入“自由的王国”。在大庆油田，把这三者的关系归纳为一个公式，就是：通过地面工程，了解地下情况；根据地下情况，决定地面工程；再通过地面工程，把原油采出来。

要弄清油层的情况，掌握它的规律，必须通过大量的科学研究工作，透过现象，认识本质。具体地说，就是要搞清油层的构造、油层物理性质、原油物理化学性质、压力系统等情况。我们对油田的了解，不仅要搞清原始的情况，这是认识油田地质规律的基础；更重要的是要不断研究油田在开发过程中的变化，了解油田运动中的情况，全面掌握油田发展变化的规律，及时地提出新方针、新任务、新办法、新措施，达到多采油、采好油的目的。因此，从油田开始勘探到开发完了为止，对油田地质规律的了解和掌握，始终是搞天然油的一个根本问题，是搞好生产的基础。

在这个问题上，我们最重要的一条经验，就是我们企业中的主要领导要抓地质，群众要办地质，把专业的科学研究和大搞群众运动紧密结合起来。过去，只依靠少数地质技术干部掌握油田地质，认为油层深埋地下，奥妙莫测，群众插不上手。其实，没有广大群众的参加，从来就没有搞清楚过地质。因此，在地质工作上，要放手发动群众，开展各种群众办地质的活动，搜集大量的、完备的、准确的地质资料。同时，必须建立一支坚强的油田地质专业队伍，实行地质工作和科学研究到现场，与广大群众相结合。一方面，通过向群众的技术交底，提高群众办地质的水平；另一方面，通过群众性的各种地质活动，占有大量资料，丰富专业研究的内容。两者密切结合起来，才能把油层情况搞清楚。

三、指挥生产一定要了解情况

了解情况是做好一切工作的前提。我们企业的领导干部，要正确地指挥生产，首要的任务就是要了解情况。情况不明，就不能发现问题、提出问题和解决问题，领导也就无力。毛主席说："指挥员的正确的部署来源于正确的决心，正确的决心来源于正确的判断，正确的判断来源于周到的和必要的侦察，和对于各种侦察材料的联贯起来的思索。"尤其是我们搞石油的人，工作对象是在地下，经验又不够，一下子认识不到的因素很多，这就更需要随时掌握情况。因此，要认真地、系统地进行调查研究。我们调查研究的对象是油层、机器、钻井队、采油队、车间、工地等。一个领导干部一上油井，首先要看看压力表、油嘴、产量、油气比，问一问前几天的生产情况，多看几口井，再联系起来加以思索，就可以判断地下油层的变化。到一个钻井队，首先要看看指重表、泥浆性能、泵压、排量、钻速、柴油机运转情况，问问井下情况是否正常，这样，就可以判断措施对不对，井打得好不好。各行各业的干部，都要有这么一个调查提纲。要做好调查研究，必须懂得生产的基本知识。一个企业中的领导干部不懂点业务，就不能很好地领导生产。

我们有些同志，由于不认真做调查研究，容易出的毛病：一是道听途说，没有直接去看去摸，情况搞不清楚；二是只看到一些现象，浮在表面，抓不到本质；三是只看到事物的某一点或某一面，就当做全面；四是用个别事例代替全面，把正在试验的东西，当成成功的东西；五是不了解事情的发展、变化的过程；六是用平均数字代替具体情况，从概念出发，对具体问题不具体分析，界限不清，混淆是非。以上讲的这些，集中起来说，就是胸中无数。我们过去工作中存在的一粗、二松、三不狠的老毛病，根子就在这里。

要弄清情况，必须立足于大量的实践，取得大量的资料，进行反复的试验和把各方面的情况联贯起来的思索。这样认识才能逐渐深化，才能全面，才能正确。大庆会战一开始，为了搞清油层情况就强调通过大量实践，掌握大量事实，大量资料，大量数据，进行大量分析，要求取齐20项资料、72个数据，做到“四全、四准”，并且严格规定，不准用不确实的数据，不准用虚线制图。通过八个多月艰苦细致的工作，钻井取芯3300多米，取得各种测井曲线3200多条，进行了235万次地层对比，30多万次岩芯分析，初步掌握了生产试验区的油层特性和变化规律，摸清了48个油层的脾气，做出了较正确的储量计算和切合实际的油田开发方案，使油田开发能够正确地进行。再如大庆油气集输流程和保温方法的解决，也是经过反复试验、反复实践才成功的。

对具体的情况要具体地分析，区别对待。毛主席说："离开具体的分析，就不能认识任何矛盾的特性。"世界上只有相似的油田，没有完全相同的油田。在一个油田内，也没有完全相同的油井。因此，要搞好油田的勘探、建设和生产，必须根据具体的时间、地点、条件，区别对待。大庆采油工人大搞油井分析运动，是一条好经验。他们的油井分析，有初产分析，正常生产分析，油井变化分析，定期综合分析（五天一小结，十天一大结，一月一总结）。对每口井增产或减产1吨油，升高或降低1个大气压，都要进行分析，找出原因。这种群众性分析油井的好处是：采油工人做到了不只是管井口，管井身，而且管到油层，管到了地质。油井分析得越具体，越准确，办法就越多，信心就越大，干劲就越足，使采油工人"真正成为油田的主人"。

四、做工作必须讲政策

各级领导机关的基本任务，就是了解情况和掌握政策。没有重点，没有界限，就没有政策。没有政策就没有领导，没有统一行动。不执行政策，就会把事情办坏。毛主席说："政策和策略是党的生命"，"政策是革命政党一切实际行动的出发点，并且表现于行动的过程和归宿"。

近几年来，我们在高速度发展我国石油工业方面，取得的成绩是很大的。但是，也有一些单位、一些同志不讲政策，造成了生产上的一些损失。不讲政策的表现有：只讲表面数量，不讲实际效果；只讲眼前利益，不讲长远利益；只追求总产值，不顾国家需要；只顾局部利益，不顾整体利益。诸如在油田开发上，不重视注水，随意放大油嘴，井距过密；钻井不重视质量；炼厂收率不高，产品不合规格；基本建设的设计和施工质量不好等现象，都是违反政策的。要执行好党的政策，最重要的是：

要明确地树立“全国一盘棋”的思想。1959年，我们根据两年的实践，提出了观大局、看主流、辨方向这样一条重要经验。所谓大局，就石油工业内部来说，就是集中力量，保证重点，又让又上。1960年，我们在这一思想的指导下，调动了石油工业各方面的人力物力，搞了大庆会战，取得了重大胜利；而各企业本着又让又上的精神，除了大力支援会战外，也有了新的发展，从而赢得整个石油工业高速度的发展。

任何时候，都要贯彻自力更生、勤俭办企业的方针。几年来，我们坚持大搞自力更生，在解决关键性的配件、辅助材料和一些重要专用设备上，取得很大成绩，解决了不少问题。自力更生是一项长期的方针，要坚持下去。在任何时候我们都要坚持勤俭办企业，坚持不讲排场，反对铺张浪费，这是我们党的优良传统。绝不能认为我们生产上有了成绩，就不兢兢业业，大手大脚，不注意原材料的节约，甚至追求生活上的铺张，这些都是十分有害的。大庆油田，我们一上手就坚持不先建城市，不先盖楼房，一切生活设施都因地制宜，经济适用，既节约了国家的资财，又迅速有效地安排了职工的生活。这是大庆油田建设中的一条重要经验。

无论生产或基本建设，必须既抓数量、速度，也要抓质量。数量和质量是可以统一的，是能够同时搞好的。兰州炼油厂的建设和大庆油田的开发，就把数量与质量很好地统一起来，做到了既有高速度，又有高水平。他们所以能够做到这点，是由于自始至终都以高速度、高水平作为目标，严格要求自己，并以此作为衡量一切工作的标准，对一切违反这一方针的缺点，绝不马虎，绝不苟且。所以，只要我们在工作中，有坚定的数量与质量统一的思想，有严格的政策界限，又能坚持下去，绝不原谅工作中的每一个缺点，就能做到高速度与高水平的统一。

要想把党的政策执行得好，必须根据本单位的实际情况，制定自己的具体措施。在制定具体措施时，必须对党和上级的方针、政策、指示，原原本本地加以认真研究和理解，并对本单位的实际情况加以认真的调查研究。不根据党的方针政策办事，就要迷失方向；但是不结合本单位的实际情况，不提出适合本单位情况的具体措施，党的方针政策就得不到具体的贯彻执行。

几年来的经验证明，什么事情都要有“杠杠”，都要有个界限。没有界限就没有政策。“杠杠”来自于党的方针政策，来自于上级的指示，来自于我们的实践，也来自于对实际情况的深入调查研究。划“杠杠”可能一次划得不十分准确，但有总比没有好，要在实践中不断修改补充，逐渐完善。没有“杠杠”，好事也会办坏。有了“杠杠”，就要坚持，即使错了，也好改。石油工业几个主要方面的“杠杠”应该是：在勘探方面，要点面结合，做到资料齐全、准确，以最快的速度找到油田为目标。在油田开发方面，以长期稳定高产和当年合理产量相结合为方针，重视注水，先注水后采油。人造油和原油炼制方面，以提高轻质油收率、吃光榨尽为方针，以产品品种多、规格质量好为目标。基本建设方面，必须为生产服务，以高速优质为方针，既要保证质量，又要适应当前生产需要，以加快建设速度，早投产、早见效为目标。各有关部门均应根据这些方针，制定自己的具体措施。

五、高速度、高水平地开发油田，必须正确处理勘探、建设和生产的关系

油田开发一般有三个主要阶段，即：先勘探，后建设，再生产。这三个主要阶段是彼此密切联系，但又各有重点。三个阶段要交叉进行，实行边探、边建、边产的“三边”方针，保证实现高速度；同时，又必须认真地、全面地完成各个阶段的基本任务，才能保证有高水平。二者不可偏废。

三个阶段的基本任务是什么呢？

勘探阶段的主要任务是：①找到含油构造；②拿下面积；③初步算出储量；④取得资料，提供开发数据。勘探阶段又可分为三个小阶段：一是“战略侦察”阶段，即区域勘探阶段，掌握构造和得到有工业价值的油流。二是“战役侦察”阶段，在已发现有油气的构造上甩开钻探，肯定含油气面积。三是“战术侦察”阶段，在肯定了的含油气范围内进行详探，并开辟生产试验区，准确地取得油层的资料和各项数据。完成这三个阶段的任务，才是基本上完成了勘探阶段的任务。

油田建设阶段的主要任务是：①制定正确的开发方案，合理布置井网；②先打注水井，建成完整的注水系统；③建设集油、输油、储油系统工程；④建设相应的辅助工程和必要的生活福利设施；⑤建设农副业生产基地。油田建设阶段又分为初期建设、大规模建设、维护生产的建设等三个小阶段。初期建设阶段的任务，就是既为勘探、试生产服务，又为大规模建设做好准备。在这个阶段，由于开发方案还没有做出来，必然有些必要的临时工程。大规模建设阶段的任务，就是根据油田开发方案，以优等质量完成整套油田建设工程。最后就是维护生产的建设阶段，这个阶段一直到油田开发完了为止。

生产阶段的主要任务是：①大量积累资料，在生产过程中进行分析，随时掌握油井和油层的变化情况；②在生产过程中，根据取得的资料，不断补充、修正开发方案，并依此制定各个时期的生产措施；③抓紧注水，保持油层压力，争取最高采收率；④管好油井，加强油井维护修理，保证油井正常生产，提高油井利用率，保证完成国家生产计划。油田的生产，从探井的试油试采和试生产起就开始了，所以整个生产阶段是和勘探、油田建设阶段相互交叉的。

我们既反对否认油田开发的三个阶段，又反对把三个阶段当作死阶段机械分开，即：没有完成全部地质勘探就不能进行油田建设，没有完成油田建设就不能生产的死规程。应该是三个阶段交叉进行，上一阶段为下一阶段做准备，下一阶段又继续完成上一阶段的任务，把高速度、高水平结合起来。

六、集中优势兵力打歼灭战

从整个石油工业来看，我们的队伍小、底子薄，但是，集中起来，在对全局最有决定意义的方面进行大会战，就会取得局部的优势。毛主席的“集中优势兵力，各个歼灭敌人”的原则，不但适用于大企业各个时期的战役部署，也适用于基层单位和我们具体工作的战斗部署。

1958年以来，我们在玉门鸭儿峡、青海冷湖、新疆克拉玛依和四川执行了这个原则，组织了几场会战，收到了很大效果。特别是去年在大庆地区，进一步贯彻执行了这个原则，组织了大会战，效果就更突出。根据我们的体会，搞大会战主要的有以下几点好处：①便于集中精兵强将，在主要战场上打歼灭战，求得以最短的时间，最快的速度，取得最大的效果；②能把有限的人力、物力，集中在决定性的方面，变全局的劣势为局部的优势，从而取得全面的胜利；③便于集中群众的经验和智慧，能够迅速形成一个你追我赶、声势浩大的群众运动；④便于集中领导精力，丰富领导的经验；⑤能集中先进经验和先进技术，解决技术关键，迅速提高我们的技术水平；⑥能够迅速培养和锻炼出一支又红又专的队伍。

要搞好大会战，必须具备以下几个条件：①调集精兵强将，兵种齐全，保持完整的建制；②要正确地选择突击方向，目标要集中，解决主要矛盾；③坚决缩短战线，保证重点，要有所舍才有所取，仗要一个一个地打，任务要一个一个地完成；④要做好充分的准备，有一定的物质条件，但又不坐失时机；⑤要抓得狠，一抓到底，力求全歼，不留尾巴；⑥要有高度的集中指挥，充分的群众路线，坚强的政治思想工作；⑦工作要很好安排，大会战中要套小会战；⑧在进行上一个战役的同时，要为下一个战役做好准备。

这里最重要的是，要有明确的方向、坚强的领导和充分的群众路线。我们在贯彻这个原则中，如果对这个原则的意义认识不足，或在战斗进行中缩手缩脚，犹豫动摇，分兵把口，平均使用力量，就不能取得决定性的胜利，或者取得了胜利之后也不能取得持续的跃进。

集中优势力量搞大会战，不仅在勘探和基本建设上有效，而且在生产上，在解决技术关键上，也能收到效果。这是我们能不能在生产建设中获得多快好省的一个重要原则。

七、加强党对企业的领导，加强政治思想工作，发扬政治、生产技术和经济的三大民主

几年来，我们在企业中加强了党的领导，坚持贯彻党的群众路线，使企业的面貌焕然一新，这是三年来持续跃进的根本保证。在这方面，我们的经验是：我们企业中党的根本任务，就是要领导全体职工完成国家的生产任务。企业里的一切工作，都要以生产为基础，要认真地抓生产。要贯彻党委领导下的厂长负责制的企业领导制度。企业中的各项重大问题，都必须经过党委集体讨论，作出决定，调动群众积极性，组织各方面的力量，一致行动。属于生产业务方面的问题，厂长就应当对党委负责，通过一套行政业务机构去贯彻执行。这样，既加强了党对企业的领导，又能发挥企业各个部门的积极性，更好地贯彻执行党的决定。

要不断地加强企业中的政治思想工作。企业中的政治工作：就是要通过人们在生产实践中的具体思想反映，来做好思想工作。政治思想工作必须通过生产的整个实践过程，不间断地进行。企业进行每项工作时都会有优点和缺点；在生产实践中，每天都发生大量的矛盾，如先进与落后、主观愿望与客观可能、有利因素与困难等。政治思想工作就是要善于发现这些矛盾，抓住这些矛盾，以毛泽东思想为指导，引导人们正确地分析矛盾，正确地处理矛盾，不断地进行总结，不断地提高人们的思想认识和觉悟水平。从而，鼓舞人们的斗志，敢于向困难作斗争，发扬优点，克服缺点，表扬先进，帮助后进，化消极因素为积极因素，把矛盾变成推动生产的动力。因此，新生事物一出现，就要大力支持，不良倾向一露头，就要及时教育。这样，政治思想工作就能在企业中发挥巨大的威力。发扬政治、生产技术、经济三大民主，是企业中贯彻群众路线的具体内容。大庆会战学习人民解放军的三大民主，收到很好效果。

发扬政治民主，是不断提高群众觉悟，改进干部和群众关系的基础。办法是：

每月月底在总结工作的基础上，采用讨论的方法，畅所欲言，表扬先进，批评后进，揭发与批评工作中和作风上的缺点，揭发工作中的矛盾和薄弱环节，发动大家献计献策。通过总结讨论可以达到两个目的：一是调整人与人、领导与群众的关系，加强团结；二是揭露矛盾，依靠群众解决矛盾。因此，每一次的总结、讨论，都给下一步的生产工作，做好了思想准备，起到了动员和组织群众的作用。

要听得进各方面的意见，从团结最大多数出发，才能正确地判断问题。我们领导干部，要能接近先进分子，听取他们的意见。这些同志热情高，干劲大，他们可以帮助我们从积极方面考虑问题。但是，这只反映了部分人的意见；我们也要善于倾听其他同志包括后进同志的意见，这些人往往从困难方面给我们出了题目：帮助我们发现困难。我们既要听先进分子的意见，又要听后进同志的意见。这样，考虑问题就更加全面，就更能调动绝大多数人的积极性。

各级领导干部要深入第一线，实行与工人同吃、同住、同劳动、同商量。哪里最困难，哪里最艰苦，哪里问题最多，就在哪里与工人一起战斗，同甘共苦，发扬老红军传统。

定期召开职工代表会议。大庆会战每月召开的五级三结合会议，实质上就是职工代表会议。参加会议的，既有领导机关的负责干部，也有基层的干部、技术人员和工人代表；既有先进、中间的代表，也有后进同志的代表。这种会议，能够充分反映群众的意见和要求；便于及时总结经验，表扬先进，批评后进，教育职工，提高干部；能够及时把党的方针政策和指示与广大职工直接见面；能够及时调整领导与群众、左邻右舍间的关系，密切党和群众的联系。这种会议是发挥民主，调动群众积极性的很好的形式。

发扬生产技术民主，是贯彻群众路线的重要标志。重大的生产技术问题，不仅依靠少数工程技术干部解决，还须发动广大群众参加。做法是：

（1）对生产技术、科学研究和设计工作上的重大问题，采取领导、技术人员和有经验的一线工人三结合的方法，共同讨论决定。越是重大问题，越要吸收广大职工群众参加。这样，决定的问题就切合实际，成效就更高。

（2）企业的生产任务，都要向群众交代清楚，组织群众充分讨论，基层单位要制定自己的作业计划和具体措施，发挥每个人的积极性。

（3）发动群众参加技术管理，参加制定与修改操作规程，大搞技术革新运动。

发扬经济民主，就是广泛吸收工人参加企业的经济管理，推行与健全基层单位的“八大员”制度，发动群众厉行节约，反对浪费，爱护国家一切资财。基层单位要民主选举伙食委员会，认真管好食堂，协助领导搞好农副业生产，这是当前经济民主的重要内容。

八、加强企业管理工作

企业管理的根本原则是集中领导和民主管理结合起来，专业管理和群众管理结合起来，这是群众路线在企业管理工作中的具体体现。

要根据生产发展的需要，不断地改革规章制度。现代化企业，不可以一分一秒无制度，否则生产就无秩序，就会出乱子。认为提倡大搞群众运动，提倡解放思想，打破常规，就可以不要规章制度，这是一种误解。规章制度要随着生产的发展不断改革，不断完善。规章制度没有一次立完了的，也没有一次破完了的，总是有破有立。但是，在一定时期内，必须有一套稳定的规章制度。在大庆会战中，我们破了许多旧的规章制度，同时也立了许多新的规章制度，在建立队伍的同时，就建立制度。现在各行各业都有自己一套比较完整的规章制度和操作规程，据初步统计，就有一万一千多条。

规章制度的破与立，都必须广泛吸收群众参加，这样才能破得对，立得好。有了制度，就要发动群众认真执行，坚持下去。

抓生产要全面抓，要抓生产的整个过程，既要抓重点，又要抓全面，在统一的目标下，发挥各方面的积极性。办法就是围绕各个时期的主要生产任务，把各个有关的工种、工序，组成生产协作上的一条龙。大庆会战在钻井方面，以钻井队为龙头组成“八队合一”（即钻井、安装、供应、现场机修、电测、固井、射孔、试油）的一条龙；采油方面，以采油队为龙头组成“七队合一”（即采油、注水、修井、输油、测井、维修、消防）的一条龙；基建方面，以施工队为龙头组成“五队合一”（即施工、设计、科学研究、使用、供应）的一条龙。这样，就把整个生产过程组织在一起，密切配合，做得又快又好。

组织生产要有节奏，赶前不赶后，一浪跟一浪，波浪式地发展，领导才有主动权。大庆会战组织每月生产的方法是：月初紧，月中狠，月末“冷”。所谓月初紧，就是在上月底就进行准备与动员，本月一开始，工作即全面展开、摆顺，上旬力争完成全月任务1/3。月中狠，是指通过对上旬工作的检查，中旬调整薄弱环节，采取坚决措施，狠狠搞上去，力争上中旬完成全月计划2/3以上，使全月立于必胜之地。所谓月末“冷”，就是在月底进行工作评比，总结经验，维修机器，布置下月任务，并为下月做好生产准备。一旬之中又采取“九热一冷”的工作方法，就是头九天下现场大干特干，最后一天坐下来务虚总结。这样，就做到了一步主动，步步主动，走上步，看下步，使工作狠而不乱，紧张而愉快。

在企业工作中，既要有坚强的第一线，也要有有效的第二线。生产部门是第一线，辅助部门和机关是第二线，一线要能打硬仗，就要二线配合得好。所以，指挥生产要善于两手抓，一手抓一线，即亲临前线组织部队，指挥战斗；一手抓二线，组织后勤适应一线需要。没有坚强的第一线，工作就没有重点；没有有效的第二线，一线就没有战斗力。此外，还要加强综合研究和设计规划工作，领导要通过这些工作，经常研究情况，综观全局，沟通上下左右，总结工作经验，制定下一步的工作方针，为下一步生产工作做好准备。

要搞好企业管理工作，必须加强机关工作，改进机关工作方法。机关工作要面向生产、面向实际、面向群众。要把看家（机关办公）、蹲点（典型调查）、跑面（掌握全面情况）三者结合起来。要把部门工作与中心工作密切结合起来，大家抓政治，大家抓中心，大家抓业务，做到"下去一把抓，中心带其他，各记一笔账，回来再分家"。

九、一手抓生产，一手抓生活

关心群众生活，是党的一贯传统。管好职工生活，是企业一项政治任务。搞石油都是在荒山野漠，远离城市，没有社会服务设施可以依托，所以改善生活，一定要自己动手，大搞农副业生产。大搞农副业生产，不是一时权宜之计，而是一个长远的方针。老的企业要搞，新建企业也要搞。油田建设的开始，工厂建设的开始，就是农副业生产的开始。企业搞农副业生产有六大有利条件：①可以利用企业内部的劳动潜力；②可以利用设备潜力；③可以利用企业生产上的一些设施；④可以有效地组织家属劳动；⑤可以利用企业的肥料；⑥可以因地制宜，就地生产，就地解决问题。事实证明，农副业生产只要积极去搞，就可以收到很好的效果，重要的问题是领导要狠下决心。

抓生活要全面抓。既要抓职工的生活，也要管职工家属的生活；既要搞好农副业生产，也要办好食堂；既要管职工的吃饭问题，也要管职工的穿衣问题；既要抓生活，还要抓劳逸结合。只有坚决把这些工作搞好，职工才能有健康的体质，生产才能持续跃进。

十、培养一支又红又专的石油工业队伍

学习毛主席著作，用毛泽东思想来武装我们的广大职工，指导我们的实践，这是我们一切经验中最基本的一条经验。在我们干部面前，仍然摆着一个跟得上跟不上形势发展要求的问题。解决这个问题的办法，就是要孜孜不倦地学习毛主席著作，以毛泽东思想指导我们的实践。把学习、实践和总结三者结合起来，就会不断提高我们的思想和工作水平。也要发动全体职工，大家都来学习毛主席的著作。大庆会战一开始，就发了几万本《矛盾论》和《实践论》，号召人人学，人人用，人人讲，几万职工掀起大学毛主席著作的热潮，在思想上、生产上收到了很大效果。工人说："越学主席著作，头脑越聪明，工作办法越多，干劲越大。"现在不少基层干部学会在总结工作、布置工作的时候，要分析形势，揭发矛盾，懂得狠抓主要矛盾，全力解决。还懂得运用"两点论"来对待成绩和缺点，有利条件和困难，这是一个了不起的进步。技术干部学习了毛主席著作也有很大进步。学习用毛泽东思想处理自然科学问题，认识油层的客观规律，越学越津津有味，有些人随身带着"两论"。他们的世界观也随着有所改变，对党更加靠拢了。

要培养成套的技术干部队伍。一个完整的干部队伍，既要有坚强的领导骨干，也要有成套的技术干部。几年来，我们培养了大量的技术干部，但根据新形势的要求来看，还很不够。我们的青年技术力量，经过几年的锻炼和考验，政治思想觉悟和技术能力都有了提高。根据党的德才兼备的干部政策，大胆地提拔一批思想立场坚定，坚决执行党的政策，能联系群众，有一定工作能力的青年技术干部，是完全可能的，也是必需的。应该尽快地把从基层到生产指挥机构的技术干部，逐步地配齐配全，尤其是采油、基建等薄弱环节，更要大力充实。

我们搞石油的这一支队伍，要有一个好的作风。一个单位的作风不能小看，这是工作中经常地、大量地起作用的因素。我们要学习人民解放军的“三八”作风，这是党的传统作风。根据我们企业的情况，应该提倡：

雄心壮志，不怕困难的作风。就是要发愤图强，有非改变我国石油工业落后面貌不可的志气，有不畏困难的精神，有坚定的信心和不达目的决不休止的决心。

老老实实，埋头苦干的作风。就是要从实际出发，尊重科学，扎扎实实，少说多做，不图安逸，下得苦功夫。

雷厉风行，说干就干的作风。就是要对党的号召闻风而动，抓工作要抓紧、抓狠，工作一干就要干到底。

艰苦朴素，谦虚谨慎的作风。就是要坚持勤俭办企业的方针，既受得起批评，又经得起表扬，把方便让给别人，把困难留给自己。

相关链接

九热一冷

——《大庆企业文化辞典》

大庆石油会战中创造的一种领导工作方法。是指在一旬中，有九天“热”，一天“冷”。每逢10日，领导干部再忙，也要坐在一起开务虚会，学习上级指示，分析形势，总结经验，从而把感性认识提高到理性认识上来，使领导作风和领导水平得到不断改进和提高。这一工作方法，产生于大庆石油会战初期。会战一开始，油田领导就把实践、学习、总结结合起来，把“冷”与“热”结合起来，把冲天干劲和科学态度结合起来，创立了“月初紧，月中狠，月末冷”的工作方法。打一仗，进一步。当时的具体做法是：月初开大会，大动员，大造声势，绝大多数干部上前线；月中组织大检查，大突击，使全月工作任务“立于不败之地”；月末则自下而上地分析形势，总结经验，表彰先进，布置下月任务。后来，把1旬作为1个小单元，形成了“九热一冷”的工作方法。30年来，企业领导班子始终坚持这种“冷”、“热”结合的工作方法，并建立了周五学习日和月总结、季考核、半年初评、年终总评工作制度，把学习、务虚与工作实践紧密结合起来。

最根本的是指导思想要对头*

（一）办好一个企业，最根本的问题是指导思想要对头，路子才能走正

这几年，我们石油企业，有些一直办得比较好，走的弯路比较少；有的开始办得不大好，后来好起来了；也有个别企业一直办得不大好。为什么会有这种情况呢？最根本的问题，是指导思想对不对，路子走得正不正，核心是看我们是不是在实践中运用毛主席思想办事。

1958年，我们根据党中央南宁、成都会议和党的八大二次会议的精神，召开了南充、玉门和克拉玛依三个现场会议。会议针对过去的情况，着重强调了以毛主席思想为指导，加强党对企业的领导，放手发动群众，大搞群众运动，依靠广大群众办好企业，提出学习解放军，加强企业的政治思想工作，以解放军为榜样，培养职工队伍，并决定建立基层单位的政治指导员制度。要求广大职工遵循毛主席教导，解放思想，破除迷信，发扬敢想、敢说、敢干的革命精神，大搞群众性的技术革新和技术革命运动。因此，在1958年，广大职工斗志昂扬，意气风发，干劲冲天，出现了跃进的局面。

1959年6月，部党组在玉门召开了扩大会议，针对大跃进当中革命干劲和科学态度结合不好，有些工作不够扎实，出现了一些瞎指挥、浮夸风、指标过高、力量分散等情况，着重解决了两个问题：一是提出集中力量，缩短战线，保证重点的方针，要求做到领导集中，工作集中，技术队伍

* 节选自《康世恩论中国石油工业》，题目为编者另加，原题为《建设强大的现代化的石油工业》。

集中，财力物力集中，把力量用在主要方面；二是遵循毛主席教导，强调进行调查研究，实事求是，要求把各种工作做得扎扎实实，把油田管好，把政治与技术结合起来，把革命干劲与科学精神结合起来，把政治工作落实到生产上。

但是，这次会议的精神，并没有为我们企业的所有领导干部所接受。有的企业的领导干部不赞成集中力量、保证重点的方针，他们的思想搞不通，有的甚至抵制。针对这种情况，在1959年年底的局、厂领导干部会议上，着重地解决了两个问题：一是反对了分散主义，加强了全局观点，加强了集中统一领导；二是提高了干部的思想水平，总结出了一条经验，就是任何时候，都必须观大局、看主流、辨风向。这次会议，对我们干部思想的提高，起了很大的作用，树立起了集中领导的思想和全局观点，为以后集中全国石油力量搞大庆石油会战，做好了思想准备。如果没有这次会议的教育，大庆会战就不可能迅速地集中那样多的力量，顺利地搞上去。

1960年开始的大庆石油会战，正处在国家暂时困难的时候，究竟上不上，早上还是迟上，是一个十分尖锐的问题。我们反复学习了毛主席的有关指示，把各种困难和矛盾，进行了反复地研究。认为我们石油资源太少，产量太低，技术落后，不能满足国家需要，是当时压倒一切的困难，是所有矛盾中的一个最主要的矛盾。石油工业如果上不去，不但不能适应国民经济和国防建设的发展，而且敌对势力还会利用这个缺口来卡我们的脖子。从国家的整体利益、长远利益来看，上的话，无非是石油职工多流些汗，多吃些苦，这是局部的、第二位的困难；如果不上，国家没有油，这是根本的、第一位的困难。因而上有困难，不上就更困难。所以，当时部党组认定了“一穷二白”的石油工业，要想躲开这个困难，是万万办不到的，也是极端错误的。我们只能是遵循毛主席教导，穷则思变，知难而进。只有把最大的困难解决了，其他的困难也就迎刃而解。

下定决心之后，我们就进一步遵照毛主席关于承认困难，分析困难，向困难作斗争的教导，仔细分析了当时的具体困难到底是些什么。分析的结果，无非是生产设备、生活设施等方面的问题，这些都是物质条件上的困难。另一方面，我们有很多有利条件，广大职工革命干劲大，斗志昂扬，甩掉石油工业落后帽子的决心十分坚定，这是不可战胜的精神力量。因此，我们认为，物质上的困难仅仅是暂时的、相对的，只要紧紧依靠群众，发扬艰苦奋斗革命传统，调动各方面的积极因素，就一定能够战胜这些暂时困难。反之，如果不上，被困难吓倒，那就不仅会挫伤群众的积极性，而且会使那些能够克服的困难，变成长期难以克服的困难。因此，我们坚决以毛主席思想为指针，实事求是地估计困难，依靠广大职工的积极性，千方百计地、顽强地克服了困难，把我们1958年以来所坚持的这个正确方向和正确道路，在大庆石油会战中，集中地、生动地体现出来了，给所有石油企业做出了活的榜样，对整个石油工业走上正确的道路起了决定性的作用。

1963年底，毛主席指示要反对骄傲自满，固步自封，形而上学。我们以主席教导的“两分法”为武器，认真地检查了各方面的工作，并系统地总结了大庆的经验，普遍地加以推广，不断以高标准要求自己，1964年各企业的进步十分显著。我们深深体会到，紧紧掌握主席的“两分法”的武器，就能促使我们不断前进，使我们的步子走得更正、更好。

经过十多年的时间，从许许多多成功与失败、正面反面的经验中，在正确与错误，前进与后退的斗争中，我们总结的经验是：

只要遵照毛主席的辩证唯物主义思想办事，人们就会有正确的思想方法，善于运用“两分法”来看问题，形而上学就会少一些，唯物辩证法就会多一些。

只要遵照毛主席实事求是的思想办事，人们就能把高度的革命精神和严格的科学态度结合起来，既有敢于独创、攀登科学高峰的决心，做前人没有做过的事情，又能从实际出发，按照客观规律办事；既能学习别人的长处，又能在学习中有所发现，有所发明，有所创造，有所前进。

只要遵照毛主席“一分为二”的思想办事，人们就能胜不骄，败不馁，永不满足已经取得的成绩，勇于批评和自我批评，坚持真理，修正错误，不断革命，永远前进。

辩证唯物主义的指导思想，是我们办企业的命根子。今后，不管我们的生产规模发展多大，技术发展多快，物质条件多好，也绝不能一丝一毫离开这个指导思想，必须永远坚持。只有这样，才能迅速在我国建设起强大的、现代化的石油工业。

（二）办好一个企业，必须正确贯彻执行党的各项方针政策

有了正确的指导思想，还必须正确地贯彻执行党的各项方针政策，才能有一套办好社会主义企业的办法。

第一，必须有长远的战略目标和各个时期的行动计划，作为一切工作的依据。

有了战略目标，才能使我们在生产建设工作上有全局观点，增强预见性，减少盲目性和片面性，一切工作往前赶，争取主动权；有了战略目标，才能够使每个人都感到有奔头，鼓舞广大群众的革命精神；有了战略目标，就有了中心思想，就能够高度地集中统一，有阵地、有阶段地向前发展。

确立长远的战略目标，根本问题是遵循毛主席的教导，从国家的全局出发，紧紧结合石油工业的具体特点，抓主要矛盾，解决主要矛盾。从这几年我们的实践看，必须抓好三件事：

抓资源。这是战略问题，是发展石油工业的基础。没有资源就一切谈不到，必须把抓资源放在首要地位。资源越多越好，越多力量就越雄厚。

抓产品的品种、质量。要着眼于现代化的国防、现代化的工业、交通和现代化的农业的需要，要适应现代战争和现代化科学技术上高、精、尖的要求，这样才能发挥出石油工业的作用来。

抓战略布局。这是一切工作的龙头。战略布局明确，龙头摆得对，其他方面才能跟得好。我们这几年的战略布局是比较明确的，而且又是抓住了就不放。1960年到1962年，中心是抓资源，把力量集中在大庆油田的勘探上；1963年又提出了石油产品“三年过关、五年立足于国内”的规划。由于这两步摆得准，抓得狠，中心明确，两战两胜，使石油工业全面主动。

第二，要学会一套集中兵力打歼灭战的方法。

用集中兵力打歼灭战的方法搞工业建设，绝不是在特殊情况下的特殊方法，而是一种具有普遍意义的革命方法。集中兵力打歼灭战的方法，我们用于大庆石油会战是成功了，用于建设炼油厂也成功了，用于搞生产、科学研究、设计和新技术也都成功了。这是我们几年来体会最深的一条。

在一个发展阶段，在一个较长时期，必须连续打几个歼灭战，才能完成一个发展阶段的战略任务，取得全局的胜利。我们就是连续打了大庆石油勘探会战和石油产品自给的歼灭战，才赢得了全局的大发展。要打胜一个大歼灭战，还必须打好一系列的小歼灭战，集中起来才能取得一个大歼灭战的胜利。

第三，坚持办工业的四大原则。

这就是周总理在人大三届一次会议上政府工作报告中所指出的，坚持集中领导同群众运动相结合的原则，坚持高度革命精神同严格科学态度相结合的原则，坚持技术革命和勤俭建国的原则。这是我们所有石油企业都必须始终坚持的。

（1）坚持集中领导同群众运动相结合的原则。

现代化的企业，没有集中统一的领导和指挥，就什么事情也办不成。一支产业大军，必须有高度的组织性、纪律性，把千万人的行动，组织得像钟表一样的准确。

企业的一切部门，都必须一切为了搞好生产，都必须为生产第一线服务，以生产为中心，大搞机关革命化。企业机关革命化的实质，就是一切部门都要依据党的方针政策，透过思想抓业务、抓技术，全面抓，对全局负责。这样，企业里千头万绪的工作，才能形成一个整体，才能有战斗力，才能振奋起革命精神。必须坚决反对那种一不对党的方针政策负责，二不透过思想抓业务，各部门分门立户，片面地、孤立地各自抓自己的业务、技术，造成千头万绪。在那样头绪繁杂的情况下，必然会出现会议多、制度多、报表多、手续多的情况。这就会搞烦琐哲学，脱离生产、脱离实际、脱离群众，领导机关就会成为官僚主义的机构，毫无革命的生气，什么事也办不好。

企业里的集中统一指挥是很重要的，这就要建立起以生产调度为中心的一套指挥系统和制度，把企业日常活动中的一切工作组织起来，统一发号施令，统一安排部署，统一组织调配力量，协调各部门、各单位的工作。各个部门都严格执行调度命令，按照统一的部署组织自己的工作。

要办好社会主义企业，必须走充分的群众路线，要依靠广大职工群众自觉的革命行动来办好企业，而不是单纯靠命令办事。我们搞群众运动要有明确的目标，要有个规格。必须从党的方针政策和国家任务出发，以搞好生产为目的，大搞以“五好”为目标的比学赶帮群众运动。把群众的积极性和各个时期生产建设的中心任务紧密地结合起来，使运动有充实的内容和明确的奋斗目标。必须以扎实细致的工作为基础，不能只是大轰大嗡；要鼓实劲，不能鼓虚劲，讲成绩、搞表扬，一定要实实在在，不能有半点虚假；要爱护群众的精力，不搞形式主义；运动中要坚持定期检查评比，以表扬为主，树标兵，鼓干劲，随时克服缺点。这样，群众运动才能搞得既轰轰烈烈，又扎扎实实。

（2）坚持高度革命精神同严格科学态度相结合的原则。

高度的革命精神和冲天的革命干劲，是办好企业的前提，有了这个精神，才能人人争上游，事事争上游，才能搞出前人没搞过的事情。没有革命干劲，是什么事情也办不成、办不好的。我们要把人们的革命干劲，鼓到各个方面的扎扎实实的工作上去，才能夺取胜利。光有一股干劲，不讲究科学态度，不做扎扎实实的工作，那是一股子蛮劲，是虚劲。敢干绝不是乱干，破除迷信绝不是破除科学。搞好现代化企业很不容易，但违反客观规律，蛮干一通，搞坏一个企业，那是很容易的。

（3）坚持自力更生大搞技术革命的原则。

从几年来我们攻下了许多新技术中体会到，大搞技术革命，必须坚持自力更生，以自己创造为主。最根本的是要有坚强的革命自信心和雄心壮志，敢于争第一，敢于超过别人。大庆油田的开发，就是瞄准苏联的罗马什金、杜依玛兹，美国的东德克萨斯油田为对手，和它比，超过它。看来，我们每个企业都可以选一个美国的、一个苏联的同类型的厂子，作为对手，从各方面超过他们。

外国的先进技术必须学过来，只要有条件，派人出去学，买样机、样品来学，买专利、买图纸来学，从大量的情报资料、图书杂志中来学。但在学中要敢创造发明，把学和闯在实践中辩证地统一起来，使学来的东西真正为我所用，又在学的过程中有所创造，后来居上。

（4）坚持勤俭办企业、勤俭建国的原则。

勤俭办企业，少花钱，多办事，是办社会主义企业的一条基本原则，必须贯穿、渗透到企业的一切方面。

我们体会，最重要的是必须正确处理建设速度和建设标准、生产和生活的关系。坚持集中主要力量，首先发展生产建设，适当地照顾生活建设；生产建设要尽量采用新技术、新工艺，充分发挥建设效果；生活建设不能超越生产发展的物质条件基础，不能讲阔气、讲排场，处处保持勤俭，讲求节约。

生产上必须是质量全优，质量第一，努力争取不出和少出废次品，这样既增加生产，又厉行节约。同时，要在生产中进行技术改造、技术革新，努力降低消耗，把勤俭节约原则贯穿到一切经济活动中，为国家创造更多的财富。

勤俭办企业，还必须以生产为中心来抓节约，而且要把提高生产、搞好质量与节约资金统一起来。绝不可以不顾生产不顾质量，孤立片面地抓节约。那种一时看来是节约，但长远看来是大浪费的事，就坚决不要干。

第四，搞好一个企业，必须狠抓五个方面的基础工作。

企业的基础工作必须过硬，有了一个坚实的基础，企业就会立于不败之地。对基础性的工作一定要抓紧、抓狠、抓死，要经常抓，反复落实。

一个企业生产、建设中的基础工作是什么？根据我们这几年的体会，要立足于五个方面：

（1）立足于科学技术资料的齐全准确，对生产过程、建设过程、地下情况，都要搞得清清楚楚。

重视不重视第一性资料，是有没有科学态度的分界线。工作有没有把握，生产有没有把握，方法对头不对头，首先要决定于对实际情况是否做了周密、准确的了解。不重视第一性资料，不重视资料的齐全准确，就失去了搞好生产的依据。

（2）立足于质量是头等的。

在生产建设上，不论一口油井、一个装置或一种产品，都必须把质量放在第一位。

质量好坏并不完全是技术问题，主要的是决定于人们的思想，决定于人们的工作态度。要树立质量第一的思想，要有严肃认真的态度，千方百计地搞好质量，决不能马虎凑合。必须在设计、供应、施工、验收、生产等各个环节上，都建立起严格的质量规格和责任制度。任何微小的地方发现质量不合格，都必须推倒重来。推倒重来并不是说，在施工过程、生产工艺过程中马马虎虎，不去发现问题，质量很坏，等到工程建成了，或者出了废品之后，再去推倒重来；而是要在施工和生产的过程中，卡住每一道工序、每一件事情、每一个细小环节，只要发现不合规格就重来。这样推倒重来就能发挥威力，就能以最小的代价，换来头等的质量，培养起队伍的好作风。

（3）立足于技术上的真本领、硬功夫。

办好一个企业，工人、技术干部和业务人员没有一套真本领、硬功夫是不行的。要本领过得硬，必须狠抓技术练兵，坚持天天练，要像解放军那样，从难、从严、从生产实际出发去练；不可以提出过高、过难、脱离实际需要的要求；功夫要天天练、人人练，才会熟能生巧，把真本领学到手。真本领学到了，基本功过得硬，再难的新技术也能学到手，生产技术水平就能不断提高，生产建设就能越搞越好。

（4）立足于机器设备、工具管理得好。

机器设备和工具是生产手段，是现代化企业的物质技术基础，必须精心管理，要使在用设备台台完好，什么时候都很灵光，使设备能力得到充分的发挥。

这几年，年年抓设备，已经形成一套比较完整的制度：一是定人、定机、定岗位，实行专责制；二是练好基本功，搞好操作；三是实行定期强制保养；四是狠抓检修质量。反复坚持这套办法，设备就一定能做到齐全完好。

（5）立足于严格的岗位责任制。

要搞好企业生产，必须有一整套严格的岗位责任制，把成千上万的人和千头万绪的日常生产活动组织起来，人人有事做，事事有人负责，事事有规格。这样，才能发挥人们的高度责任心，管好机器设备，把生产搞好，把质量搞好，才能做到在生产中得心应手。

岗位责任制是企业生产管理方面最根本的制度，必须成龙配套，从每个生产岗位到交接班、巡回检查、设备维护保养、质量检验和班组经济核算，都要捆在一起，订出简明扼要的规章制度。目前最重要的，是要把这套制度落实。必须从人的思想抓起，通过日常的、大量的实际工作，不断教育，不断检查，才能不断巩固提高。

岗位责任制是企业五个方面基础工作的核心。资料的齐全准确，头等的质量，技术上的过硬功夫，设备的完好，都是通过人们发挥高度的责任心，用岗位责任制捆在一起的，都要以岗位责任制做保证。

这五个方面的基础工作，是我们办好企业的立足点。企业中大量的、日常的工作，就是要从这五个方面抓起。基础工作做扎实了，生产、技术和各个方面的工作才能有发展、有提高。基础工作不扎实，新成绩就搞不出来，搞出来了也不巩固，过不了硬。因此必须把基础工作摆在日常工作的首要地位。要根据生产的需要，按照具体情况和实践的经验，把什么事情应该怎么办，不许怎么办，什么事情办得，什么事情办不得，都搞出个杠杠，定为制度，写出条例，一丝不苟，坚决贯彻，反复检查，反复落实。这样，企业就有了打不垮、拖不烂的基础，就可以立于不败之地。

（三）办好一个企业，必须有一个坚强的领导班子

一个企业领导班子的好坏、强弱，根本的标志是：

第一，政治上坚强，认真负责地贯彻执行党的方针、政策和上级指示，能坚决完成任务。

第二，坚持民主集中制，搞好团结。

团结就是力量。一不团结，就会不齐、不好、不力。搞“三驾马车”，就会互相抵消力量，强干部就变成弱干部，能办到的事，也办不到了。

要搞好团结，就必须坚持民主集中制。从这几年的经验来看，必须：

（1）提倡原则空气，开展批评和自我批评，经常敲警钟，有问题现买现卖，不要等着算总账。特别是领导干部，书记、厂长，在这方面要做表率。

（2）有话就摆在桌面上讲，不背后鬼鬼祟祟，嘀嘀咕咕，不隐蔽观点，光明正大，不搞阴谋。

（3）在工作上互相尊重，互相支持，有了问题，主动承担责任。这样，就心情舒畅，勇气就大，有利于团结。

（4）对同志看主流，看本质，首先要看政治上、立场上正确不正确，干劲大不大，工作是不是认真负责。有缺点要主动热情帮助，有些问题要耐心解决。

最重要的是，要遵循毛主席的教导，不能老是自以为是，而从不自以为不是。

第三，领导作风革命化。

领导干部必须参加劳动，艰苦朴素，密切联系群众。领导作风革命化，必须做好四件事：第一件事是坚持参加集体生产劳动；第二件事是坚持深入基层蹲点；第三件事是坚持调查研究；第四件事是领导作风上要严格遵守“约法三章”。大庆提出的“约法三章”，带有普遍意义，应在所有单位推广。“约法三章”的内容是：

（1）坚持发扬党的艰苦奋斗的优良传统，保持艰苦朴素的生活作风，永不特殊化。

（2）坚决克服官僚主义，不能做官当老爷。

（3）坚持“三老、四严”的作风，谦虚谨慎，兢兢业业，永不骄傲，永不说假话。提倡原则空气，反对自由主义。严格组织生活，保证党委成员每月定期开一次党的小组会，开展批评与自我批评。

第四，领导干部要熟悉本企业生产技术方面的基本知识。

领导干部起码要了解生产的基本规律、生产的关键所在、生产中各工序之间的关系和内外协作关系。

领导不懂生产技术基本知识，长期甘当外行，就没有办法指挥生产，与工人、技术干部就不可能有共同语言。当然，也不是要求每一个企业领导干部都成为技术专家，更不能一头钻进具体技术和琐碎业务中，那样，也是起不了领导作用的。

第五，讲究领导方法和工作方法，反对形而上学，提倡唯物辩证法。

（1）要吃透两头。把上头的政策指示吃透，把下边的情况吃透，两者结合起来，拟定贯彻执行方案，切实执行，发现问题，正确地解决问题。会提问题，会出题目，也是一种领导艺术。

（2）根据每一时期的任务，领导要及时提出鲜明的战斗目标，鲜明的行动口号和鲜明的旗帜，把广大群众的积极性调动起来，发挥人们的创造性。

（3）一切工作必须尽量抓早、抓快、抓紧，赶前不赶后。早抓、早安排、早实践，就可以早发现问题，早提出补救措施，早解决问题，有充分的回旋余地，不致坐失时机。对于关键性的重大工作，更必须做到早抓、早安排、早做试验，尤其要提倡抓住就不放，一抓到底，一定要抓出成果来。

（4）要多谋善断。多谋，就是要多动脑筋，多作调查研究，要谋党的方针政策，要谋下面的实际情况，这样才能善断。人们思考问题，总要有个过程，往往是由冲动到冷静，到成熟，然后到坚定，重要的是下工夫做调查研究。多谋善断，就是要对看准了的事，下死决心去干，干就干到底，不达目的誓不休。

（5）领导班子要分为一线和二线。总要有几个人，在二线居高临下，统观全局，不要每个人都纠缠到日常事务中去。那样就容易迷失方向，抓了小的丢了大的。一线主要负责日常生产指挥、调度，处理业务工作；二线要搞调查研究，到基层蹲点，总结经验，思考一些重大问题，出主意，想办法。这样，领导就比较全面。

（6）要善于总结经验。总结经验是我们所有领导的一项重要任务。光是实践而不总结经验，那就会成为盲目的实干家，不能提高自觉性。把实践同总结经验结合起来，做一段工作，就总结一段经验，实践一段，总结一段，如此反复循环，就可以一步一步地认识客观事物的规律，一步一步提高我们的领导水平。

关于总结经验，毛主席曾多次指示，不能把经验看成永恒的，那是思想僵化，是形而上学。经验有两部分，部分是基本的经验，必须坚持下去，同时要随着实践而发展。另一部分是工作中的具体经验，要随着具体情况的变化，及时总结，改变过时的经验。具体经验搞死了，就会变成束缚人的框框；基本经验丢掉了，人们就会迷失方向。

总之，我们领导上不能搞形而上学，形而上学害人、害事，是我们做好工作的大敌。用形而上学和唯心论去看问题、做工作，就会产生片面性和主观主义，就不可能对于客观事物作恰当的分析，就会脱离实际，脱离群众，就会在政治上犯错误。因此，我们要大力提倡唯物辩证法，反对形而上学。

（四）办好一个企业，必须树立一个好的队伍作风

这几年，我们以人民解放军的“三八作风”为榜样，结合石油工业的特点，狠抓以严细准狠为核心的“三老四严”、“四个一样”的作风。经过反复强调，不断培养，有些企业有了好作风，有些企业也开始树立好作风。这对石油工业的发展，有着深远的意义。

办企业，和所有事情一样，人的因素是主要的。培养一个好作风，是建设一支革命化产业大军的一项重要任务。作风是一种巨大的精神力量，是人们对社会主义事业高度责任心的表现，是我们党的艰苦奋斗革命传统的具体化，是一

个队伍战斗力强弱的重要标志。在企业当中，同样的物质条件，同样的任务，由于作风不同，效果会完全两样。一个企业队伍的作风好，就可以产生巨大的物质力量，再复杂的生产，也能搞得有条有理，生动活泼；再艰巨的任务也能完成，再尖端的技术，也能搞得成，搞得好；各项工作就会日新月异，精益求精，达到高水平、高标准。如果队伍没有好的作风，即使有好的设备、好材料，也办不好事情。

怎样培养队伍的作风？好作风来自于人的觉悟，靠命令是命令不出来的，靠制度是定不出来的，必须是依靠党的领导，依靠政治思想工作，依靠教育和严格要求，才能逐步形成起来。要培养一个好作风，必须是严字当头，思想领先，把严格要求和耐心说服教育结合起来，使好的作风养成习惯，成为群众的自觉行动。培养好作风，很重要一条是要靠领导带头，以身作则。什么样的领导，就会带出什么样的队伍。领导干部要言教身带，在实际生产斗争中，以自己的实际行动把好作风带起来，把党的优良传统传下去。培养好作风，要在日常工作中树立好的样板，大表扬，大提倡，使好作风在人们心里生根。只要看到一点不好的作风，就要抓住不放。树立一个好作风，是要经过斗争的，坏作风不倒，好作风就立不起来。只有在实际工作中严格要求，一丝不苟，才能培养起一支好队伍，磨炼出一个好作风。

应该看到，我们的作风才初步树立起来，还不巩固。同解放军相比还差十万八千里。各企业之间也很不整齐。今后要狠抓以严细准狠为核心的“三老四严”、“四个一样”作风的落实。落实，就是要经常抓，反复抓，要抓住不放。要从反复抓中磨炼我们的队伍，养成一套好的作风。

（五）办好一个企业，必须十分重视政治思想工作

企业政治思想工作必须从生产实际出发，确保生产任

务的完成，一定要把政治思想工作做到生产过程中去，做到科学试验中去，做到日常生活中去，把政治和经济、政治和技术统一起来，才能把精神力量化为物质力量，在生产上发挥巨大威力。

这几年，各单位职工学习毛主席著作形成了高潮。学习毛主席著作重要的是用主席思想观察问题和处理问题，不能搞形式主义。结合石油工业队伍的特点，贯彻以严、细、准、狠为核心的“三老四严”、“四个一样”的作风。这是政治思想工作的一个重要内容。

认真解决一人一事的思想问题，是政治工作中最大量、最经常、最普遍、最生动、最具体的工作，是政治工作的基本功。

解决职工的思想问题，究竟应当遵守什么原则？去年我们总结大庆的经验，提出了“四个为主”的原则：解决思想问题和实际问题两个方面，以提高思想为主；表扬和批评两个方面，以表扬为主；耐心说服教育和执行必要的纪律两个方面，以耐心说服教育为主；领导上的教育和群众性的自我教育两个方面，以群众性自我教育为主。这“四个为主”体现了做政治思想工作必须从大多数出发，从实际出发，从积极方向入手的精神；体现了政治思想工作要充分相信群众，依靠群众自觉，走彻底群众路线的精神。它也是针对我们过去政治思想工作中的缺点提出来的。只要认真贯彻“四个为主”，政治思想工作就会越做越活，越做越生动有力。

企业的一切工作都必须放手发动群众，发扬政治、生产技术和经济三大民主，保证生产上的集中统一指挥。

发扬政治民主，就是要保证每个职工都有向一切歪风邪气、向一切违反党和国家政策法令的现象作斗争的权利，保障每个职工在一定会议上有批评干部和批评领导的权利。

生产技术民主，就是广泛吸收职工参加生产管理，把专业管理和群众管理结合起来。它包括发动群众讨论生产任务的实施办法，制订规章制度，解决重大的生产技术问题，组织职工开展岗位练兵等等。通过这样广泛的生产民主，体现了工人当家作主的权利。

经济民主就是组织群众参加企业的经济核算、伙食管理和农副业生产管理。经济民主的实质，就是要保证企业中每个人都有与一切浪费国家财产的现象作斗争的权利。实行简明扼要的班组经济核算，职工食堂账目坚持日清、旬结、月公布，等等，都收到了很好的效果。

三大民主要以政治民主为核心。不发扬政治民主，只讲经济、技术民主，就会流于形式。只有以政治民主为核心，充分发扬三大民主，才能提高职工的组织性、纪律性，增强内部团结，加强生产上的集中统一指挥。

党管干部，管好干部，是党的建设中的一项中心任务。必须把干部置于党组织的监督之下，置于群众的监督之中。必须对干部定期进行考核，要求干部过严格的组织生活，提倡原则空气，开展批评与自我批评。对干部中的不良倾向，要进行严肃的批评和教育。

选拔和培养干部，必须从党的长远利益出发，从革命事业的需要出发，打破各种“框框”，把年轻优秀干部提拔到领导岗位上来。

东营地区去年采取群众民主推选的办法，挑选和配备基层领导干部。班、组长由群众评选，领导批准；井队长、车间主任、指导员由领导提名，群众民主酝酿推荐，领导审查任命。这样一来，干部来源的基础就改变了。这是我们石油企业干部工作走群众路线的一条新的经验。我们的井队、车间能不能打硬仗，关键在于要有一个政治上先进、团结得好、能发挥战斗堡垒作用的党支部作核心。一定要把最优秀的党员选为支部委员和小组长，使党支部真正成为团结的核心和战斗的堡垒。

党支部要坚决贯彻民主集中制的原则，在工作中要实行集体领导。本单位的一切重大问题，都要经过支部的集体讨论作出决定，实行支部集体领导下的队长负责制，反对个人说了算。这样才能活跃党的民主生活，使所有党员干部都受到党的监督，经常开展批评与自我批评，增强党的团结，这样才能发挥党支部的战斗堡垒作用。

相关链接

四个一样

——《大庆企业文化辞典》

即对待革命工作要做到：黑天和白天一个样；坏天气和好天气一个样；领导不在场和领导在场一个样；没有人检查和有人检查一个样。这是大庆石油职工在会战实践中形成的优良作风。“四个一样”是大庆真正把党的优良作风和解放军“三大纪律八项注意”同油田会战具体实践结合起来的产物。1962年3月，大庆油田建立和推行岗位责任制后，会战工委结合生产实际，开展树立岗位责任心的思想教育，增强了广大职工的主人翁责任心和执行制度的自觉性，涌现出以李天照井组为代表的一大批先进单位和个人。李天照井组管的是一口1961年7月投产、地处油田边缘的油井。自投产以来，未发生过一次事故；井场设备863个焊口和170多个阀门，没有一个漏油漏气；使用的大小工具无一损坏丢失；记录的上万个产量和压力等数据，经反复检查无一差错；油井长期安全生产，月月超额完成原油生产任务。其基本经验是能自觉从严，做到了“四个一样”。大庆会战工委大力总结推广他们的先进经验，使“四个一样”逐步成为大庆职工队伍的优良作风。这一优良作风建立在广大职工的主人翁思想基础之上，其实质是一种高度的自律精神。职工队伍有了这种好作风，各项制度就能切实贯彻，各项工作就能扎实开展，一个小队、一个班组、一个人即使单独执行任务，也能信得过，干出来的事情也能过得硬。

实践、认识、再实践、再认识*

50年代末到60年代初期，在我国的东北地区找到了世界特大油田之一的大庆油田。大庆油田的勘探和开发，不仅甩掉了我国贫油的帽子，而且使我国的石油工业进入了一个新的发展时期。

石油部长余秋里（左1）视察松辽探区

大庆油田，是在正确的科学理论指导下，应用了先进的勘探手段和适当的工作方法，实践、认识、再实践、再认识所取得的成果。

一、到我国东部去找油

1958年4月，我和石油工业部西安地质调查处第一地质大队的前勘探战友们，告别了曾经度过五个冬春的古城

* 选自《大庆油田的发现——大庆文史资料第一辑》，题目为编者另加，原题为《大庆油田的发现过程》。作者杨继良，曾任大庆石油管理局开发研究院总地质师。

西安，登上了东进的列车，向着祖国的首都北京，向着党所指出的找油前线——我国东部地区飞奔。

当时，我国已经找到的一些油田，主要在西部地区。陕西延长和延安油田，由于储油层渗透率低，因而每年的产油量很少。玉门油田的产油量较高，但将原油从玉门运到兰州炼，每台运油汽车往返就要烧掉几大桶油。我国的工业基地主要在东部，东部地区需要大量的燃料油和润滑油，而产油地区主要在西部。产油和用油地区之间距离较远，给经济建设和发展带来了许多问题。作为一个石油地质工作者，我们感到身上的担子是沉重的，必须尽快地在我国的东部地区找到油田。这就是党向我们发出的号召。

我们的目的地是我国东北部的松辽平原。根据党中央的指示和地质部、石油部的协议，从1958年开始，两个部都调集了更多的勘探队伍到松辽盆地开展工作（1958年6月以后改为松辽石油勘探局），组成五个地质详查队，配备13台手摇钻机在松辽盆地东北部黑龙江省的海伦、绥棱、绥化、望奎、青冈、兰西一带进行地质详查，寻找含油的有利地区和储油构造。六个地质研究队分别在松辽盆地、海拉尔盆地、三江平原和辽西地区，进行资料收集和综合研究，指出各地区的含油远景和勘探方向。九个重磁力队在松辽盆地东南部约70000平方公里范围内进行1:100000详查，寻找有利的重磁力异常区带，为进一步部署勘探提供依据。配备能钻3200米的乌德大型钻机两部，负责基准井的钻探。还配备一台贝乌钻机和一台1000米型钻机钻探中浅层。此外，还有一个地球物理资料综合研究队，五个地形和控制点测量队，二个井下电测队。石油工业部松辽石油勘探局的局机关设在长春市。当时，由宋世宽同志任松辽石油勘探处处长，后任松辽石油勘探局副局长。

1958年第四季度，李荆和局长到职。1959年以后党委副书记陈国润同志和副局长只金耀同志陆续到职。

地质部将原松辽石油普查大队（后改名第二石油普查大队）的地质队扩充到11个队，配备590米型、1000米型及其他类型浅钻机继续在松辽盆地进行石油地质普查，1958年的工区主要在第二松花江以南吉林省境内。这个大队的地质技术负责人是韩景行、吕华等同志。

为加强东北地区的物探力量，地质部将原在鄂尔多斯盆地工作的中匈合作物探队调到东北地区与原有的物探队伍合并，成立东北石油物探大队（长春物探大队），配备二个重力队，一个磁力队，一个大地电流队，二个电测深队和四个地震队，主要做物探大剖面了解区域构造特征，并在重点地区进行面积测量。这个大队中方的技术负责人是朱大绥同志。

当时，地质部松辽石油普查大队和东北物探大队的机关也均设在长春市。

东北地区大小兴安岭一带广泛分布着各时期的花岗岩和其他类型的火成岩，古生代及其以前的地层多已变质，含煤地层中有多层火山岩的夹层，这些对找油是不利的。松辽平原、三江平原、下辽河平原和呼伦贝尔草原等地在地表上出露岩石很少，很难开展地质调查工作。在日本人侵占我国东北的时期，他们在辽宁省阜新地区和内蒙古呼伦湖畔的扎赉诺尔地区进行过石油地质调查并打过一些钻孔，没获得较好的成果。因而曾在东北工作过的一些日本地质工作者（如桐谷文雄等），对在东北地区找油提出了希望不大的看法。主要依据是东北地区缺少没经变质的海相地层，和缺少与陕西延长地区产油层位相当的三叠纪地层。

第一是理论上的论证。这里着重介绍我国石油地质工作者的有关论述。在国外，大部分油田是在海相地层中找到的，相当多的人持有“陆相无油”或“陆相贫油”的观点。而我国的大部分中新生代沉积盆地中分布的是陆相地层，因而论证陆相地层中可以生油和形成油气田，对指导我国勘探工作有着重要的理论和现实意义。

1928年，李四光同志在所写的文章中谈到：美孚的失败并不能证明中国无石油可办。中国西北方出油的希望虽然最大，然而还有许多地方并非没有希望。

1941年，潘钟祥教授根据我国西北和四川地区陆相沉积地层中发现的油气田，提出了陆相生油学说。他在《美国石油地质学家协会会志》第25卷第11期2058~2068页发表的《中国陕北和四川白垩系的非海相石油》一文中指出：“石油不仅来自海相地层，也能够来自淡水沉积物。”1951年，潘钟祥教授在《地质论评》第16卷第1期的《略谈中国油田》一文中提出了中国石油大多数生于沉积盆地之中的“盆地说”。1957年在《石油勘探》第4期《中国西浅部陆相生油问题》中又进一步论述，认为：“陆相不仅能生油而且是大量的。”

1943年，黄汲清同志在新疆进行地质调查后，也认为陆相地层可以生油。这种观点发表在1947年出版的《新疆油田地质调查报告》中，他指出：“新疆的主要生油岩系是侏罗系和第三系下部，属陆相沉积。”

1947年，天津北洋大学的阮维周教授在《地质论评》第12卷第3~4期《东北石油资源及石油工业》中总结了日满在阜新和满洲里一带探油失败的原因，坚定了在东北地区找油的信心。

在40年代，翁文波同志已完成小比例尺的全国侏罗系、二叠系定碳比值图，指出东北地区为低定碳比盆地，有含油远景。于1948年编著了《中国石油地质概论》，把松辽平原列入具有含油远景的地区。

1960年，商振西同志在《地质论评》第15卷第1～3期《试论中国湖相白垩纪地层与石油之生成》一文中提出在湖相白垩纪地层中生油和找油的问题，指出要到中国东部地区（主要是指华北平原）找油，还指出：“凡湖相白垩纪地层分布之区，均应为探寻石油之对象。”并认为对于华北平原，应当“利用地球物理方法探测冲积层以下岩层构造而试为钻探”。

1952年，张文佑同志提出断块内部的凹陷往往形成沉积盆地中心（生油中心），内部基底断裂区可产生“凹中隆”储油构造。边缘断裂带很宽，还可形成一系列小型沉积盆地，也可形成油气藏。

1954年，谢家荣同志在《石油地质》第12期的《中国的产油区和可能含油区》一文中，把松辽平原划归“从大地构造推断希望很大，但油苗分布不广或尚未证实的可能含油气区”，推测在平原下可能存在第三纪及白垩纪海相地层，指出：“广大平原下有发现大量油气矿床的希望。”

1954年，李四光同志在《石油地质》第16期《从大地构造看我国石油勘探的远景》一文中认为，对于石油勘探的工作方向，“第一是沉积条件；第二是构造条件”。这两点“是有比较重要的关系”。在文章的最后部分指出：“根据以上所述大地构造条件，我们对中国石油勘探工作的远景计划，似应考虑到下列几点：

①青康藏缅大地槽的边缘区域包括柴达木盆地、西藏高原北部、四川盆地西部，以及西康南部云南北部褶皱不过于强烈的地区，都有发现比较大规模的油田的可能。②对伊陕台地和阿宁台地两个地区的构造，应该加以详细研究，在

了解了它们的构造型式的基础上布置详细勘探工作，很可能发现比较重要的局部油田。③华北平原与松辽平原的‘摸底’工作是值得进行的。④中国其他地区的一般油田构造条件和沉积条件，就已经了解的范围来说，都不及上列各区，但也不应该因此而排除若干小型油田区存在的可能。”

1953年，在燃料工业部石油管理总局主持下，由翁文波、谢家荣、黄汲清、邱振馨等同志负责编制1/3000000的中国含油气远景分区图。在1955年1月定稿清绘时，图中将我国划分为11个含油远景区，松辽盆地划入第6区。按照各区的地质条件和含油气情况将含油气远景分为五级评价，级数越高，希望越大，依据越充足。在该图中将松辽盆地定为三级远景区，认为该区主要是侏罗纪、白垩纪和新生代沉积，虽没经过钻探，但已发现油苗多处，是很值得注意的地区。1955年1月，燃料工业部石油管理总局在北京召开的第六次全国石油勘探会议上，翁文波同志在《中国大陆按油气藏的分区域划分》报告中，应用该图对全国含油气远景进行了论述。

1955年，侯德封同志在《地质知识》第4期的《目前我国石油地质工作中基本问题》一文中，重点论述了沉积相带与生储油的关系，指出了生油的有利条件和重要的含油气层位。

1956年1月24日至2月4日，在第一届“全国石油勘探会议”上，康世恩同志指出：“我们应将全国主要含油地区做出全面规划，从解决根本问题上着手，有步骤地进行勘探，目前从工作上看应分为三类地区。”松辽盆地划为第三类地区，属于“应即着手进行地质调查工作，配以必要的地球物理和地质浅钻，准备新地区。松辽平原、阿拉善、云贵地区应列在前面”。

1956年2月，李聚奎、康世恩同志向毛泽东主席汇报，报告克拉玛依发现了大油田，并汇报了我国石油工业发展的广阔前景，指出：我国有从古生代到新生代的可能储油沉积岩面积约3000000平方公里，同时提出包括松辽平原在内的15个可能含油地带。

1956年2月，石油部向党中央的报告中提出“松辽平原是可能含油地带”，并将松辽平原列入将成为石油资源的后备地区之一，“应继续进行地质调查，进一步了解其含油希望的大小，然后选择好的地区着手进行勘探”。

1956年3月，石油部党组在给陈云副总理的报告中提出，争取在二三年内，在华北地区和松辽平原等地找到一两个大油田。

1956年3月，在石油工业部西安地质调查处职若愚、赵仁寿、张传淦同志的《六年来的石油勘探工作概况与今后的轮廓规划》中指出：“松辽平原有适应生油的侏罗白垩系。今后以地球物理勘探为主，并尽快钻基准井，以了解地下情况。”

1957年3月，黄汲清同志在石油普查工作会议上所作的《对我国含油气远景分区的初步意见》报告中，将松辽平原划入含油远景区，并谈到4～5年以内，将鄂尔多斯、四川、华北平原、松辽平原四大地区作为重点是正确的。

1957年，关佐蜀同志在《我国石油普查的回顾与展望》一文中指出，“华北平原和松辽平原，中、新生代地层是主要的找油对象”。

1957年，陈贲同志在石油部勘探会议上的发言《七年来勘探工作的勘探经验与今后的方向》中，提出第二个五年计划石油勘探的任务，及工作布置的建议，“在塔里木、吐鲁番、黔桂、松辽、六盘山五个地区安排一定的钻探工作，进行区域勘探和寻找油田得到相当数量的石油储量，以期能够做出盆地远景评价”。

1958年，康世恩同志在《石油勘探》第1期的《少花钱、多钻探、多找油气田》一文中指出："对我国几个主要沉积盆地的地质情况作了些系统的调查研究，按已经研究的不同程度，大体可分作三类地区：第一类地区，经过地质和地球物理的普查，如华北、松辽平原、新疆塔里木……等地区，初步研究这些地区的大地构造、地层条件、油苗分布情况，认为是有含油远景的，值得进一步开展勘探。”

关于陆相生油理论与勘探找油的关系问题在这以后的1958年秋，石油工业部副部长李人俊同志在《石油勘探》第14期的《石油工业正在总路线的光辉照耀下奋勇前进》一文中指出："松辽平原、江苏北部和包头、银川地区均发现了好苗头"，"有些人对找到大量天然石油的信心不足，他们可能是受旧的石油地质理论的影响。旧的石油地质理论认为石油主要是产在新生代、海相、地槽型地区。这种地层中国的确不多，因而他们就得出'中国贫油'的错误结论。但是经过世界各国近30年的实践证明，这种理论是片面的，不正确的。石油不仅在新生代、海相、地槽区有，而且中生代、古生代、陆相、地台型地区同样有丰富的石油。从新的石油地质理论来看，我国的地质条件就不见得比哪一个盛产石油国家的地质条件差。不相信中国有大量石油，不但在理论上没有根据，并且我们自己的实践也推翻了这种谬论。克拉玛依和四川的油田，就都是在中生代、陆相、地台区找到的，一般的是面积大、分布广、油层比较稳定，规律容易抓到。"

此外，王竹泉、李春昱、王尚文、田在艺等同志在陆相生油和石油勘探方面，也发表过一些文章或报告。

1953～1957年，到我国工作的苏联石油地质专家，对松辽盆地的含油远景也提出过一些看法和有益的建议。

1953年10月至1954年2月，以苏联科学院通讯院士阿·阿·特拉菲穆克为首的专家组，在我国考察了五个月。在考察报告中指出："松辽平原，这个地区无疑值得以极大的重视，并开展区域普查，对最有远景的构造进行详查。""中国石油资源极其丰富，历史短，工作少。相信多投资，多工作，可以自给自足。"

苏联科学院石油研究所莫·依·瓦林佐夫院士和阿·依·列文柯，1957年在松辽盆地工作12天。后来，就松辽盆地的石油勘探方法和盆地的研究方法，同地质部的韩景行、关佐蜀，以及石油工业部的余伯良等同志进行了座谈，并同中国科学院地质研究所长侯德封、石油部副部长康世恩、石油部地质勘探司总地质师陈贲等进行了座谈。

综上所述，我国和外国的许多地质工作者，尽管他们在某些学术观点上不完全一致，但都从分析我国的地质情况出发，指出陆相地层可以生油，松辽平原（盆地）是具有较好含油远景的地区，为松辽盆地开展大规模的石油勘探工作做了科学预见。

第二是技术装备和勘探手段上的发展。

我国东部地区的几个大平原区内，地表岩石露头很少，覆盖严重，继续采用在寻找老君庙和克拉玛依油田时的地质锤加罗盘的方法已不能解决问题。不少地方采用坑槽探的方法也收效很小。必须采用多种地球物理方法并配合浅钻来寻找和查明隐伏在地下的构造，了解生储油层。不具备到覆盖区开展勘探工作的技术手段，即使从理论上认识到具有较好的含油气远景，也难以有效地开展工作。

通过解放后几年来从无到有、从小到大逐步装备仪器，组建和扩充队伍，地质部和石油部已经培养出来相当数量的具有一定水平的重力、磁力、电法、地震等地球物理勘探队伍和能够在覆盖地区运用各种手段进行地质调查的队伍。这支队伍不仅能够进行野外施工，而且能够进行资料整理和综合解释。

因此，在1958年时，就有可能从全国的各个探区抽调出来较多数量的适当工种的勘探队伍，到国民经济发展上需要、并从理论上预测的有利地区开展工作，将需要变为可能，进而变为现实。

第三是通过解放后多方面进行石油地质和物探工作，进一步说明东北地区松辽盆地有着良好的含油远景。

为进行含油远景评价，多次组织了油苗调查工作。

1951年，刘国昌同志对内蒙古扎赉诺尔附近达赉湖畔的沥青进行了调查。

1953年1～4月，根据群众报矿，东北石油管理局派宗丕声等人到黑龙江省尚志县进行过三次油苗调查。同年6月，燃料工业部石油管理总局又派邱振馨等再次前往调查。

1954年，石油管理总局张传淦到阜新、北票进行了油苗调查。同年，石油管理总局地质局沈乐三到阜新盆地进行了石油地质调查。

1954年8～12月，石油管理总局地质局先后派陈良鹤、杨惠民等人组织了油苗二队，对东北地区的油苗进行了四个多月的调查，证实了油苗和沥青五处。

1954年，石油管理总局地质局唐祖奎、姚国范等同志对黑龙江省依兰县达连河地区的油页岩进行了调查。

通过上述同志们的工作，证实了辽宁省阜新油苗、原热河省承德油苗、辽宁省义县沥青、内蒙古自治区满洲里扎赉诺尔沥青、吉林省安图县沥青、黑龙江省依兰县达连河油页岩，这些油气显示的发现，为在东北地区进一步开展石油地质勘探工作的决策提供了重要的依据。

1955年8月下旬到12月，东北地质局组成以韩景行同志为首的六人小组，在松辽盆地东部地区进行路线地质踏勘，实测剖面和检查油苗。

1956年2月地质部成立了松辽石油普查大队，下设地质队三个，浅钻队一个，重磁力队一个，电测深队二个，开展大面积的重磁力普查，配合部分电测深剖面和地震剖面，探测松辽平原下面的基岩起伏情况和沉积岩厚度，推断大地构造轮廓和中新生代沉积的分布规律及含油性，同时以松辽盆地南部为重点进行1∶50万和1∶20万地质普查。

1957年，地质部物探局904队在松辽盆地及其附近地区40多万平方公里面积内进行了1∶100万航空磁测普查工作。112物探队进行1∶100万重力预查，还做了三条电法剖面。到年底，已初步完成了松辽平原的区域概查，结合物探和地质、钻探资料，指出松辽平原的大地构造轮廓和含油远景，提出了下步工作计划。

1957年，石油工业部西安地质调查处邱中建等七位同志组成116队。他们广泛收集了由石油部、地质部、煤炭部、中国科学院和解放以前的有关东北地区的地质调查、地球物理勘探等资料，收集和汇编了各种图件，到现场进行油苗调查、岩芯观察、野外露头观察和实测地层剖面，并为评价含油远景的需要，采样进行了孔隙度、渗透率、粒度、碳酸盐含量、薄片、重矿物和荧光沥青等项目的分析鉴定，为研究生油条件、储油物性和沉积特征提供了依据。邱中建等同志在比较详细地论述了松辽盆地及其周围地区的地层、构造、地质发展史、生储油条件和含油气情况的基础上，对松辽盆地的含油远景作了初步估计。总结松辽盆地的石油地质特征，有六点结论：

（1）松辽平原包括三个构造单位：松花江地台、双辽基底延伸带、开鲁凹陷。

（2）松花江地台在中新生代时期以下沉为主，沉积物有巨厚的中新生界，其中特别是白垩纪地层厚度巨大。开鲁凹陷的下沉时期主要也是中新生代。

（3）松花江地台有可能的含油岩系（或称生油岩系）及可能的储油岩系，如松花江系、侏罗及第三系，也有足够的盖层。

（4）松花江地台上白垩系及第三系有缓和的褶曲运动，构造线主要为南北或北北东向，基岩的起伏显著的大于盖层的起伏。

（5）松花江系地层普遍具油味及油迹，而松花江系地层厚度巨大，沉积广泛。

（6）中新生代地层有横向变化，可以有岩性交错带的产生。

结论认为松辽平原是一含油远景极有希望的地区，其中特别是松花江地区。在他们所编绘的含油远景评价图上，提出了基准井位和今后勘探部署意见。

地质部松辽石油普查大队和石油部西安地质调查处116队的工作，为在松辽盆地开展更大规模的石油勘探工作，起了重要的先导作用。

1958年2月27～28日，石油工业部李聚奎部长和唐克等同志，向当时党中央分管石油工业的邓小平同志汇报工作。在汇报过程中及汇报后，邓小平同志做了重要指示："石油工业怎样发展，我看人造油是要搞的，并且下决心搞。但中国这样大的国家，当然要靠天然油。""石油勘探工作，应当从战略方面来考虑问题，战略、战役、战术总是要三者相结合的。""第一个问题是要选择突击方向，不要十个指头一般齐。”“总要有个轻重缓急。哪个地方先找出油来，哪个地方后找出油来，排出个先后次序。对松辽、华北、华东、四川、鄂尔多斯五个地区，要好好花一些精力，研究考虑一番。”“就经济价值来说，华北和松辽都是一样的，主要看哪个地方先搞出来。”“在第二个五年计划期间，东北地区能够找出油来，就很好。”

二、第一口喷油井

初到一个新的地区，有那么多的东西需要我们尽快地去熟悉、掌握。我们要掌握松辽盆地的地层特征，必须到野外去做实地观察。我们到辽宁省昌图县的泉头看了典型的泉头组剖面，到第二松花江边的姚家车站看了典型的姚家组剖面，还到黑龙江省绥化县四方台看了典型的四方台组剖面。我们在松花江边看到了两套薄层状的灰黑色、灰绿色泥岩，里面含有丰富的介形虫、叶肢介和鱼类化石，这种典型的湖相沉积物可能成为较好的生油层，展示了松辽盆地具有较好的含油远景。

我们还要阅读各种地质资料，仔细研究已编绘的各种图件，作为制定规划部署的依据。时间紧就白天跑野外，晚上看资料。从长春到黑龙江省的地质队去检查工作，尽量安排在晚上乘车，在火车上过夜，白天接着工作。

1958年到东北后，我在松辽石油勘探局地质室工作，当时的地质室副主任是武依民同志，约在这一年第四季度以后，又调来唐竹林同志任地质室主任。1958年6月以前，地质室共有邱中建同志和我两个地质师。第三季度以后，邱中建同志调到石油部工作，张文昭主任地质师到局地质室主持技术工作。

前面已经谈到，在东北地区已经证实了一些油苗，但严格说来，它们都不属于松辽盆地，有些在松辽盆地内部的群众报矿的油苗，经过地质部松辽石油普查大队和石油部西安地调处116队去现场调查都给否定了。那么，在松辽盆地是否能找到油呢？这是刚到松辽盆地工作时人们所担心的一个问题。

1958年4月17日，在地质部施工的浅钻孔南17孔中见到了含油显示，这一喜讯很快传遍了在松辽盆地搞勘探的同志之中。这是松辽盆地的第一口见含油显示井。这口井位于吉林省前郭尔罗斯蒙古族自治县的达里巴，1958年3月15日开钻。4月18日完钻，完钻井深520.2米。在白垩系姚家组顶部见到了油浸及含砂岩，虽然砂岩较薄，含油也不很饱满，但它却为在松辽盆地找油增强了信心。

为系统探明地层层序，了解生储油条件，需要在松辽盆地钻一批基准井。1958年松辽石油勘探局所属的六个地质综合研究队中，以钟其权同志为队长的105队是基准井研究队，这个队的主要任务是负责松辽平原内的基准井井位的拟定，指导编写基准井地质设计及钻井地质工作，收集和综合各基准井资料，结合地面地质资料，综合研究含油远景，并指出勘探方向。

当时，通常是根据几个单位新取得的资料和研究方面的新认识，由松辽石油勘探局、地质部第二普查大队和长春物探大队反复讨论提出基准井井位的意见，再报送石油部审批。

松辽盆地第一口基准井定在黑龙江省安达县任民镇东约14公里处，在基岩凸起的翼部。这口井在1958年7月9日开钻，11月11日完钻，井深1879米，因钻到变质岩完钻，钻井过程中没见到含油气显示。

松辽盆地的第二口基准井定在吉林省前郭尔罗斯蒙古族自治县松花江南岸的登娄库附近，相当于地面调查发现的登娄库构造的轴部，这口井在1958年8月6日开钻，1959年9月15日完钻，井深2887.63米。从井深162.8米到196.2米在岩屑中见到油砂，井深1252米到1948米有三段在泥浆中见到油花气泡，后来经过试油，没有得到工业性油气流。

1958年二季度以后，地质部第二石油普查大队所钻的浅钻孔中，还有不少井见到含油显示，其中最著名的是南14孔，这口井位于吉林省怀德县杨大城子王家窝棚。在5月23日开钻，9月7日完钻，井深1027米，从井深300多米开始见到油砂，直到井底的变质岩裂缝中还有稠油的沥青，全井共见含油砂岩20多层60多米。见到这么厚的含油砂岩对搞勘探的人来说真是一件大喜事。当时，不少同志认为南14孔可能获得工业油流。但测试结果只产水，带一些油花，没能得到油流。1959年又在南14孔的旁边相距30多米处钻了一口杨114井，也没能试出油来。

到1958年第三季度时，通过对航空磁测、重力、电法等资料进行综合解释，对松辽盆地的地质构造概况已经取得了比较全面的初步认识：

（1）松辽盆地是一个大型的中新生代沉积盆地，包括开鲁凹陷在内。总面积可能达26万平方公里。

（2）盆地基底最深的部位在盆地的中西部，可深达5000米上，在这个深凹陷中有可能具备较好的生油条件。

（3）已见到可能的生油层和储油层。

（4）已见到直接的含油显示。

（5）通过地面地质调查已发现10个构造，电法发现基底隆起19个，但闭合情况还须进一步查明。根据当时对物探资料的初步解释，电法高带和重力高带往往是中浅层背斜构造带的反映。

在这样的情况下，继续再发现一些含油显示当然是好事。但从当时的情况看，关键问题已不仅仅是再见到给人带来希望的油砂，而是要尽快地将油砂变成油流，突破出油关。

在松辽盆地的第1、2号基准井相继就位之后，第3口基准井的井位，应选定在什么地方的问题，已提到议事日程上来。

在邱中建同志1958年3月编写的石油工业部西安地质调查处116队的总结报告《松辽平原及周围地区地质资料研究阶段总结报告（1957年度）》中，建议在松辽盆地北部钻一口基准井，其井位在CYIV电法剖面和5、6号重力高上选择。并指出，尤其是第5号重力正异常，突出于凹陷之中，地位非常优越。从报告的附图（松辽平原及周围地区含油远景示意图）可看出这个5号重力高的位置约在现今大庆油田南部的葡萄花油田上。

1958年7月，石油工业部玉门会议期间，松辽石油勘探局编制的第二个五年规划的1959年的工作安排中，全年准备钻探12个构造，共安排钻8口参数井，其中大通镇（即大同镇）电法隆起上的参数井排在第一位，计划进尺3000米。

由此可见，在仅有电法、重力等初步的资料情况下，松辽石油勘探局已经提出过在大同镇附近钻探基准井（或参数井）意见。

吉林省地质局松辽石油普查大队在1958年8月4日以（58）松油地字第10号文件发给松辽石油勘探局的《关于松辽平原第三号基准井井位位置函》中指出："第3号基准井位置经我队和长春物探大队研究，最后确定于吉林省开通县乔家围子正西1500公尺处。"

见此文后，松辽石油勘探局地质室的张文昭同志和杨继良同志以及基准井研究队的钟其权等同志在一起研究后，不同意上述井位意见。经派钟其权等同志到长春物探大队进一步了解物探资料后，并与物探大队协商，他们建议将松基3井的井位定在大同镇电法隆起上。8月下旬用电话回石油工业部地质勘探司做了汇报。石油部地质勘探司在对吉林省地质局松辽石油普查大队关于松基3井井位的函的签注意见中指出："地质部松辽大队提出的第3号基准井井位有下列缺点：

（1）井位未定在构造或隆起上，不符合基准井探油的原则。

（2）南部已经有深井控制，探明深地层情况不是平原南部最迫切需要解决的问题。

（3）该点交通并不十分方便。

因此，我部不同意上述井位，松辽石油勘探局也不同意松辽大队提出的第三号井位。"

根据对松辽盆地的物探资料的综合分析，一般电法反映了地下可能是一个有利于储油的背斜构造。为进一步落实基准井井位，8月中旬松辽石油勘探局请长春物探大队加快大同镇一带的地震工作，物探大队同意安排。

1958年9月3日，松辽石油勘探局、松辽石油普查大队、长春物探大队三个单位有关的技术人员在一起讨论了松基3井井位的问题。参加这次会议的主要有松辽石油勘探局的张文昭、钟其权和杨继良、松辽石油普查大队韩景行、长春物探大队朱大绶等。在会上，松辽石油勘探局和松辽石油普查大队各自阐述了拟定井位的依据，经讨论后同意将松基3井的井位定在大同镇电法隆起上。

1958年9月4日，由张文昭、钟其权同志拟稿，松辽石油勘探局于9月15日以松油勘地（58）字第0127号文件向石油工业部呈报《松3井及松参井井位意见书》（该文件抄送给吉林省地质局、吉林省地质局松辽石油普查大队，及地质部长春物探大队），其中谈到："松辽平原第三口基准井（松3井）的井位已经我局在9月3日与松辽石油普查大队、长春物探大队共同协商选定：井位于黑龙江省安达县西南55公里李家学房附近，松辽平原XI电测深剖面27点处。"并谈到了拟定此井位的五点依据：

（1）井位于松辽平原西部（微偏东）中段，在目前松辽平原西部没有一口深井资料的情况下，迫急需要开钻一口基准井，以了解平原西部含油气情况及地层岩性，并提供地球物理参数，以便指示平原西部勘探方向。

（2）该井与松1井、松2井相距90公里以上，约略成一等边三角形，合于基准井井位均匀分布的原则。

（3）井位于李家学房电法隆起上。根据电法，沉积岩厚约2650公尺可钻达基岩，因而同时又可起到探油的作用。在目前松辽平原所掌握的资料基础上，电法隆起与构造有一定的符合性，在杨大城子、架马吐电法隆起上已被钻井所证实。

（4）XI号电法剖面上有三个隆起，李家学房电法隆起只是它居中的一个，通过松3井的钻探，对另两个电法隆起的含油情况可作出进一步的估价，并指示今后的工作方向。

（5）交通亦较方便，靠近哈齐（哈尔滨至齐齐哈尔）铁路，在松1井完钻后即可就近搬运安装，以节省运输时间与费用。

9月17日，松辽石油勘探局在向石油工业部呈报1959年钻探工作安排的电报中也谈到了计划在大同镇钻基准井。

1958年9月上旬，石油部地质勘探司认为松辽石油勘探局呈报的松基3井井位报告中所依据的资料还不够充足，要求补充上报资料。

随后，松辽石油勘探局的钟其权、张铁铮等同志又去长春物探大队收集资料，了解到根据最新地震反射资料，李家学房电法隆起（即大同镇电法隆起）在地震资料上反映是一个可靠的隆起，进一步肯定了已经初步拟定的松基3井井位。

1958年9月24日，由钟其权同志拟稿，松辽石油勘探局以松油勘地（58）字第0152号文件，向石油工业部汇报补充松辽平原第三孔基准井“松基3井”井位选定的依据。该报告中指出：“根据新区获得的资料，我局补充选定松辽平原第三孔基准井‘松基3井’井位的依据，这份新的资料是剖面位置与松辽平原XI电法剖面相重合的，而且通过了松基3井井位的大同镇地震剖面的成果。

根据此一成果，补充把井位选在松辽平原VI电法剖面27点附近的依据：

（1）高点位置在VI电法剖面27点附近的李家学房电法高（松基3井井位所在地）在地震成果中也显示为一隆起，二者高点的位置基本符合。

（2）李家学房一带连续的地震反射层深达2300公尺。

根据以上两点依据，和前次上报选定松基3井井位的理由表明李家学房（即高台子附近），无论在井距、构造条件以及沉积岩的深度上都能满足基准井钻探的条件。因此我局仍然希望在李家学房钻探松辽平原的第三孔基准井——松基3井。”“为了早日进行松基3井井架的安装和一些有关的准备工作，请求早日审批松基3井井位的意见。”

1958年10月，松辽石油勘探局的钟其权、朱自成等同志，根据长春物探大队提供的地震资料，到现场进行了踏勘，并在高台子附近初步定了松基3井井位。

1958年10月上旬，松辽石油勘探局的钟其权、张铁铮和长春物探大队的朱大绶等同志，一起到黑龙江省明水县物探大队所属的地震队收集大同镇地区新的地震成果。地震队在现场提交了高台子地区初步的构造图，表明高台子构造是一个大隆起上的局部圈闭。根据这一新的资料，钟其权等同志对原定的松基3井井位作了距离不大的移动，当时根据地形图把松基3井井位定在小西屯和高台子之间。

同年11月14日，由杨继良拟稿，松辽石油勘探局以松油勘地（58）字第0345号文件向石油部呈送了依据当时最新的高台子地区地震构造图落实后的松基3井井位图。该文中指出："松基3井的井位已定，在大同镇西北，小西屯以东200公尺，高台子以西100公尺处。"这个井位即是目前大庆油田高台子油田上的松基3井井位，在这张图中已用4条地震测线圈出了高台子构造。

11月20日，石油部地质勘探司在松油勘地（58）字第0345号文件上签注意见："拟同意此井位。"并于11月29日，石油工业部以油地第333号文件批复同意松基3井井位。

到1958年11月底，对于松基3井井位已完成了报送审批手续，井位已确定下来。

回顾在拟定松基3井井位时，主要是在综合分析多方面资料的基础上，从盆地的全局着眼，李家学房电法高以及后来的地震资料的高台子构造，面积都不大，但却是大型坳陷中的隆起，区域构造位置有利，仍然选定为下步勘探的突破口。综合起来，当时是从以下几方面来考虑的：

（1）区域构造上位于大型坳陷的最深部位附近，一般大型坳陷可能形成有利生油区，这样，井位选定在有利生油区以内，油源供给充足。同时地层发育较全，有利于取得系统的地层剖面。

（2）电法高一般是中浅层背斜构造的反映。这个局部构造位于大型坳陷之中，属于"坳中之隆"，附近生油区生成的油气可首先运移聚集在这个构造上。

（3）在重力图上，附近为一北北东向的重力高带。因此，从重力资料预测，这个地区不仅可能存在着一个面积较小的局部背斜构造，还可能存在着延伸达上百公里的大型背斜构造带，将会有更大的储油前景。后来通过地震工作证实了这个预测。

（4）综合考虑松基3井可以起到既取得区域地质资料，又可兼探是否含油气的双重作用。

根据上述井位拟定的过程，可以看出，选定松基3井的井位是既有比较充足的科学依据，又反复地做了深入细致的工作。在没有钻探以前，已经认识到这是一个很有希望的构造，这样就坚定了信心。

1958年冬到1959年春，石油部和地质部的许多地质工作者，包括到松辽盆地工作过的苏联石油地质学家，均认为在松辽盆地找油，有许多有利条件，盆地的中央部分是最有远景的地区，大同镇（即高台子）、华字井、钓鱼台等构造是最有希望的构造，要着手勘探以获得工业性油流。

1958年12月到1959年1月初，石油部地质勘探司副司长沈晨同志和翁文波等同志陪同苏联石油地质专家奥·依·布罗德等来到长春。松辽石油勘探局、吉林省地质局松辽石油普查大队、长春物探大队的科技人员与布罗德讨论了松辽盆地的含油远景和勘探方向。中外地质家一致认为：大同镇构造是松辽盆地内最有希望的构造。布罗德指出：盆地的中央部分，大赉盆地（即现在的古龙凹陷）、肇州坳陷和杨大城子长垣的西坡下沉部分，是最有远景的地区。对1959年的油气勘探任务，他提出要部署几条横穿盆地的综合大剖面，包括重力、电法、地震等各种物探工作，并配合浅钻和基准井钻探。还提出要在已准备好的隆起上，着手钻探以获得工业性油流。

1959年1～2月，在石油部召开厂矿长会议期间，石油部党组余秋里、李人俊、康世恩等同志听取了松辽石油勘探局对松辽盆地勘探成果和勘探总体设计部署的汇报，由张文昭同志做了历时三天的汇报。汇报中总结了松辽平原石油勘探的成果，认为松辽平原具有十大有利条件。指出大同镇、华字井、钓鱼台构造是最有希望的三个构造。

1959年要在松辽盆地部署四条综合区性大剖面。在10个构造上进行详查，在两个构造上进行工业性钻探。石油部党组批准了松辽石油勘探局1959年的勘探部署。

1959年2月，召开了地质部和石油部的松辽盆地石油勘探协作会议，参加人有地质部何长工副部长、邝伏兆副部长、地质部石油局孟继声局长，石油部余秋里部长、康世恩副部长，石油部地质勘探司沈晨副司长以及两部的有关工作人员。会议讨论了松辽盆地石油勘探的形势，总结了松辽盆地石油勘探的有利条件，同意了对盆地的整体部署，并明确了两部的分工。在这次会议上。两个部的领导同志一致同意在高台子构造上钻探松基3井。

1959年上半年，松辽石油勘探局组成各种类型的勘探队26个，包括地质详查队、资料收集队和综合研究队、地震队、重磁力详查队、地形测量队以及深浅钻井队等。地质部所属的松辽石油普查大队和长春物探大队继续在松辽盆地开展石油地质普查、中浅井钻探和重力、电法、地震等地球物理勘探工作。

此外，1959年4月还由石油部北京研究院的余伯良、胡朝元等同志到长春和松辽石油勘探局的科技人员组成一个大型的综合研究队，密切结合生产，开展松辽平原含油远景的综合研究。余伯良同志兼松辽石油勘探局的总地质师。

松基3井井位确定后，1958年冬到1959年春由32118钻井队队长包世忠、副队长乔汝平等同志组织了钻机搬迁。这个钻井队的全套设备，由安达县任民镇的松基1井，搬迁到肇州县大同镇西北高台子附近的松基3井。当时由于缺少大型车辆和吊装设备，把泥浆泵的泵头部分拆开，由解放牌卡车分别装运。用挖倒车坑、侧链、人拉、滚杠加撬杠的方法，把一些重的设备装卸车，冒着寒冷打基础安装井架和设备，挖泥浆池，配泥浆，到4月初已基本上准备就绪。

松基3井于4月11日开钻。为了加快钻速，在浅层没取岩芯，从井深1050米开始连续取芯。在相当白垩系姚家组地层层位，井深1112.20～1115.42米、1124.50～1127.15米、1130.00～1131.10米、1151.00～1155.05米、1166.00～1169.15米及1171.00～1171.50米等井段见到油浸、含油粉砂岩和细砂岩共长3.15米，油斑粉砂岩和泥质粉砂岩共长1.91米。取出的油砂呈棕黄色，含油饱满，具有较浓的油味。后通过井壁取芯证实在井深1110～1160米之间见到8颗油浸粉——细砂岩。在相当白垩系青山口组地层层位，井深1353.80～1364.83米岩屑中见到浅黄绿色油浸粉——细砂岩，在岩芯筒上有棕黄色油珠，并有浓厚的原油味。划眼时两次从泥浆中返出原油和气泡。第一次（8月21日）延续达一小时。第二次（8月27日）历时40分钟，收集气泡用火点之可燃烧，火焰呈蓝色。

1959年7月，康世恩副部长到松辽盆地检查石油勘探工作。以米尔钦柯为首的苏联专家组也来到松辽盆地。部领导综合分析了松辽平原上已获得的地质、钻探和地球物理勘探资料，审查了松辽盆地中具有含油远景的几个构造的探井井位部署。在采用不同负荷的钻机，以埋藏深度不同的含油层作为目的层进行全面部署方面，苏联专家提出了有益的建议。当时指出大同镇长垣具有良好的含油远景，应尽快地在这个构造带上找到工业性油流。

松基3井原设计井深3200米，按照当时的技术水平，至少要用一年多时间才能钻达设计深度。如果油层长时间受到泥浆浸泡，很可能把油层"压死"而不能出油。在见到较好的含油显示的情况下，为争取时间，提前发现油田，解决当时的主要矛盾，康世恩副部长决定提前完钻、试油。但是，苏联石油部总地质师米尔钦柯反对提前完钻。要钻到原设计井深3200米，完成基准井查明地层的任务，然后从下向上逐层试油。他的意见我们没有采纳。

松基3井于井深1461.76米完钻。83/4英寸套管下到井深1458.84米，固井后于8月29日完井。为做好完井工作，保证固井质量，石油部决定从玉门石油管理局调彭佐猷总工程师到现场指导工作。

加强对松基3井的试油工作，石油部组成以赵声振同志为首的工作组，组员有蒋学明、邱中建等，到现场蹲点指导射孔试油。松辽石油勘探局的张文昭、焦亚斌等同志也到现场指导施工。工作组随时将试油情况向石油部和松辽石油勘探局汇报。

1959年9月6日，对松基3井开始射孔试油，第一次射开白垩系青山口组大段泥岩中的三个电阻略高的薄油层，共厚1.7米。为了保证将这些薄油层射开，采用每个油层上下各加射约2米的措施，实际射孔井段是1357.01～1361.44米、1367.96～1372.44米、1379.12～1382.44米。采用清水压井射孔，射孔后没见油气显示。

9月7日开始提捞诱喷。到9月8日把液面降到300多米处时，在捞出的水中发现有油气味和油花。随着捞出液量的增多，见到了较多的原油。

工作组将情况向石油部汇报后，康世恩副部长指示，将捞筒下深，只捞水不捞油。现场同志认真贯彻了这个指示，将捞筒下到油水界面以下，只捞水不捞油，逐渐排出井内的压井液和渗滤到油层内部的泥浆滤液，疏通油层，到9月18日水面降到1346米。9月18～19日采用在井深100米处定深提捞求产，日产原油11.15立方米（9.09吨）。后又进一步将水面降到1384米。9月20～24日又在井深325米处定深提捞求产，日产原油17.88立方米（15.49吨）。9月24～25日用电测方法测量液面上升情况。9月25日上午，液面恢复到井口并外溢原油。

9月26日上午11时开始抢下油管，下到井深1346.20米。当天下午4时用21毫米和9.5毫米油嘴放喷，9月28～29日关井，求得井口压力为14.1大气压。

9月30日～10月3日，用四种孔径的油嘴自喷测试，8毫米油嘴日产油14.93立方米（13.02吨），6.45毫米油嘴日产油13.86立方米（12.09吨），5毫米油嘴日产油13.01立方米（11.35吨），4.15毫米油嘴日产油10.76立方米（9.38吨）。

经过现场同志们二十多天的坚持不懈的工作，终于疏通了油层，喷出了油流，当那棕褐色的原油从放喷管线喷出时，石油工人尽情地欢呼跳跃。当我们听到这一喜讯时，激动得流出了热泪。我们终于在东北地区获得了第一口喷油井，这第一口喷油井揭开了发现大庆油田的序幕，为欢庆建国十周年献了厚礼。

11月8日在大同镇召开大庆区成立大会。中共黑龙江省委第一书记欧阳钦同志在大会上讲话，提出把“大同”改为“大庆”，以庆祝这里在中华人民共和国十周年大庆前夕出油。当时还考虑，山西省有个大同市，这里经过发展后如果设立市，就和山西省大同市同名，所以改名为

当年“松基三井”喷出工业油流的动人场面

“大庆”。相应的在地质资料上也把原来的大同镇长垣改称大庆长垣。在这个长垣构造带上的油田定名为大庆油田。1965年以后又将这个大庆区改回原名大同镇。1978年以后将大庆市政府和大庆石油管理局所在的萨尔图火车站改名大庆火车站，目前地图上标出的大庆市位置是大庆市政府所在地萨尔图镇。

三、三点定乾坤

在拟定松基3井井位时，地震资料只有高台子构造一个面积不大的高点，圈闭面积仅10平方公里。通过地质部长春物探大队的工作，到1959年第二季度，发现在高台子构造以南，还有一个圈闭面积可达300多平方公里的葡萄花构造。经过地质部松辽石油普查大队（第二普查大队）用浅钻打了同7等钻孔，在井深500米以内的嫩江组三四段发现多层油砂，推断葡萄花构造应是比高台子构造更有前景的地区。石油部决定调运钻机重点钻探葡萄花构造。松辽石油勘探局大同镇研究小组于9月13日提出了葡萄花构造预探总体设计，计划以剖面距5.2～5.4公里，井距2.1～5.1公里，在葡萄花构造上部署3排9口探井，对这个构造进行全面勘探。这个设计被批准后，葡萄花构造上的第一口探井——葡1井于1959年10月1日开钻。

到1959年第三季度时，地震资料基本查明，从萨尔图到葡萄花为一长约100公里的大型背斜构造带，即大同镇长垣的构造轮廓。

松基3井喷油以后，根据对油田构造的分析，石油部肯定了大同镇长垣整个二级构造带含油都是有利的，提出要以整个二级构造带为钻探对象，全面甩开。同年10月，批准了56口探井的钻探规划，明确了下步石油勘探的主要任务是在大同镇长垣的葡萄花、太平屯、杏树岗、宝山、萨尔图构造上开展预探工作，探明各构造的含油性。还布置大剖面探明二级构造的含油边界及各局部高点之间的关系。迅速在高台子、葡萄花构造上探明工业性储量面积，提交储量。这56口探井具体部署在高台子构造上16口、葡萄花构造19口、太平屯构造5口、宝山构造6口（注：当时舱宝山构造相当于现在的太平屯构造北部）、萨尔图构造5口、杏树岗构造5口。其中在葡萄花构造上部署了7口深探井，其他每个构造各部署一口深探井。通过这批探井预期达到两个目的：一是要了解这些构造是否都能产油；二是要在高台子、葡萄花两个地区各圈出一块含油面积，算出地质储量，以便尽快投入开发。

为了保证这个规划的迅速实施，石油部决定从四川等老的勘探区调集钻机，加强松辽盆地中深井钻探力量。到1959年底，大中型钻井队已增加到23个，并配备了相应的电测、固井、射孔等队伍。另外，物探、地质研究力量也相应地增强。

为了便于掌握情况及时指导工作，松辽石油勘探局在大同镇设立了前线办公机关，局的主要领导和技术人员均到第一线工作。

1959年10月，我从长春来到大同，同行的还有刚从苏联留学归来的胡见义、崔辉、李葆青等五位同志。我们到安达时刚刚下过一场雪。从安达到大同镇的路是坎坷的土公路，坐在卡车的车厢里摇来摇去。60多公里的路程，走了将近三个小时才到达。

我和武依民、张文昭、安启元等在地质室工作的同志在前线汇集到一起，议论着刚刚取得的成果，展望可能打开的局面，大家都很高兴。七八个人挤在一间临街的旧房子中办公，中间是几张桌子，周围一圈是床，人多时晚上临时支一张行军床或睡在桌子上，由于电力不足，晚上只能在昏暗的电灯光下或是点起蜡烛办公。钟其权和研究组的几个同志在另外一间房子里工作。

在葡萄花、高台子、太平屯三个构造上集中了二十多台钻机，运输和钻前准备工作量很大。松辽局组成许多工作组分别到各井队协助组织开钻和钻进，我被派到葡2井协助井队做钻前准备工作。我们住到一间只有窗户框，没有糊纸的土房子里，在地上铺上一层草，把行李打开就睡在上面。我们和井队的干部、工人们一起拉着绳子，吆喝着号子，把设备拉到就位地点，安装起来。趁着大地封冻还不严重，抓紧挖出了泥浆池。连续几天把一筐筐坩子土抬到泥浆搅拌器处，配好了开钻用的泥浆。用撬杠在钻台前把钻杆摆放整齐。我们工作组的同志们每个人的衣服都沾满了泥浆和油污，一直坚持到这口井开钻后才离去。

1959年11月，石油部余秋里部长提出“大战松辽”，1960年的主要任务是要拿下大油田。

1959年11月23日至12月12日，石油部在北京召开了第三届石油科学研究工作会议，康世恩同志在报告中总结了发现大庆油田的经验，强调加强综合性区域勘探、抓二级构造带和大力发展地震工作等。

1959年冬到1960年春，石油部派出由张俊、翁文波、李德生、童宪章等同志组成的工作组，协助松辽石油勘探局开展大同镇长垣的勘探工作，并协助编制了整个长垣的勘探规划。

1959年12月到1960年1月，余秋里部长到大同镇视察工作。此时长春物探大队已编绘出包括喇嘛甸和敖包塔在内的整个大庆长垣的地震构造图，在余秋里同志主持下，制定了以大庆长垣二级构造带为整体的勘探部署方案。甩开钻探，大井距部署探边井，快速探明油田边界和大体规模，尽快地探明油田的储量。并采用“三点合一”的方针调整了部署，即：把探井分为三类统筹安排，第一类井不取岩芯，快速钻进，加强综合录井，取得完整资料，迅速拿下含油面积；第二类井在油层部位全部取岩芯，掌握油层特征，为计算储量取得参数；第三类井是在油田边部的探井，进行分组试油确定油水边界。此外，在每个油田上，还要选一口井长期试采，了解产量递减情况。

在一些会议上，余秋里部长尖锐地提出：过去石油勘探上的教训告诉我们，一口井出油并不等于是一个构造出油，一时出油不等于能够长期出油，究竟这个油田是大油田还是小油田？是活油田还是死油田？是好油田还是坏油田？在当时还不清楚。因而要求我们在振奋之余，必须保持头脑冷静，继续做更加扎实深入、细致的工作。

按照上述原则，减掉了一些探井的取芯任务，加快了勘探速度。余秋里同志经常到现场去了解探井的安装和钻进情况，找干部、工人和技术人员谈话，还召开大会动员同志们克服困难，鼓足干劲，争取早日拿下大油田。

当时，钻机的搬家安装，除了缺少大型运输和起重设备外，许多器材设备也比较困难。其中安装较迟的一些井，为开钻配泥浆用的水都成问题。一般在探井旁边要另外钻一口浅的水井。有的探井为抓紧开钻，就用人拉、车推从附近的水泡子中运来冰块，融化后配泥浆，或是组织机关和后勤人员一起动手，用扁担挑，用脸盆端，这样，硬是要配出几十立方米泥浆来保证开钻。

1959年12月30日在大同镇的一个陈旧的剧场里（这是当地能容纳下数百人的最大的会议室），松辽石油勘探局召开了大庆地区井队、车间以上负责干部会议，石油工业部余秋里部长在会议上作报告，提出要大战松辽，要以大庆地区为中心，在葡萄花、高台子、太平屯这几个主要构造上，或者是从萨尔图一直到扶余、大赉这条线上，打出A加B级含油面积500～700平方公里。并指出搞石油的一定要处理好人、岩芯（石头）和机器三者之间的关系。

由于这个会议室的保温条件较差，参加会议的同志们需要穿着棉衣听报告，余部长不戴帽子、不用扩音器高声地讲话，还不时地挥动着手臂，我们都深深地为余部长的激励人心的讲话所打动，为已经取得的成绩而欢欣鼓舞，又为即将来到的更艰巨的任务而跃跃欲试。会议室里的热烈气氛压倒了外面呼号的寒风。

1959年即将过去了，在年除夕和1960年元旦的日子里，大同镇的松辽石油勘探局前线机关一直在不停地工作。只是这两天食堂里增加了几个带肉的菜，带来了一些节日的气氛。

1959年12月31日晚上，石油部召开了全国电话会议。当时大同镇是属于黑龙江省肇州县的一个区，邮电局电话总机也只是有几十门的一台旧式交换机，要想接通北京的电话是十分困难的，在会议室里听不清，余部长很着急，索性来到邮电局的电话机房里来听。由于我写字较快，就派我到邮电局去记录。我一手拿着听筒仔细听着微弱的声音，一手飞快地记录着，尽可能地记下每一句话、每一个字。我意识到要把北京的声音传给更多的同志，责任是很重的。第二天就把全部记录整理清抄好，供领导同志参阅。

1960年1月到2月，葡萄花、高台子、太平屯构造上的一批探井陆续开钻，迅速完钻、试油。葡萄花构造轴部的葡7井在1959年11月12日开钻，全井不取岩芯，快速钻进，钻进过程中于嫩江组的296～306、314～316、324～326、334～336、396～402、418～424、472～480米等井段岩屑中见到了油砂，其中472～480米井段油砂含量占岩屑的50%，并见到原油从油砂中渗出。

在泥浆中也发现了大量的油花和气泡。钻到姚家组时，在井深895.85米起钻过程中，从钻杆中溢出大量天然气泡，收集后可点燃，呈蓝色火焰。在900～948米的岩屑中断续见到油砂，泥浆中也见到油花条带和大量气泡。总之，钻进过程中见到了很好的油气显示。这口井在钻完与松基3井1100多米相当的姚家组几十米砂岩发育段后于井深992.91米完钻。青山口组及以下地层的钻探任务由其他探井去完成。电测和井壁取芯后，立即下套管。与3/4英寸套管下到井深976.49米，于1960年1月5日完井。

1月6日采用泥浆压井射开姚家组的三个砂层共厚4.8米，射孔井段为939.6～946.9米，下油管到917.51米。1月7日自溢完泥浆后自喷产油气。用大油嘴喷完井内污物后，从1月12日开始系统测试。5毫米油嘴，日产油26.5吨；4毫米油嘴，日产油15.53吨；7毫米油嘴，日产油39.66吨；

3毫米油嘴，日产油9.2吨。气、油比为42~45立方米/吨。

葡7井产油层位是白垩系姚家组，与松基3井第一次喷油的层位不同，从此把葡萄花构造上第一次获得工业油流的油层叫做葡萄花油层，而把松基3井第一次获得工业油流的青山口组地层中的油层命名为高台子油层。

在葡7井以后，相继又有葡20、葡11、葡4等井在葡萄花油层获自喷的工业油流，还有一些探井见到良好的含油显示。松基3井第二次射开已试层位上面的葡萄花油层1144.06~1172米井段试油，再次获得工业油流。松基3井又经过一个多月的试采，产量稳定，展示出大庆长垣南部是能够长期稳产的大油田，为进行更大规模的勘探提供了依据。

1960年2月，石油部在北京召开了党组扩大会，分析了大庆油田的情况，准备开展石油大会战。

2月12日，石油工业部党组召开了全国石油系统主要厂、矿领导干部参加的电话会议，传达在大庆地区开展会战的决定，提出会战的部署和具体方针：

（1）在会战组织领导方面，部党组亲临前线，机关以一半力量指挥和参加会战。

（2）会战地区的划分，以大庆为中心，共五个战区：葡萄花—松辽局；高台子—玉门；萨尔图—新疆局；杏树岗—四川局；太平屯—青海局。

（3）抽调人员，第一批包括领导干部，3月10日到齐；第二批在3月底至4月上旬全部到大庆。

2月13日，石油部党组向党中央写了《关于东北松辽地区石油勘探情况和今后工作部署问题的报告》，报告说："最近，我们对东北松辽地区的石油勘探情况和今后工作部署问题，作了反复的研究和讨论。从现在已掌握的资料来看，可以说形势很好，来头很大。目前，已经在黑龙江省肇州大庆（原名大同镇）地区，探明了一块200平方公里储油面积的大油田。初步估算，可采储量在一亿吨以上，大体上相当于新疆克拉玛依油田。产油情况很好，现在已经打出来的探井，经过一个多月的采油试验，平均每口井日产量在12吨左右。油层多、油层厚，油层产油性能良好，出油稳定。油层埋藏不算很深，而且地层松软，打井容易。总起来看，开发和建设这里的油田，有很多便利条件。

整个大庆地区，从地质资料上看，是一个很大的适于储油的构造带，面积达2000余平方公里。现在拿到手的这块油田，仅是其中一小部分，边界尚未摸到。看来，储油面积还会有大的扩展，远景非常乐观。

大庆地区的石油勘探工作，虽然经过了很大的努力，取得了很大的效果，但总的来讲还是一个开始，要想把油田全部探明，并投入开采，还需要作更多的更艰巨的工作。根据这个地区的情况，我们认为应该下一个狠心，用最大的干劲，用最高的速度，迅速探明更大的油田面积和更多的新油田。为此，我们的部署是：

第一，甩开钻探。在已探明的200多平方公里储油面积的四周，向外扩展。在2000平方公里的构造范围内部署钻探，以求迅速探明油田的面积和储量究竟有多大。

第二，在已经探明的储量面积内，选择一两块地区，打出一批生产试验井，进行油田开采试验。

第三，在大庆构造带以外的附近地区，还发现有许多好的构造，储油的可能性很大。准备用一部分勘探力量，有选择地进行钻探，以期找出新的油田。

为了实现上述任务，我们打算集中石油系统一切可以集中的力量，用打歼灭战的方法，来一个声势浩大的大会战。”

1960年2月20日，党中央批转了石油部党组的报告。党中央在批示中指出："石油部为了加快松辽地区的石油勘探和开发工作，准备抽调各方面的部分力量，进行一次大会战。这一办法是好的，请各地在不太妨碍本地勘探任务的条件下，予以支援。党中央还指出，我国的石油工业，特别是石油地质勘探工作，目前仍然是一个薄弱方面，积极地、尽快地进行松辽地区石油勘探和开发工作，对迅速改变我国石油工业的落后状况，有着重大作用。"

两天以后，即同年2月22日，党中央又发出《中央决定动员30000名退伍兵给石油部的指示》，指出："为了集中力量迅速开采在东北大庆地区发现的新油田，决定从部队今年退伍兵中动员30000人交石油部参加开采大庆地区新油田的工作。"

1960年2月21日到3月4日，在黑龙江省哈尔滨市石油部党组召开了松辽石油会战第一次筹备会议。会上传达了中共中央有关指示，讨论了石油大会战的指导思想、方针和任务，宣布了全国石油系统37个单位主要领导干部带队，组织精兵强将并自带设备前来参加会战的决定。明确石油部党组亲临前线指挥，组成大会战领导小组。组长，石油工业部副部长康世恩；副组长，石油部勘探司司长唐克、石油部机关党委副书记吴星峰；成员，由部机关各司局、石油部科研院、新疆、玉门、松辽、川中、青海等各石油管理局（矿务局）主要领导干部组成。

这次会议，在康世恩同志主持下，对于大庆长垣，又部署了第二批探井26口。目的是尽快控制整个长垣构造带，早日明确萨尔图、杏树岗、喇嘛甸、宝山、敖包塔等各构造高点的含油气情况。这26口探井的具体分配是葡萄花构造7口、高台子构造3口、太平屯构造（包括当时的宝山构造）6口、萨尔图构造3口、杏树岗构造3口、喇嘛甸构造1口、敖包塔构造3口。

还计划在大庆长垣以东的升平重力高和以西的龙虎泡构造上甩开钻探。由于当时在大庆长垣的北部还没获得工业油流，把拿储量建产能的地区主要放在长垣南部，在大庆长垣南部葡萄花、高台子、太平屯构造上部署了较多的探井。原计划参加会战的队伍大部分在长垣南部工作。当时，我也从大庆来到哈尔滨参加这次会议，主要是准备些资料和参加讨论勘探部署。

这里需要再回顾一下拟定大庆长垣北部三个构造高点上的第一口探井的情况。1959年冬，葡1井首先钻穿葡萄花油层并在岩屑中见到较多的含油饱满的细砂。张文昭、钟其权和地质室的同志们对松基3井和葡1井的测井资料进行对比后，发现从高台子向南到葡萄花方向，地层和油层厚度均有变薄现象，这预示着向着相反的方向，即从高台子构造向北，油层可能会增厚，即预测油层厚度更大、产量更高的地区可能在大庆长垣北部。

1959年12月，收集到地质部长春物探大队刚做出来的大庆长垣地震构造图，这张比例尺为1/100000的一米多长的构造图上反映出的构造形态，从宏观上看与现在已很接近。在这张图中显示出长垣北部还有三个面积一百到数百平方公里的大构造没有钻探。

12月下旬的一天，当把这张图送给当时正在大同镇的余秋里部长看，并向余部长汇报了预测向北油层可能加厚时，余部长很高兴，当即和李德生总地质师等一起定下来在北部的三个构造顶部各钻一口探井。萨尔图构造顶部为萨1井、杏树岗构造顶部为杏1井、喇嘛甸构造顶部为喇1井。后来在研究大庆长垣的总体部署时，为了统筹规划构造上的井位，按照每边2.5公里为一个方格作为一个探井井区，这样按照井网格排列，萨1井改为萨66井，杏1井改为杏66井，喇1井改为喇72井。由于钻探以前已经预见到北部的三个构造高点可能出现较好的成果，因此当时各方面都十分关注大庆长垣北部三个构造高点上第一口探井的钻探成果。

在数九寒冬的季节，组织了在北部三个高点上的三台钻机的搬迁安装工作。大地已封冻，工人们用镐、大锤加钢钎，攻坚啃硬，把泥浆池和基础坑挖出来，为保证开钻创造了条件。在安装中克服了缺少吊装设备、缺水等困难，将设备就位并进行了试运转。

萨尔图构造上的第一口探井，即这个构造高点上的萨66井（原名萨1井），在1960年2月20日开钻，钻探这口井的是32139钻井队（队长是韩福宝）。这口探井采用不取岩芯快速钻进，用加强岩屑录井的方法来了解钻到的油层情况。这口井在井深680多米处见到了油页岩标准层。根据长垣南部高台子、葡萄花地区的经验，从这层油页岩向下，再钻230米就要见到油层。但是萨66井从765米处岩屑中就开始见到油砂，油砂的粒度明显比南部地区要粗，含油饱满，具有浓浓的油香味。从这层油层钻过后，反映松软油层的钻速较快的“低钻时层”不断出现，相应的岩屑中一次又一次地出现油砂含量增多的高峰。油砂、油砂，没完没了的还是油砂！在延续300多米井段中见到了多层油砂（而长垣南部一般主要含油井段是50~60米左右）。钻进过程中还在井深825、857~880、903~935、1088~1089米等部位的泥浆中发现油花。

3月5日，在还没有钻到明显水层的情况下，于井深1089.4米完钻。经过电测证实，油层厚度远远超过了大庆长垣南部地区。8英寸套管下到井深1082.98米，于3月8日完井。

3月10日在泥浆压井下射孔，采用不避夹层大段射孔方法，分9段射开38层56.9米，总的射孔井段是773～1002米。11日下油管用清水替出泥浆后，于12时45分开始喷带油花，20时15分全部喷油。用大油嘴放喷后，于3月12日到4月25日用三种油嘴进行测试，10.5毫米油嘴日产油112.4吨；4毫米油嘴日产油22.7吨，6.5毫米油嘴日产油57.6吨。

在钻萨66井以前，根据区域性地层和砂层变化情况，我们已经预计到向北油层可能要加厚。从萨66井的钻探结果看，油层这样好却是超出了我们原来的预计。

萨66井油层厚、产量高，构造位置又在滨洲铁路线附近，交通条件比长垣南部好。中间突破找到了高产的萨尔图油田，喜讯传到参加勘探工作的职工中，大家再一次纵情地欢呼跳跃，欢庆这一新的更大胜利。

大庆石油会战第一次筹备会议在哈尔滨召开期间，康世恩、唐克等领导同志都很关心萨66井的钻探结果。当听到萨66井见到较好的油气显示之后，会议认为：萨尔图地区可能是一个高产油区，估计随着开发形势的不断发展，会战重点将从大同镇转移到萨尔图地区。

在萨66井喷油以后，3月16日，大庆石油会战领导小组决定，会战中心转向萨尔图。为此，玉门石油管理局参加松辽石油会战临时筹备小组，由原鸭儿峡采油厂党委书记宋振明同志任组长的一行10人，由太平屯转移到萨尔图。并提出当年会战目标是：拿下萨尔图，北进喇嘛甸，开辟生产试验区，拿下200口生产试验井，当年给国家拿出六七十万吨原油，争取100万吨。

由于相当于大庆长垣南部嫩江组一段和姚家组二、三段的大段泥岩层位，在萨66井多出一套油层，就把这套油层命名为萨尔图油层。

继萨66井之后，杏树岗构造上的杏66井于1960年3月17日开钻。也是采取不取岩芯快速钻进的方法，在井深915米萨尔图油层的岩屑中开始见到油砂，同样是连续地见到多层油砂，这口井坚持把大段含油层段钻穿以后，于3月30日完钻，完钻井深1150.58米，8英寸套管下到井深1138.12米。

4月8日试压合格完井后，立即在泥浆压井情况下射开大段油层中的三个油层，射孔井段是1037.1~1044.5、1048.5~1053.3、1064.7~1067.5米，射开油层厚度10.6米。4月9日装采油树后，下油管洗井过程中见原油外溢。4月10日洗井后气举诱喷，并装大油嘴放喷。4月11日以后进行系统测试，9毫米油嘴，日产油90.36吨；4毫米油嘴，日产油27.2吨。

对杏66井的电测资料进行研究后，发现这口井油层发育情况总的与萨66井相似，虽较萨66井减薄一些，但比高台子构造要明显增厚，也就是这口井还是属于油层厚度较大、产量较高的类型，这样就证实了油田的高产区是在包括杏树岗构造在内的长垣北部地区。

大庆长垣最北部的喇嘛甸构造高点上的喇72井于1960年3月28日开钻，同样是不取岩芯快速钻进，岩屑中从井深882米开始见到油砂，坚持将油层钻穿见到含水层后于4月18日完钻，井深1225米。经过电测和井壁取芯证实有多组较厚的油层。65/8英寸套管下到井深1221.2米。4月25日射开其中一部分油层，射孔井段1004.5~1007.5米，1010.0~1028.0米，1029.5~1031.1米，1038.0~1043.5米，共射开9层厚18.8米，下油管后当天就获得能够自喷的工业油流，用直径5毫米油嘴测试，日产油48吨。

这最后完钻的喇72井，从油层总的特点看与萨66井相似，但油层要比萨66井更厚。也就是在整个大庆长垣上油层厚度最大、产能最高、最“肥”的部分是喇嘛甸构造。

萨尔图、杏树岗、喇嘛甸是三个面积分别达200多和100多平方公里的大构造。三个构造高点上打出了萨66、杏66、喇72三口油层厚度大、产能高的探井，这关键的“三点定乾坤”，展示出长垣北部大面积的高产区的宏观面貌。

在大庆长垣北部找到厚油层高产区的同时，长垣南部也是捷报频传，不仅在葡萄花和高台子构造上，有更多的探井获得工业油流，在太平屯和敖包塔构造也分别获得工业油流。

位于太平屯构造上的太2井，于1960年11月14日开钻，岩芯快速钻进。钻井过程中在葡萄花油层1125~1190米岩屑中断续见到油砂和含油砂岩，1130~1183米泥浆中见油花。钻穿葡萄花油层后，于2月17日完钻，井深1214.89米，65/8英寸套管下到井深1206.87米，2月24日在泥浆压井下射开1129.2~1184.0米之间的6个井段，共射开11层11.7米，下油管替清水后见油花。

2月26日用抽吸法诱喷可间喷自喷。3月10~19日进行系统测试，6.5~10.5毫米油嘴，自喷日产油2.5~7.1吨，水0.27~0.80立方米。后来打水泥塞将1159米以下的6个水层封堵后，用3~5毫米油嘴测试，自喷日产油4.1~8.0吨，不产水。

位于大庆长垣南端敖包塔构造上的敖26井，于1960年3月25日开钻，不取岩芯快速钻进，于嫩江组318~320米岩屑中发现油砂，还在葡萄花油层1106.5~1149米岩屑中见到黄褐色油砂，油味很浓。钻穿葡萄花油层后，4月1日完钻，井深1200米。65/8英寸套符下到井深1174.82米。4月7日在泥浆压井下射开125.5~1144.0米之间3个井段，共射开6层7.7米。下油管替泥浆后清水外溢带出原油并间喷，气举后喷油。求得地层压力后，5月5日开始用4种油嘴进行系统测试，3～6毫米油嘴，自喷日产5.7～10.3吨。

至此，已证实大庆长垣上的7个构造均获得工业油流。

在全面考虑地下资源情况和交通条件的基础上，石油部党组调整了原来的部署，决定挥师北上，将参加石油会战的队伍大部分集中到大庆长垣北部，以尽快地拿下高产区。

1960年3月25～27日，在哈尔滨市召开了松辽会战第二次筹备会议。余秋里、康世恩、唐克等同志出席了会议，会议讨论通过了4月份的工作方针和任务，提出“全面完成准备工作，集中力量拿下萨尔图油田，打响第一枪，迎接大会战”。

根据石油部指示，松辽石油勘探局由长春市迁到安达县城，4月1日开始办公。

在证实各局部构造高点含油后，还要根据各构造的特点，有计划地部署一批探边井，以控制含油面积，并要有一些探井通过取芯试油取得储量计算的有关参数。搞清楚油田的含油面积、地质储量，这样才算拿下了油田。

为了开展对整个大庆长垣的勘探工作，1960年，将大庆长垣划分为三个探区：一探区负责大庆长垣南部葡萄花、高台子、太平屯、敖包塔等构造的勘探，在这个探区工作的主要是原松辽石油勘探局的职工。二探区负责杏树岗构造的勘探，主要是原四川局和青海局参加会战的职工。三探区负责萨尔图和喇嘛甸构造的勘探，主要是原新疆局和玉门局参加会战的职工。三个探区在大庆长垣上共完成探井93口，在勘探部署上，贯彻“三点合一”的方针，在长垣的7个局部高点上均获得工业油流。由于布置在构造之间鞍部的喇75、喇96、萨94、萨96、杏16等井均获得工业油流，证实含油范围已超出萨尔图、喇嘛甸和杏树岗构造高点，而为二级构造带所控制。同时在喇嘛甸、萨尔图、杏树岗、高台子、葡萄花等构造上各选一口产油井，经过长期试采证明产能稳定。经过这些探井的钻探和试油，系统取得了各项资料，圈定了含油面积，概算了地质储量，明确了大庆油田是一个特大油田。1960年6月1日上午8点45分，经康世恩同志冒雨剪彩，挂有21节装满大庆油田生产的原油的油罐列车，徐徐从萨尔图火车站（即现在的大庆火车站）开出，这是大庆油田外运的第一列车原油。从此以后，大庆油田生产的原油装上成列的油罐车，通过铁路不断地运往全国各地的炼油厂和其他用户。

回顾大庆油田的发现过程，结合国内外其他油气田的勘探过程以及勘探中取得的经验教训，我们认为发现油田的全过程需要经历以下五个主要阶段：

（1）圈定有利的沉积盆地，指出勘探方向。

（2）选定有利的凹陷和区带，提供钻探构造。

（3）在有利构造的关键部位提出井位，通过钻探、录井、测井工作发现油气层。

（4）通过艰苦细致的工作，获得工业油气流。

（5）通过试采，了解油井产能是否稳定。继续钻一批评价井或详探井圈定含油面积和算准储量。

上述每一个阶段都需要动用相当数量的人力和物力，并需要配合深入细致的石油地质综合研究工作。各阶段之间既有联系，又分别有本阶段的关键性工作和需要取得的主要成果。每个阶段都有取得较好或较差成果以及成功或失败两种可能性。如通过钻井可能见到油层也可能见不到油层，通过试油可能获得工业油流也可能不具工业价值。在全部工作中只要某一个环节失败了，下一阶段就很难继续进行。因此，在发现油田的全部过程中，忽视或降低任何阶段的必要性都是不恰当的。

在陆相生油理论的指导下，决策在我国东北地区开展石油勘探工作，理论的作用无疑是非常重要的。要实现找到一个大油田的最终目标，从选出盆地开始，后面还需要做多方面的工作。只是决定在松辽盆地开展地质勘探工作，并不意味着以后很多问题都能自然解决。日本人也曾在我国东北地区找过油，但没有成功，这就是一个反证。因此大庆油田的发现是多种学科、多项技术和多个部门相互配合完成的一项大型系统工程。把油田的发现全部归因于某一个人的某种理论，显然是不全面的。

大庆油田的勘探过程，由于抓住了每个环节的主要问题，正确处理了战略方向、战役部署和战术动作三者之间的关系。而在所有这些关键环节上，都体现了学习和运用辩证唯物主义思想的重要性，以及采用先进的科学技术和开展综合研究的必要性。

相关链接

高度的革命精神与严格的科学态度相结合

——《大庆企业文化辞典》

大庆油田开发建设获得成功的基本经验之一，也是大庆人的行为准则。1964年，《石油工业部关于大庆石油会战情况的报告》，总结了大庆石油会战的9条基本经验，其中的第二条就是：“高度的革命精神与严格的科学精神相结合。”《报告》指出：“搞工业是和自然界作斗争，就要靠人们的革命干劲，革命干劲可以出技术。因此，就要把人们的革命干劲鼓到搞科学研究上去，鼓到搞第一性资料上去，鼓到掌握自然界的客观规律上去，鼓到扎扎实实的工作上去，鼓到生产上去。”“高度的革命精神，冲天的革命干劲，与严格的科学精神相结合在一起，才能发挥巨大的威力，才能使主观与客观一致，在生产上和科学技术上达到预期的效果，做出很好的成绩。光有干劲，不讲科学，不做扎扎实实的工作，那就是一股子虚劲，不是实劲，就会好心办坏事，产生严重的后果。”大庆石油会战一开始，大庆人就坚持把高度的革命精神与严格的科学态度相结合，狠抓第一性资料，把弄清油层情况作为勘探时期的首要任务。从打井到开发的整个过程中，坚持取全、取准20项资料72个数据。在掌握大量第一性资料的基础上，经过综合分析研究，制订出来的开发方案就比较接近实际。为了解决严寒地区高含蜡、高凝固点原油的集输方法这一重大技术难题，技术干部和工人群众相结合，调查了232口井，取得了970多个数据，经过2年多的反复试验，终于解决了这个难题。为弄清土壤传热情况，工程技术人员连续10个月，在夜里最冷时卧冰爬雪，到现场测地温，共计步行6000公里，观测了1600个点，取得了5万个数据，进行了1100多次分析对比。为了弄清冬季铁路、油槽车在运输途中原油温度变化情况，技术干部在严寒的冬季，怀抱温度计，身揣窝窝头，跟随油槽车，行程1万公里，每小时测一次风速，每停车一次测一次油温，共测大气温度800次，风速600次，取得了油温数据1400个。正是由于大庆人坚持把革命精神与科学态度结合起来，保证了石油会战的胜利。1964年8月，朱德委员长为大庆题词，誉“大庆是革命精神和科学态度结合的新型社会主义企业的标兵”。1964年12月，周恩来总理在第三届全国人民代表大会第一次会议上的《政府工作报告》中指出，大庆基本经验中重要的一条是：大庆油田的建设，自始至终地“坚持了高度革命精神与严格科学态度相结合的原则”。1966年初，大庆会战工委书记徐今强在《大庆油田两年来（1964、1965年）的工作情况》的报告中，把革命精神与科学态度相结合的行为准则进一步规定为：①要抓主要矛盾。集中兵力打歼灭战，把全局相对的劣势，变为局部绝对的优势。②要知难而进。把困难当作前进的动力，有条件要上，没有条件创造条件也要上。在工作上要认真调查研究，做得更细致、更扎实。③要敢打、善打。既要有革命的雄心壮志，有革命的勇气，又要做“笨”工作，做“傻”工作，对每一个细小的问题都严肃认真地对待，做到干劲大，步子稳。④不断总结，有勇有谋。对于新生事物，一切都要经过试验，要反复实践，不断总结，逐步认识客观规律。⑤一分为二，不断前进。对待什么问题都要一分为二，特别是对待胜利和困难，更要一分为二。

解放思想，破除迷信*

50年代上半期，我国石油产量还远远不能满足国家经济建设的需要，党中央决定要在全国更大的范围内开展石油勘探工作。由于我国工业区都偏于东部和沿海地区，提出石油勘探布局要逐步东移，以改变我国石油工业偏居西北的局面。

在我国东方能不能找到油田？地质家们有不少的论断。1953年毛主席、周总理询问李四光同志。李四光分析了石油形成和储存的地质条件，深信中国具有丰富的天然油气资源。毛主席、周总理和党中央其他领导同志十分赞许李四光的看法，周总理说过："地质部长很乐观，对我们说石油地下储藏量很大，很有希望。我们很拥护他的意见，现在需要去工作。"谢家荣1953年在《探矿的基本知识与我国地下资源的发现》一书中指出，从我国大地构造角度来预测将来探矿方向，华北、松辽两大平原下面都可能有石油蕴藏。1953年他在《地质学报》第32卷第3期指出，寻找石油除油苗外，主要依靠古地理环境、沉积型相和地质构造……提出了两个新的探油方向：一是以往中国探油只注意中生代和第三纪的地层，其实古生代的各纪地层几乎都能生油，二是要特别注意海相的第三纪或中生代地层，在华北、华东的广大地区，已有各种迹象表明有广大海水浸入的可能……这些地区应作为可能含油区而予以密切注意。他在《石油地质》1954年第12期《中国的产油区和可能

* 节选自《大庆油田的发现——大庆文史资料第一辑》，标题为编者另加，原题为《发现大庆油田的回顾》。作者张文昭，曾任石油工业部勘探司副司长。

含油区》一文中指出，松辽平原应划为含油希望很大的地区，广大平原下有发现大量油气矿床的希望。1954年李四光在《石油地质》第16期《从大地构造看我国石油资源勘探的远景》一文中提出华北平原、松辽平原的摸底工作是值得进行的。1953～1955年由翁文波领导编制的中国含油气远景分区图，将中国划分为11个含油远景区，松辽盆地划为第六区，认为松辽盆地主要是侏罗白垩纪，新生代堆积，定为三级远景区。1953年10月至1954年2月，以苏联科学院通讯院士特拉菲穆克为首的专家组，在我国考察了五个月，在考察报告中谈到："松辽平原这个地区无疑值得以极大的重视，并开展区域普查，对最有远景的构造进行详查。""中国石油资源极其丰富，历史短，工作少，相信多投资，多做工作，可以自给自足。"1956年2月在第一届全国石油勘探会议上，康世恩提出将全国主要的含油地区作出全面规划，有步骤地进行勘探，从目前工作上看应分为三类地区。把松辽盆地列为第三类地区，应尽早着手进行地质普查工作，配以必要的地球物理和地质浅钻，准备新地区。松辽平原、阿拉善、云贵黔地区应列在前面。地质界的舆论、科学预见和第一届全国石油勘探会议上康世恩的动议，对我国石油勘探向东移有很大的促进。

为了加强我国的石油勘探工作，1956年成立石油工业部，并成立全国石油地质委员会作为石油勘探的咨询机构，在国务院直接领导下重新分工和统一部署，在全国范围内开展全面的石油普查勘探工作。要求地质部搞普查和部分详查，准备构造。石油部做部分详查、细测以及钻探工作。中国科学院承担综合科学理论研究工作。在以后实际工作中，由于石油地质普查工作量很大，找寻石油储量的任务十分迫切，因此石油工业部仍然进行了大量的石油普查工作。从1955年开始地质部组建和扩大了石油普查队伍，先后开展了华北平原、松辽平原的石油普查。1956年石油部开始钻探华北第一口基准井（华I井），又派地质队到二连盆地普查。1957年由西安地质调查处组成松辽平原专题研究队（116队）。这年冬成立华北石油勘探处，为石油勘探的战略东移作了一些组织上的准备。

1958年2月，石油部部长李聚奎和勘探司司长唐克，就天然油的勘探问题向党中央邓小平同志进行了两天的汇报。邓小平同志指出："苏北地方很好，交通很方便，多么美的地方，应该加速，由此类推，东北地方如何促进？四川地方如何促进？都应该考虑。把真正有希望的如东北、苏北和四川这三块搞出来，就很好，对这些地方应该积极创造条件，地质上创造一个打井的基础，可以三年，也可以五年搞完，什么时候搞成？应该提出一个方案。"邓小平同志说："在第二个五年计划期间，能够在东北地区找出油来就很好。把钱花在什么地方是一个很重要的问题，总的来说，第一个问题是选择突击方向，不是十个指头一般齐，全国是如此之大，二十、三十个地方总是有的，应该选择重要的地方先突击。选择突击方向是石油勘探的第一个问题，不然的话，可能会浪费一些时间。华北地区还需要研究一下，钱究竟是如何个花法。苏北如果找到油，年产100万吨，就可值得大搞，不要尽抓大鱼，小鱼也可以抓，抓一个泥鳅不也好吗？就经济价值来说，华北和松辽都是一样的，主要看哪个先搞出来。应该由石油部组织一下，请地质部和大量的地质专家们大家来辩论一下，确定一下石油勘探的战略方针。"邓小平同志的指示，大大加速了我国石油勘探东移的进程。从1958年以后，地质部、石油部都从西部调遣各型勘探队伍，充实东部勘探力量。石油部于1958年5月成立了松辽石油勘探处，6月改为松辽石油勘探局。同时，在上海还成立了华东石油勘探局，从此东部普查勘探工作大规模地全面展开。石油勘探战略东移，对大庆油田的发现，是一个关键性的决策。

松辽平原在1955年以前仅做了一些油苗调查工作，正式以油气为目的的石油普查工作，是在1955年开始的。1955年6月地质部石油普查委员会决定，东北地质局韩景行等六人踏勘组于同年8月出发，重点从吉林市顺松花江至陶赖昭及由长春沿长大线以东、大黑山山脉以西进行踏勘，对中新生代地层进行调查研究，并检查群众报矿之油苗产地。通过四个月的调查认为：①松辽平原系一沉降带，有很厚的白垩系与第三系的沉积物，估计总厚度在4000米左右，其中可能有含油层存在；②松花江岸及公主岭西黑山嘴子一带均找到含有介形虫类化石之页岩，并且具有油味，提出了有海相地层存在的可能；③对泉头层及含介形虫化石之岩石进行初步斑点荧光分析，结果均见有为量不同的沥青显示；④泉头层之地层倾斜以及缸窑镇第三系之缓倾斜，均说明平原中有生成储油构造之可能，基底可能是有起伏的，有可能形成隐伏储油构造……建议尽速开展物探。1956年2月地质部成立了松辽石油普查大队（后改为第二石油普查大队）和第二物探大队（后改为长春物探大队），对平原进行了大面积的重磁力普查，配合若干电测深和地震剖面，主要成果是：初步认为泉头组储油性较好，上部的松花江组可能为生油岩系；物探结果对平原的基底起伏情况有初步了解。

1957年3月，石油部西安地质调查处派邱中建等七人组成116队，对松辽平原及周围地区的地质和地球物理资料进行综合研究，并采集平原周边地质资料，于年底编制了松辽平原及周围地区含油远景图。从生油、储油、盖层、圈闭等条件出发认为，松辽平原是一个含油远景极有希望的地区，提出了下一步地质地球物理工作安排及基准井井位意见，其中有一个建议井位在第5号重力高（即现今的大庆油田南部葡萄花构造上）。从1958年开始，地质部和石油部大力加强了松辽盆地的石油普查勘探工作，从全国各地调集了各种类型的勘探队伍。地质部以韩景行工程师、朱大绥副主任工程师为技术负责人，组建了地质队19个，地震队4个，物探队18个，并配合浅钻对松辽平原进行全面普查。石油部于1958年6月成立了松辽石油勘探局，调任宋世宽为副局长，从西安地质调查处分出部分勘探力量，又从玉门、青海等地区抽调钻井队、测井队、重磁力队。组成各型勘探队22个（其中地质详查队5个，地质研究队6个，重磁力队9个，地球物理资料研究队1个，井下电测队2个，测量队5个，配备3200米大型钻机2台，中型贝乌钻机1台，1000米浅钻机1台），开展对松辽盆地和盆地周边的普查勘探工作。1958年是东北地区大规模石油勘探的开始。当时这支勘探队伍非常年轻，技术力量十分薄弱，松辽石油勘探局只有我一个主任地质师和杨继良、常承永两名地质师及30多名地质技术人员，平均年龄不到24岁，工龄平均仅三至四年。从西北第一次转移到东北广大的平原覆盖区搞勘探工作，缺乏经验，遇到重重困难，勘探工作在摸索中进行。但是通过这一年的大规模勘探，却取得了丰硕的成果。地质部发现了黑龙江省大同镇等13个可能储油构造，并于1958年4月17日首次在吉林省前郭旗南17井取芯发现油砂，接着在杨大城子构造南14等30口浅井中见到了油气显示。石油部完成了松基1井和松基2井两口基准井，建立了盆地地层层序，搞清了具有多套的生储盖组合。通过区域地质研究，进而明确了勘探远景和方向，使勘探逐步向中央坳陷中心转移。

1958年12月，苏联专家布罗德教授来松辽盆地考察，提出了进一步开展松辽盆地区域综合勘探的建议，以整体解剖全盆地。根据这一建议，我与地质部吉林地质局靳元贵总地质师共同编制了松辽盆地1959年勘探部署，这个部署的核心是横贯松辽盆地做四条区域综合大剖面，开辟两个探区，详查十个构造和钻探三口基准井。

这四条区域性的综合大剖面，方向为北西南东，横贯平原控制了盆地的远景区。

第1大剖面：自公主岭—洮南，穿过公主岭构造和钓鱼台构造南端。

第2大剖面：自德惠—泰来，穿过登楼库构造和扶余磁力高。

第3大剖面：自拉林—景星，穿过长春岭构造和大同镇构造（即大庆长垣）。

第4大剖面：自哈尔滨—甘南，穿过团山子构造和任民镇构造。

在每条综合大剖面上用多工种联合作战：①在大剖面上做地震反射、折射连续剖面；②在大剖面中央坳陷区钻一口基准井，两边斜坡上钻参数井，每隔20～25公里钻井深1000米的浅井，中间加500米的浅井；③大剖面两侧作1/200000地质普查带；④在大剖面上首先做重磁力、电法详查，然后扩展成面的详查；⑤在大剖面上作水文地质和地貌调查；⑥在大剖面上发现构造时立即向两端追踪，查明构造闭合情况并着手构造详查工作。

十个构造详查，做好钻探的一切准备。十个构造是：

大同镇、钓鱼台、华字井、长春岭、任民镇、隆盛合、团山子、扶余磁力高、八面城重力高、乾安重力高。构造详查方法主要是地震与浅钻相结合。两个构造进行工业钻探：即公主岭构造、登楼库构造。

三口基准井：大同镇1口（井位已定），大赉（或扶余）1口（井位未定），长岭地区1口（井位未定）。所有基准井尽可能定在地震工作后发现的坳陷中的隆起区。

1959年松辽盆地这个部署，是学习苏联在平原覆盖地区进行区域勘探的典型经验。

1959年2月春节期间，石油部党组余秋里、李人俊、康世恩等同志，听取了松辽石油勘探局对松辽盆地勘探成果和1959年勘探总体设计部署的汇报。我代表松辽局在会上做了历时三天的汇报，指出中央坳陷带是最有希望的地区，选定大同镇（大庆）、华字井、钓鱼台构造是最有希望的三个构造。在会上，部党组反复讨论了松辽盆地石油勘探成果，总结出松辽盆地石油勘探的十大有利条件：

（1）经过区域勘探证明松辽平原是一个巨大的沉积盆地；

（2）经过区域勘探证明松辽盆地沉积岩并不薄，并有生油条件；

（3）从地层岩烃来看，有很好的储油层和盖层；

（4）有比较高渗透性和孔隙性的砂岩层；

（5）已经发现和查明了面积较大的构造，有些构造准备得还比较细致；

（6）有广泛的油气显示，杨大城子构造发现了24层油砂岩，厚60米，平原中央发现6个构造，30口井见到油气显示；

（7）地层可钻性和钻井条件较为有利，适于快速钻进；

（8）地层岩性和电测曲线各具特点，有利于分层对比；

（9）地质、地球物理各种方法工作结果符合较好，有利于加速准备构造；

（10）经济交通条件非常有利，发现的构造距铁路一般在10~60公里。

石油部党组基本同意了1959年勘探部署意见，认为松辽盆地的基本地质条件认识比较清楚，构造基本落实，勘探大有希望，近期找到油田完全可能，值得在1959年集中力量大力开展石油勘探工作。正月初四在地质部何长工副部长家里又召开了地质、石油二部协作会议，统一了认识和部署，批准了二部联合编制的1959年松辽盆地勘探总体设计，明确了二部的分工。这是一次具有历史意义的会议。参加这次会议的有地质部何长工副部长、邝伏兆副部长、孟继声局长，石油部余秋里部长、康世恩副部长、沈晨副司长，我也参加了这次会议。

1959年3月石油部在四川召开南充会议，会上又一次发动群众讨论了1959年松辽盆地的部署和落实勘探部署的措施，提出要加强松辽的地质综合研究力量，确定由石油部研究院余伯良率领部分科研人员、北京石油学院部分师生与松辽局研究人员联合组成松辽地质综合研究大队。余伯良任大队长，胡朝元、钟其权为副大队长。进一步深入研究松辽盆地油气分布规律，参加各时期的勘探部署的制定。

松辽盆地石油普查与勘探，是我国第一次贯彻以盆地为整体部署，在广泛的覆盖区开展区域综合勘探的首次成功尝试。松辽盆地区域勘探的做法是以重磁力、航磁、电法普查与地震大剖面相结合查明区域构造和基底，用基准井搞清地层层序和生储盖组合，用多种物探和浅钻相结合准备构造，以多勘探兵种联合作战，深入地解剖盆地地质结构，从而逐步明确了勘探方向，提供预探构造。通过两年多的普查勘探明确了中央坳陷是油气聚集的有利地区，进而优选了大庆长垣为钻探目标。

1958年盆地东部的松基I井和松基2井完井后，发现生油层和沉积岩较薄，松基1井在1879米即钻达基岩，松基2井下白垩系上中部地层已遭剥蚀，根据地震资料结合盆地地质条件综合分析，认为中央坳陷的大同镇地区沉积厚、地层完整，保存条件好，又是“凹中之隆”，是很有希望的地区。这个地区的电法与地震两种资料的高点位置基本符合，无论在井深、构造条件以及沉积深度上都可满足基准井钻探的要求，同时又可起到探油的作用。

松基3井井位的拟定几经反复，曾产生多种意见的争论。当时有人主张把松基3井定在西部泰康附近的电法隆起上，也有人主张把井位定到盆地西南部的开通地区。他们的理由是南部地区地质钻探工作布置较多（指地质浅钻），急需了解深部地层，该处于2900米可钻到基岩，处在与松基1、松基2井不同的地质条件，这个意见松辽局和石油部都不同意。1958年9月3日，由石油部松辽局与地质部第二普查大队和物探大队一起讨论了松基3井井位，最后取得了一致的意见。把松基3井井位选定在大同镇电法隆起上，并向石油部呈报了松基3井井位意见书。当时大庆长垣的地震详查还未结束，石油部地质勘探司认为松基3井井位拟定资料不够充足。9月中旬张文昭和钟其权到地质部物探大队，从朱大绶处收集到通过太平屯、高台子地区的1／XI地震反射剖面。新的地震成果表明，高台子有明显的背斜与大同镇电法隆起相吻合，进一步肯定了松基3井井位，并于9月24日向石油部呈报了《补充松辽平原第三口基准井松基3井井位选定的依据》的报告。1958年10月上旬，钟其权、张铁铮和地质部物探大队朱大绶一起到黑龙江明水县地震队工地收集大同镇地区最新的地震成果，地震队在现场提交了高台子地区初步构造图，这个图表明高台子构造是一个大隆起上的一个局部圈闭。根据这个新的资料，钟其权当时依据地形图把松基3井井位定在小西屯和高台子之间（即目前的松基3井井位）。1958年11月14日，松辽石油勘探局向石油部呈报松油勘地（58）字第245号文《呈送松基3井井位图》，1958年11月28日，石油部以油地字第333号文批准了松基3井井位。松辽石油勘探局对基准井的选定十分重视，1958年4月就成立了基准井研究队，队长是钟其权。局里要求一定要把基准井定在油气远景区，要做到“一箭双雕”，既探地层，又探油气。

松基3井由32118钻井队负责钻探，队长包世忠，副队长乔汝平，地质技术员朱自成。这是黑龙江省和大庆油田最早的石油钻井队，在完成了松基1井后立即搬迁到松基3井钻探。设计井深3200米，1959年4月11日开钻。根据苏联的经验，基准井从井口开始全井取芯，完钻后自下而上分层试油，取得全套地质资料。为了加快基准井钻探速度，松基3井在1000米以上用浅钻代替取芯，自1051米以下全部取芯。当钻至1461.76米时，已经多次发现油气显示并取芯见到油砂，同时又因井斜过大（井深845～900米，斜度5～6度）继续钻进也有困难。经康世恩副部长批准，立即停钻投入试油。松基3井完钻的决策与苏联专家，苏联石油部总地质师米尔钦柯有较大分歧。当时米尔钦柯来华考察，在康世恩副部长陪同下，到哈尔滨听了汇报，亲自看了松基3井的岩芯，反对松基3井完钻试油的决定。他认为按苏联的规定基准井应该坚决按照要求克服困难取芯到底，然后由下至上逐层试油，不能中途改变设计。如果按照米尔钦柯这种机械的做法，大庆油田的发现将会推迟。

松基3井经电测解释，在下白垩系井深1109.5～1380.5米共有油层14层厚19.8米。经研究首先对1357～1382.4米三个薄油层厚1.7米射孔试油。9月6日晚清水压井射孔，射孔后井口无任何显示，液面还略有下降，立即开始提捞诱喷，直到9月8日清晨，将液面下降到300余米时，在井筒内发现有油花。为了排净井内压井液和泥浆滤液，疏通油层污染，提捞深度逐步加深。每次捞桶都下到井深1409米处（油柱以下）提捞，捞水不捞油，经过20天耐心的提捞，油柱上升到井口向外溢流，共捞出油113方，水52方。就下油管关井憋压，套压上升到11，油压上升到4大气压，于9月26日16时开井用8毫米油嘴放喷，日产油14.9方。

松基3井的完井试油工作，石油工业部十分重视。专门请玉门局彭佐猷总工程师来现场当固井指挥，并请苏联专家达麦佐夫为现场顾问。石油部和松辽局专门组成一个工作组到现场蹲点，抓好完井和试油工作，与工人同吃同住同劳动同商量。工作组组长是石油部赵声振，组员有邱中建、蒋学明，松辽石油勘探局有张文昭和焦亚斌参加。从8月下旬直至11月共三个多月都住在井上。这一年雨季特别长，三个多月一直是阴雨绵绵，交通阻隔。松辽石油勘探局在黑龙江省只有一台大钻机，又没有机械厂，所有机械工程故障都要自力更生就地解决，生活、工作条件都十分困难。在工作中遇到问题，工作组经常和工人一起进行试油现场交底，开讨论会、分析会。完井试油时没有法兰盘，当地又无加工厂，赵声振同志和32118队队长包世忠、副队长乔汝平组织井队就地加工，安装好井口，为试油准备好条件。探井射孔工作由蒋学明工程师和测井队长赖维民亲自指挥。在试油提捞过程中为了查明油水界面的深度，蒋学明、赖维民同志专门设计了一套油水液面探测仪，取得了油水界面的资料，为试油工作做出了贡献。这个现场工作组每天都要向北京石油部电报汇报试油的进展情况，听取石油部康世恩副部长的指示。松基3井的试油措施得当，耐心仔细，经过二十多天的试油，终于喷出了工业油流，向国庆十周年献了一份厚礼。为了庆祝这一胜利，32118钻井队大班司钻王顺登上天安门向党和国家领导人报捷。

1959年9月26日松基3井喷油后，当时大庆长垣的地震工作还未结束（地震勘探由地质部中、匈物探队担任），构造图还没有完整的编制出来，只有长垣南部构造图已经完成，在葡萄花地区已经显示出一个完整的穹隆背斜构造，面积达300余平方公里。因此决定首先向南甩开对葡萄花、高台子、太平屯构造展开钻探；计划以剖面距5公里左右，井距2~5公里，在葡萄花构造上部署9口探井控制含油面积和储量。葡Ⅰ井于1959年10月1日开钻。1959年10月间，根据石油部指示松辽局编制了以大庆长垣二级构造为钻探对象，打56口探井的钻探规划，并报请石油部批准。这个勘探规划的主要任务是对长垣上葡萄花、太平屯、杏树岗、宝山（即目前的杏树岗南部）、萨尔图等五个构造开展预探，并迅速在高台子、葡萄花构造上探明含油面积和工业储量。56口探井的具体部署是高台子构造16口，葡萄花构造19口，太平屯构造5口，宝山构造6口，杏树岗构造5口，萨尔图构造5口。这56口探井分为四种类型：①剖面探井：通过高台子、葡萄花、杏树岗、萨尔图和敖包塔共布置五条探井剖面，井距为五公里，目的是肯定各个构造高点的含油气情况，控制整个长垣的含油面积；②连络探井：布置在构造长轴鞍部和其他局部高点上，目的为查明二级构造带对油气聚集的作用；③面积探井，在已经出油的高台子构造和邻近的葡萄花构造上布置一批储量探井，井距1.5～2.5公里；④深探井：在葡萄花、高台子、杏树岗、萨尔图等四个构造上各布一口深探井。

为实现这一方案，石油部决定从四川等地调运近20台钻机以葡萄花为主战场钻探长垣南部。为了加快油田勘探，1959年12月余秋里部长亲临现场，提出“三点合一”的方针，即把探井分为三类统筹安排。第一类井不取岩芯快速钻进，加强综合录井，迅速控制油田面积；第二类井油层全部取芯为储量计算取得参数；第三类井是油田探边井，进行分组试油确定油水边界。此外每个油田还有一二口长期试采井，取得产量和压力递减资料。到1960年1～2月在长垣南部有葡7、20、11、4、太2井获工业油流，还有一些探井钻遇油气层，初步控制了200平方公里的含油面积1亿吨储量，为更大规模的石油勘探提供了依据。同时，趁松辽大地天寒地冻运输方便的有利条件，不失时机地向北甩开钻探杏66、萨66、喇72（三个新构造的预探井），进一步扩大勘探战果。

1959年10月至1960年4月是松辽石油大会战的序幕，大庆南部战场已经摆开。到1959年底已布置了二十多台钻机，全国各地支援大庆的队伍、材料、设备不断到达工地，队伍从2000多人一下膨胀到上万人。生产、生活设施远远跟不上需要，大同镇街道的空房子全被勘探队伍住满。松辽局机关从长春搬到了前线，分散在大同镇招待所和老乡的住房中办公。当时正值三年自然灾害国家处于困难时期，人们吃不饱、住不暖。这一年冬天天气特别寒冷，大雪纷飞，道路积雪厚达半米以上，通往井队的交通经常断绝。一些机关人员为了解现场情况，解决问题，经常步行到井场。冒着零下40℃的严寒深夜在现场工作，坚持现场办公，解决处理生产问题，条件非常艰苦。但是当年喷油的喜讯一个接一个地传来，人人精神振奋，以苦为荣、以苦为乐，心情十分愉快。

1959年12月22日至1960年1月28日，石油部派石油研究院翁文波为首的工作组来大同镇协助松辽局工作，组员有李德生、童宪章等10余人。工作组协助松辽局分析研究总结工作，制定1960年地质勘探部署和开辟生产试验区的初步方案。李德生同志按照背斜块状油藏的认识，预测了大庆长垣的含油范围，从大庆长垣整体着眼进一步调整了原56口探井部署方案，还提出了用正方网格对大庆长垣探井统一编号（以构造为单元，每一个构造为100个方格），将原萨1井改为萨66井，杏1井改为杏66井，喇1井改为喇72井。使每口探井都有明确的方位，便于查找和管理。

1960年2月上旬石油部党组在北京召开了10天党组扩大会议，反复讨论了大庆长垣的勘探形势，分析了大庆长垣具有16个有利因素和一个不利因素。有利因素是：①油田大；②构造平缓完整多；③储油层多；④生油层厚；⑤盖层好；⑥储油层物性好；⑦油井产量高；⑧油层压力高；⑨储油层埋藏深度适中；⑩油井可以自喷采油；⑪油层温度高；⑫电测对油、气、水解释准确；⑬地层可钻性好；⑭地层自造浆；⑮有丰富的地下水；⑯地势平坦交通便利。唯一的不利因素是原油性质有三高，即：含蜡高、凝固点高、黏度高。部党组认为只要地下地质条件是肯定的、有利的，则地面原油集输问题是容易解决的。经过这样深入分析之后，各级干部扩大了眼界，树立了雄心大志。石油部党组决定开展一场声势浩大的石油大会战。2月13日向党中央写了《关于东北松辽地区石油勘探情况和今后工作部署问题的报告》。

2月20日中共中央批准了这个报告，并转发给上海局、黑龙江、吉林、辽宁、甘肃、青海、四川省委、新疆维吾尔自治区党委、国家计委、经委、建委党组，地质、冶金、一机、农机、铁道，交通、建工、劳动、外贸、水电、邮电、石油部党组，望予支持和协助。1960年2月，康世恩副部长亲临哈尔滨筹备松辽石油大会战，调集玉门、新疆、青海、四川和各大专院校加上原松辽局和黑龙江省、中央各部的队伍共50000多人会战大庆。对大庆长垣勘探作了进一步的部署和调整，又在大庆长垣以外的东、西两侧的升平重力高和龙虎泡构造甩开钻探。

1960年3月11日萨尔图构造第一口探井（萨66井）喜喷高产油流。4月8日和4月25日相继在杏66井、喇72井均获高产油流。同月在大庆长垣最南端的敖包塔构造敖26井也获得工业油流。至1960年4月底大庆长垣自南至北延伸120公里的七个构造都获工业油流，展示了大油田的面貌。从松基3井获工业油流之后，七个月肯定了大庆长垣是一个大油田。通过南北油层对比，油层十分稳定，自南向北油层有规律的加厚。在南部只有葡萄花油层含油，而杏树岗以北萨尔图、葡萄花、高台子三套油层均含油，油层厚度达到50米以上，展示了大庆长垣北部为一个高产区。而北部又有滨洲铁路横贯油田，交通便利。石油部党组决定，集中优势兵力挥师北上，围歼大庆长垣北部“喇，萨、杏”高产区。

1960年3月开始，大庆石油会战的机构已逐步筹建，把大庆长垣划分为三个探区。一探区负责大庆长垣南部（葡萄花、高台子、太平屯、敖包塔等构造），队伍是原松辽局的职工；二探区负责杏树岗构造，队伍是原四川局、青海局职工；三探区负责萨尔图和喇嘛甸构造，队伍是原新疆局和玉门局的职工。

为了大庆油田勘探、开发实现高速度，高水平，1960年4月20日在余秋里、康世恩主持下召开了第一次“三结合油田技术座谈会”，以毛泽东主席“两论”（即《矛盾论》和《实践论》）为指导，提出了油田勘探要立足于第一性资料的齐全准确，制定了一口探井必须取全、取准20项资料、72项数据和“四全”、“四准”的要求。

1960年5月1日，在萨尔图草原上召开了松辽石油大会战誓师动员大会，以王进喜为代表的数万名石油职工云集大庆，大庆石油会战全面展开。

相关链接

抓生产从思想入手
抓思想从生产出发

——《大庆企业文化辞典》

这是大庆正确处理思想政治工作与经济工作关系的基本原则，也是大庆思想政治工作的一条基本经验。抓生产从思想入手，就是坚持思想领先，抓生产首先要抓人的思想政治教育，注重解决生产过程中遇到的各种思想问题，把思想工作做在前头。抓思想从生产出发，就是思想政治工作必须围绕经济建设这个中心进行，根据经济工作实际，确定思想政治工作任务，把思想政治工作贯穿于生产建设的全过程，保证生产建设任务的完成和经济效益的提高。1961年1月，在战区党支部书记会议上，采油二矿场二队党支部书记杨洪儒介绍经验时提出：“领导好生产必须从思想工作入手，思想工作必须从生产实际出发。”油建二大队二中队张国钧介绍经验时说：“我们运用抓生产从思想着手，抓思想从生产出发的方法，树立了以搞油为业，以油田为家的长期会战思想。”1964年，石油工业部政治部在《关于加强基层建设，健全经常性政治工作的12条基本经验》中，概括为“抓生产从思想入手，抓思想从生产出发”。1984年开始，大庆普遍开展了创建“双文明”单位活动，从上到下建立了领导体系和评比办法，把思想政治工作和经济工作捆在一起抓，两套指标一起下，两个成果一起要，抓生产从思想入手，抓思想从生产出发有了新发展。

依靠两分法前进*

大庆石油会战，是在比较困难的时候、比较困难的地区、比较困难的条件下展开的。当时的形势正是“大跃进”和“反右倾”的错误，加上严重的自然灾害和苏联政府背信弃义地撕毁合同，我国国民经济在1959年到1961年发生严重困难。在这种形势下，4万人马、在短短3个月的时间里，一下子集中到了毫无工业基础、只有几百户人家，几处牧场的萨尔图地区。这里草原覆盖，沼泽遍地。一年之中平均气温在3.4℃、有5个月平均气温在-4.9℃以下，有6个月冻土深度达2米以下，半年风雨，土地泥泞不堪。生产设备不齐全、不配套，汽车、吊车严重不足；生活上，无住房、无床铺，有的不得不寄居牛棚马圈或挤在自己挖的地窝子里；粮食定量不足，连锅碗瓢盆都满足不了。加上风雪严寒紧相逼，确实困难重重。

是战胜困难打上去，还是被困难吓倒退下来，返回大城市，坐等有利时机到来？我们选择余地是极为有限的。国际上严峻的环境，国内经济形势的严重困难，需要能源，需要石油，需要石油工业大步快上，历史赋予石油工人阶级的光荣使命是战胜恶劣环境，克服困难条件，站稳脚跟，革命加拼命，高速度，高水平拿下大庆油田，为党分忧、为中国人民争气！

靠什么打上去？靠什么完成党中央交给的大会战任务？会战党委认为，关键是建设一支用马列主义、毛泽东

* 选自《大庆石油会战——大庆文史资料第二辑》，题目为编者另加，原题为《用马列主义、毛泽东思想武装会战队伍——会战初期思想政治工作回忆片断》。作者为陈烈民，曾任石油工业部副部长。

思想理论武装的，富有革命理想、严格纪律、创业精神的，掌握先进科学技术的会战队伍。有了这样一支石油工人队伍，就能够无所畏惧，艰苦创业，干前人所未曾干过的事业，闯前人所未曾走过的路子，改变石油工业落后面貌，有了这样一支科学队伍，就能够创出我们自己的石油勘探开发理论和先进的工艺技术水平，有了这样一支后勤工作、职工家属队伍，就能够在艰难困苦的条件下，建设起巩固的后方，保证前线一心一意打胜仗，有了这样一支机关工作人员队伍，就能够实现指挥正确，调度灵活、配合严密、措施得当，就能够出效益、出成果、出水平，就能够服务于生产、服务于科研、服务于基层，把会战全局搞活。

早在大庆石油会战之前和会战初期，部党组认真总结10年石油工业基本经验以及克拉玛依会战、川中会战的经验，深深地感到，办好一个社会主义企业，最根本的问题是以马列主义、毛泽东思想的基本理论作指南，解决好领导班子的指导思想，经过大庆石油会战的实践，反复的认识过程，大体上确立了这样几个观点：

一是必须坚持党的实事求是，理论联系实际，一切从实际出发的思想。它集中地体现在大庆石油会战党委于1960年4月10日作出的第一个决定——《关于学习毛泽东同志所著〈实践论〉和〈矛盾论〉的决定》里面。

决定强调了按理论结合实践的原则，号召全体共产党员、共青团员、干部、非党职工学习毛泽东同志的《实践论》、《矛盾论》，用这两个文件的立场、观点、方法组织大会战的全部工作。决定要求，学习别人的经验，又不迷信别人的经验，不迷信书本，要勇于实践，闯出自己的经验。要在会战这个大规模的生产实践中不迷失方向，就要掌握马列主义理论，用“两论”的哲学思想正确认识油田规律，使会战实践具有更大的自觉性。根据这一决定精神，会战党委一次就买了几万本“两论”，人手一册。干部读、工程技术人员读，工人也读。广大会战职工努力掌握马克思主义的认识论和方法论，这一认识世界和改造世界的强大思想武器，比较好地清除唯心论和形而上学的思想影响，逐步地认识大庆油田的具体实际和规律，比较好地解决了油田开发建设的一系列问题。

二是社会主义现代化企业必须革命化。通过大庆会战的实践，我们深切体会到，要办好一个社会主义现代化企业，必须首先讲革命化。革命化，就是讲阶级，讲人的觉悟，讲人的作用，讲工人阶级的革命精神。有了广大职工群众革命化，企业才有最旺盛的生命力，生产、建设就会蓬勃发展。即使是比较落后的技术装备，也能够生产出国家急需的产品，如果有了先进的技术装备，就可以发挥更大的威力。因此，对一个企业的领导来讲，最重要的问题，就是要坚定不移地坚持正确的政治方向，用毛泽东思想武装广大职工的头脑，不断提高人们的阶级觉悟，引导人们走革命化的道路，发扬无产阶级的革命精神。大庆石油会战中的思想政治工作是根据这一指导思想，把努力加强队伍建设作为自己工作的出发点和落脚点，政治工作保证企业的社会主义方向，保证生产建设任务的完成，不是要政治工作去直接组织生产，而是通过建设革命化的队伍去实现。十年文革，大庆受到严重创伤，但队伍不散，生产不断，持续上升，关键就在这里。

三是要坚持严格的科学态度。这也是部党组总结50年代石油工业建设正反两方面经验得出的教训。在组织大庆会战时，一上手就明白无误地把坚持高度的革命精神与严格的科学态度相结合，作为组织大会战的指导思想。搞工业是和自然界作斗争，石油工业是和深埋地下的油层作斗争。只有把高度的革命精神、冲天的革命干劲，与严格的科学精神结合在一起，才能发挥巨大威力，才能使主观与客观一致，在生产上和科学技术上达到预期的效果。严格的科学态度就是“要实事求是，一切从实际出发，在科学问题面前，必须当老实人，做老实事，刻苦钻研，一丝不苟，按照客观规律办事，一切通过实践。”大庆会战中形成的“三老”、“四严”作风，就是广大职工讲究科学、按客观规律办事的实践的总结。

四是要坚持党的群众路线。在大庆石油会战中，我们把坚持相信群众、依靠群众，从群众中来到群众中去，靠广大职工的革命行动、创造精神办好企业，作为一条根本路线。具体做法是：①充分发扬政治、生产技术和经济民主。政治民主，主要是保证每个职工有向一切违反党的政策、法令的现象作斗争的权利；保证每个职工在一定的会议上有批评干部的权利。生产技术民主，主要是广泛地吸收工人参加生产技术管理，把群众管理和专业管理结合起来，经常发动群众讨论生产上的作业计划，讨论规章制度，讨论生产技术上的重大问题。经济民主，主要是工人参加经济核算活动，搞班组核算，管理食堂，讨论生活规划，讨论农副业生产分配方案等。在实践中，逐步形成了职工代表会议，五级三结合会议以及职工关于政治民主的“五项权利”、生产技术民主的“五项职权”、“五不施工”，生活管理上的“四条权利”等制度和规定。②必须破除“束缚群众手脚，束缚生产力发展的那些死规章，死制度”，“必须打倒机关的衙门作风，机关必须为生产服务，为基层服务，为群众服务”。要求群众做到的领导首先做到，要求群众不做的领导首先不做，领导干部和机关“必须接受群众监督”。

五是“必须坚持自力更生，以自己创造为主”。一方面是从大庆油田实际出发，立足于自己力量的基础上，“有条件要上，没有条件创造条件也要上”，“要有坚强的革命自信心和雄心壮志，敢于争第一，敢于超过别人”；另一方面，“自力更生”绝不是“闭关自守”。会战初期就向广大干部指出：外国的先进技术必须学过来，只要有条件，派人出去学，买样机、样品来学，买专利、买图纸来学，从大庆的情报资料、图书杂志中来学。但在学习中要敢于创造发明，把学和闯在实践中辩证统一起来，使学来的东西真正为我所用，又在学的过程中有所创造，后来居上。基于这一指导思想，在制定油田开发方案时，广大工程技术人员调查了国外20多个大油田的开发资料、先进技术，拿美国和苏联的几个开发水平较高的油田作为目标，千方百计赶上它，超过它，终于制定出了切合油田实际的开发方案，实现了“高水平，高速度”，并创出了一套符合大庆油田实际的工艺技术。

把会战的指导思想搞正确了，在具体工作中有了这样那样缺点，甚至出现某些错误，也是可以弥补的，容易纠正的。

37路人马，加上几万名复转解放军指战员，人分党政军民学，来自东西南北中，面对一个罕见的大油田，进行一场我国石油发展史上从无先例的大会战，怎样统一人们意志？最根本的是，用共产主义思想、马列主义、毛泽东思想理论武装职工头脑，提高人们的革命觉悟，使人们确立正确的立场、观点，使几万人有一个共同的理想，并为之奋斗。这是大庆石油会战思想政治工作的根本目的和任务。

（一）组织广大职工认真学习《实践论》、《矛盾论》、《人的正确思想是从哪里来的？》、《反对本本主义》以及《关于正确处理人民内部矛盾的问题》等重要著作，提高人们认识世界、改造世界的能力，在众多的复杂矛盾中找出主要矛盾，以及解决矛盾的正确方法，控制全局，打开局面。

在1960年初，大会战人马刚集中，在工作十分紧张的情况下，会战主要领导到生产一线，几万职工响应会战党委的号召，围着篝火学“两论”，对各种矛盾、困难进行反复的讨论。从玉门到大庆参加石油大会战的钻井队长王进喜同志在学习“两论”时，联系他1959年参加全国劳模会在北京发生的一件事说：“我看到北京大街上跑的汽车有的背了个大包，就问别人，人家说，因为我们国家缺少汽油，烧的是煤气。我是一个石油工人，让国家作这么大难，还有脸问！会议期间听说东北发现了大油田，当时就找部领导申请到这个油田工作。恨不得一下子到大庆，把大油田拿下来，把石油落后帽子甩到太平洋里去，非为党为中国人民争气不可！”王进喜同志身上反映了大庆会战职工的高度国家主人翁责任感和强烈的爱国主义精神，会战党委宣传王进喜这个典型，推动“两论”学习活动，很快在会战队伍中形成一个统一的思想。当时，部党组把这一思想概括为：我们石油资源太少，产量太低，技术落后，不能满足国家需要，是当前压倒一切的困难，是所有矛盾中的一个最主要的矛盾。石油工业如果上不去，不但不能适应国民经济和国防建设的发展，而且帝国主义还会利用这个缺口来卡我们脖子。从国家的整体利益、长远利益来看，上的话，无非是石油职工多流些汗，多吃些苦，这是局部的、第二位的困难；如果不上，国家没有油，这是根本的、第一位的困难，因而上有困难，不上就更困难。要躲开这个困难，是万万办不到的，也是极端错误的。我们只能遵循毛主席教导，穷则思变，知难而进。

学习“两论”，抓住主要矛盾。有了拿下大庆油田、甩掉石油工业落后帽子的决心，只能算是迈出了关键性的一步，还要引导职工正确对待、解决众多的具体困难，使主要矛盾的解决落到实处。油田上下，七嘴八舌仔细分析了当时的具体困难认为，具体困难摆一千条一万条，无非两类：一类是“生产、设备、生活设施等方面的问题。这些都是物质条件上的困难，是死东西的困难”，“物质上的困难仅仅是暂时的，相对的。只要紧紧依靠群众，发扬艰苦奋斗的革命传统，调动各方面的积极因素，就一定能够战胜这些暂时困难。如果被困难吓倒，那就不仅会挫伤群众的积极性，而且会使那些能够克服的困难，变成长期难以克服的困难”。这绝不是排斥一定的物质基础。当时，会战职工的生活十分困难，定量不足。最严重时到了每天5两粮食加野菜保3餐的地步。那时省里的粮食储备已突破了“危险线”，再也拿不出粮食支援会战了。生活问题一时成了会战成败的主要矛盾。会战党委号召全体职工发扬延安精神，“自己动手，丰衣足食”，组织了一万名（包括职工及家属）搞生活的队伍，余秋里等同志带领广大职工开荒种地，千方百计创造“吃饱肚子，坚持会战”的物质基础。与此同时，对生活战线的职工加强思想教育，使他们认识到不论种地、养猪、做豆腐、干打垒、搞草籽、烧开水，都是干革命。

这个油田究竟是好油田、坏油田，怎样开发好，我们没有经验，这是当时遇到的另一类困难。过去遇到这种情况，技术干部总是去问洋人、抄洋书、结果还是糊里糊涂。在大庆会战中，党委组织领导干部、工程技术专家、技术工人，以“三结合”技术座谈会的形式，学习“两论”和《人的正确思想是从哪里来？》，总结经验教训，摆矛盾，提建议。大家认为：1958年在川中3个构造上同时打出了油，当时以为大油田拿到了手，其实工作做得还少，对地下情况还很不清楚，又缺乏经验，就做出了错误判断。克拉玛依油田的开发设计也是苏联帮助搞的，根据的资料很少，耐油层情况了解很不清楚，设计的一套井网根本不对头，要回过头来做根本性的调整，使大家认识到，重视还是不重视第一性资料，是尊重不尊重科学的分界线，工作有没有把握，首先取决于是不是认识了客观事物的本来面貌，是不是掌握了客观事物的规律。大庆会战一开始，就再三强调要狠抓第一性资料，把弄清油层情况作为勘探时期压倒一切的任务。从打井到开发的整个过程中，一定要取全、取准20项资料，72种数据，一个不能少，一点不能错。对取出的13047米岩芯、14500颗井壁取芯、2万多条测井曲线等大量最原始资料作了55万个岩样分析，160万次分析化验，1744万次地层对比，这就好像在油田地下走了一遍，把地下油层的种种情况，都搞得比较清楚。1950年5月，萨尔图油田初步圈定800平方公里含油面积后，又不失时机地划出30平方公里面积为生产试验区进行开发试验。这样，制订的油田开发方案就比较接近实际，给油田生产提供了比较可靠的科学依据。

紧紧围绕石油工业的主要矛盾，扎扎实实解决会战中一个个具体矛盾。会战3年拿下大庆油田，为改变我国石油工业落后面貌创造了条件。1963年12月第二次全国人民代表大会第四次会议公报，宣布我国石油产品基本自给，中国使用洋油的时代一去不复返了。

（二）认真组织广大职工学习《为人民服务》、《纪念白求恩》、《愚公移山》、《论共产党员的修养》等重要著作，确立革命的人生观，树立不为名、不为利，不怕苦、不怕死，一心为会战、一心为革命的正确思想。

学习马列主义、毛泽东同志著作，不是从中寻找油田勘探开发的具体方法，而是从根本上解决人们的思想、观点和政治立场问题。确立崇高的革命理想，毫不利己，专门利人，全心全意为人民服务的宗旨，培养艰苦创业、为油献身的革命精神。有了坚定的共产主义信仰，高度的革命自觉性，就能战胜任何困难，无往而不胜。

牢固树立“宁肯少活20年，拼命也要拿下大油田”的思想，不怕苦，不怕死，为石油会战献身。共产主义思想是具体的，发现职工中闪光的共产主义思想，并使之成为广大职工的统一思想，是思想政治工作的基本功。会战一上马，就发现并树立了王进喜这个典型。王进喜同志在旧社会放过羊，在玉门当过杂工，解放后当了钻井队长，全国劳模。他到大庆，一下火车就问：设备到没到？井位在哪里？这里钻井最高纪录是多少？钻机一到，没有装运设备，他就带领职工人拉肩扛安装钻机。开钻没有水，发动大家用脸盆端水保开钻，从钻机安装开始，他和职工几天几夜吃在井场，睡在井场，连续奋战，高速优质打出第一口油井。附近老乡说：“你们这个王队长真是个‘铁人’呀！”王进喜以一个石油工人的国家主人翁高度责任感和为国家分忧、为人民争气的强烈愿望，喊出了“有条件要上，没有条件创造条件也要上”、“宁肯少活二十年，拼命也要拿下大油田”的誓言。会战党委及时抓住这个典型，于1960年4月9日在第一次油田技术座谈会上，就号召向铁人王进喜学习、致敬，人人争当铁人，争取在会战中立功，并在4月29日召开的宣布石油会战正式开始万人誓师大会上，树立王进喜同志为会战第一名标兵。会上，党委书记为披红戴花的“铁人”拉马坠镫，绕场一周，大张旗鼓地进行宣传、表扬。一个铁人站起，千百个铁人跟上来。同年7月28日，会战党委作出《关于开展学习王进喜、马德仁、段兴枝、薛国邦、朱洪昌活动的决定》，很快在职工中形成了一种奋发图强、自力更生、胸怀全局、忘我劳动，以实际行动为国家分担困难、为中国人民争气、为油献身的革命精神，并进一步转化为强大的物质力量。王进喜同志以自己的实际行动实现了自己的誓言，于1970年11月19日被病魔夺去了生命，时年47岁，弥留之际，他念念不忘振兴中国石油工业，要为中国人民“每人找到半吨原油”。今天，大庆油田已连续14年保持了5千万吨稳产高产。他的革命精神仍然在鼓舞着大庆职工和职工家属，高歌猛进，再找出个大油田，为实现十三大的总任务总目标做出伟大贡献，大庆人永远怀念他。

牢固树立“莫看毛头小伙子，敢笑天下第一流”的雄心壮志，把严格的科学态度与高度的革命精神结合起来，在大庆油田勘探和开发上争夺世界冠军。大庆油田会战的科学研究队伍、工程技术队伍，平均年龄只有20几岁，总地质师、钻井总工程师、采油总工程师也只有30几岁，是一支十分年轻的队伍。思想政治工作的主要任务就是在广大职工特别是各级领导干部中，确立“充分信任，大胆使用，严格要求，热情帮助”的思想。1962年7月10日会战党委主要领导在技术干部会议上代表党委正式宣布：“所有受过批判、戴上右倾及白旗帽子的一律取消。当时有材料存档的，一律取出销毁，这叫一风吹。”并明确指出：“会战的技术干部，绝大多数是在社会主义制度下长大的，接受的是社会主义教育，为人民服务，为生产服务的教育……是拥护党拥护社会主义的，是劳动人民知识分子”，“像刘树人、史久光、张家祺、钱召南等，算是老一辈的了，也是劳动人民知识分子”，他们的“阶级出身不是决定的东西”，“海外关系的提法是混淆敌我关系”，“工作上的意见，技术上的争论，与政治混淆起来是不对的”，“技术干部对国家的最好贡献，就是在技术工作上做出成绩”。组织上，会战初期就设置八大总工程师，实行技术责任制，有职有权；各级负责的技术干部，是同级的领导成员之一，每年召开各种专业系统技术座谈会，共同探讨油田勘探，开发重大科研课题，具体制定技术工作的方针、政策。同时鼓励科技干部学习马列著作，学会用辩证唯物主义观点去观察问题、分析问题和处理问题，发扬独创精神，树立“敢想敢说敢干，严格严肃严密”的作风，勇于同世界先进技术较量，努力攀登油田科学技术高峰。油田勘探开发技术上很多创造，就是这样搞出来的。年轻的科技人员在自己的房门上贴出“莫看毛头小伙子，敢笑天下第一流”的对联，表达了广大科技人员的雄心壮志。由大学教授、工程师、技术人员组成的油层研究队，白天上井搜集资料，晚上睡在干打垒里，有时还需要在油灯、烛光下进行研究工作。紧张的时候，一天要对比300多个油层，计算3万多次。大学教授张英、设计工程师宁玉川和群众相结合，深入现场调查了232口井的情况，取得9700多个数据，经过两年多的试验，创造出一套有自己特点的工艺流程，解决了严寒地区高含蜡、高凝固点原油集输方法。为了弄清油田土壤传热系统，解决保温的合理温度问题，设计工程师谭学陵等人从1960年到1961年连续10个月，在夜里最冷的时候进行现场测温，共步行1万2千里，观测1600个点，取得5万个数据，进行1100次分析对比，终于取得了科学数据，并校正了苏联沿用的集油管线设计的计算公式。技术员蔡升等人在严寒季节，怀揣窝窝头，跟随油槽车，行程1万公里，测气温800次，风速600次，取得油温数据1400多个，弄清冬季铁路油槽车在运输途中原油变化的情况，确定了油库合理加热温度。井下研究所的科技人员，进行了1018次试验，创造出多级水力封隔器，解决了分层控制油层的重大技术难题，获国家重大发明奖，并为推行我们自己独创的分层采油、分层注水、分层测试、分层改造的采油新工艺提供了条件。1962年完成的《萨尔图油田开发、设计方案的初步研究》，1963年完成的《碎屑沉积油藏注水开发油层研究》，1964年完成的《利用平面物理模型研究油水运动规律》和《小层动态分析方法研究》，都达到了国际水平或国内同类研究的先进水平，并且先后获得国家科学技术委员会和全国科技大会奖。同时，大庆油田的出现，在勘探理论上打破了陆相地层找不到大油田的传统观念，大庆科技人员为发展石油勘探理论做出了自己的应有的贡献。

牢固树立艰苦创业、勤俭办企业的思想，坚持和发扬党的自力更生、艰苦奋斗的优良传统。“有条件要上，没有条件创造条件也要上”。我们国家大底子薄，要富强起来，需要有一个艰苦奋斗的过程，60年代初在国民经济严重困难的情况下，进行石油大会战更需要艰苦奋斗的思想。这

周恩来考察“干打垒”

不是要我们的石油工人都当“苦行僧”，而是发扬“祖国利益高于一切的爱国主义精神和为现代化建设贡献一切的艰苦创业精神”。会战党委反复教育职工“在思想上要树立艰苦奋斗，勤俭节约的观点；在生产建设上，要全面贯彻执行党的自力更生、奋发图强、艰苦奋斗、勤俭建国的方针；在日常工作和生活中要形成艰苦朴素的风气”。广大职工、家属在铁人王进喜“人拉肩扛”精神的推动下，逐步形成了“干打垒”精神、“缝补厂”精神、“五把铁锹闹革命”精神和“回收队”精神。在脚底下有了一个实实在在的大油田（这是基本条件），而在各种物质条件、生活设施条件暂不具

1962年6月，周恩来总理第一次到大庆石油会战现场视察。21日，快考察完毕时，陪同人员又一次催促总理上车。总理一回身发现200米外一位家属从地窝子里出来倒垃圾，他就向地窝子走过去。我们劝总理不要下去了，总理却一个劲向前走。家属杨德群又激动又担心，她对总理说：“里面又黑又暗，首长就别进去了。”总理说：“你们能住，我就能进。”周总理一面弯下腰往地窝子里走，一面问小杨是哪里人，生活习惯不。小杨一一做了回答，总理满意地点了点头。在地窝子里，总理深情地端详着躺在土炕上刚刚满月的孩子说：“同志们现在生活得确实很艰苦，但将来一定会好起来！”

备情况下，正是靠了这五个精神，创造了必要条件，把会战打上去，把油田拿了下来。于是，石油会战职工把“有条件要上，没有条件创造条件也要上”的口号写进自己的队史、厂史。大庆思想政治工作者，把它当作激励职工奋发图强、自力更生、艰苦创业的战斗号召。

1960年5月27日，会战党委在召开的第一次政治工作会议上，概括了广大职工的崇高理想、革命精神。首次提出了“三要、十不”，并写进了《大庆石油会战情况的报告》。“三要”是：一要甩掉石油工业落后帽子；二要高速度、高水平拿下大油田；三要在会战中夺世界冠军，争集体荣誉。“十不”是：不讲条件、不讲时间、不计报酬、不分级别、不分职务高低、不分你我、不分东南西北、不管有无命令、不分部门、不分男女老少，齐心协力为会战。1964年冬季整训中，形成了“不为名、不为利、不怕苦、不怕死，一心为会战，一心为革命”的口号，当时叫做“四不一为”的人生观。这样使几万职工、家属有了一个共同的理想、统一的意志，并为之而奋斗。

（三）组织广大职工学习“两分法”，清除形而上学，克服固步自封、骄傲自满，不断前进。

从1959年9月到1960年底，只用了一年多的时间就探明了油田面积，大体上算出了储量。到1963年，已形成年产500万吨能力，累计生产1000多万吨原油，财政上缴累计10亿多元，是国家投资的149%。特别是毛主席、党中央、国务院都表扬了大庆，广大职工憋足一股劲，一心想搞大名堂，一股劲地要猛打猛冲。有一些领导干部，头脑也发热了，看成绩多，看缺点少，看有利条件多，看不利条件少，盲目地率领群众打冲锋。1964年初开始，生产质量上就出现一些不好苗头，会战党委敏锐地看到：“摆在我们面前一个突出的问题，就是在胜利的时候，在受到表扬的时候，能不能谦虚谨慎，继续前进，这是一个很大的考验。在这种情况下如何引导职工走上正确的方向，是一个迫切需要解决的问题。”正在这时，毛主席关于加强相互学习，克服固步自封、骄傲自满的指示传到了油田。党委首先组织各级领导干部认真学习，提高认识，联系实际，用“两分法”检查工作，检查自己。党委领导还亲自到基层蹲点，调查了5个钻井队，用“两分法”一个队一个队地进行分析，以《要学会用两分法看问题》为题刊登在元月3日《战报》上。同时，派出3个学习团到沈阳军区和解放军政治学院学习取经，会战党委带头对照解放军和先进部门，找出18条差距，印发油田职工讨论。党委以身作则，带动油田上下“从高标准着眼，从大量的、常见的低标准、老毛病入手”的大找差距活动。两个月时间，全油田从人到物，从工作到思想作风，从施工质量到执行规章制度，找出了120万个问题。这些存在的问题，震动了领导干部中的骄傲自满和麻痹思想，从而认识到：“这是对我们工作上的缺点、错误的一次大暴露，将了领导上的军。我们领导思想、领导作风、领导方法上，还存在许多问题，主要是工作上不够扎实，对日常生产中的具体问题，要求不够严，工作不够细。”

在狠抓整改、反对工作中的低标准、低水平、老毛病的基础上，会战党委根据广大职工的愿望提出了“项项工程质量全优，事事做到规格化，人人做出事情过得硬”的三条要求，各级领导亲自蹲点、总结，树立做到“三条要求”的样板工程、先进单位。“严细成风”的三矿四队，思想过硬、作风过硬、技术过硬的“硬骨头32139钻井队”的经验，就是这时总结出来的，既丰富了领导经验，又提高了群众认识，使“三条要求”落实到每个班组、每个人头、每个具体岗位，落实到岗位责任制上，把各项工作提高到了一个新水平。

会战党委在总结1964年工作中指出：①在任何时候，对任何事情，都要坚持两分法，成绩越大，形势越好，越要一分为二。只看成绩，只看好的一面，思想上骄傲自满，成绩就会变成包袱，大好形势也会向反面发展。②对待干劲也要用两分法。干劲一来，引导不好，就会只图速度，不顾质量，结果好心肠出不来好效果，反而会挫伤职工的积极性。③领导要及时提出新的、鲜明的、经过努力能够办得到的高标准，引导职工始终向前看。④以两分法为武器，坚持抓好工作总结。走一步总结一步，步步有提高，方向就始终明确。

职工在实践中形成了一套用两分法总结工作的制度和做法，如完井整训、阶段整训、单项工程总结、战役总结、年终的全面检查、总结、评比。群众说“脑子里有了两分法，取得成绩喜不倒，有了困难吓不倒，碰了钉子弯不了。我们是靠‘两论’起家，又靠‘两分法’前进。”

马克思主义掌握了群众，就会产生巨大的物质力量，人们有了崇高的革命理想，高度的革命精神，严格的革命纪律，大庆石油会战就在新的基础上向更高的目标前进了。

相关链接

靠“两分法”前进

——《大庆企业文化辞典》

这是大庆人进取精神的基本体现，于1964年初提出。

主要内容是：①在任何时候，对任何事情，都要用真两分法。成绩越大，形势越好，越要一分为二。只看成绩，只看好的一面，思想上骄傲自满，成绩就会变成包袱，大好形势也会向反面转化。②对待干劲也要用“两分法”。干劲一来，引导不好，就会只图速度，不顾质量，结果好心肠出不来好效果，反而会挫伤职工的积极性。③领导要及时提出新的、鲜明的、经过努力能够达到的高标准，引导职工始终向前看。④以“两分法”为武器，坚持抓好工作总结。走上步看下步，走一步总结一步，步步有提高，方向始终明确。由于从1959年9月到1960年底只用了1年多的时间就基本探明了油田的面积，大体上算出了储量，到1963年，已经形成年产500万吨生产能力，累计生产1000多万吨原油，财政上缴累计10亿多元。特别是毛泽东同志和党中央、国务院表扬了大庆后，广大职工憋足一股劲，一心要搞大名堂，一股劲地要猛打猛冲；有些领导干部头脑也发热了，看成绩多，看缺点少，看有利条件多，看不利条件少，盲目地率领群众打冲锋，生产质量上出现了一些不好的苗头。会战工委敏锐地看到：“摆在我们面前一个突出的问题，就是在胜利的时候，在受到表扬的时候，能不能谦虚谨慎，继续前进，这是一个很大的考验。在这种情况下，如何引导职工走上正确的方向，是一个迫切需要解决的问题。”正在这时，毛泽东同志关于加强相互学习，克服故步自封、骄傲自满的指示传到了油田。会战工委首先组织各级领导干部认真学习，提高认识，联系实际，用“两分法”检查工作，检查自己。会战工委领导还到基层蹲点，用“两分法”一个队一个队地进行分析。在《战报》上发表了《要学会用“两分法”看问题》的文章。同时，派出3个学习团到沈阳军区和解放军政治学院学习取经。会战工委带头对照解放军和先进部门，找出18条差距，印发油田职工讨论。油田上下开展了“从高标准着眼，从大量的常见的低标准、老毛病入手”的大找差距活动。两个月中，全油田从人到物、从工作到思想作风、从施工质量到执行规章制度，找出了120万个问题。这些问题在领导干部中引起很大震动，进一步认识到骄傲自满、要求不严、工作不扎实的严重性和危害性。在此基础上，油田上下全面认真整改，收到了显著成效，从而形成了一套用“两分法”总结工作的制度和做法，如完井整训，阶段整训，单项工程总结，战役总结，年终的全面检查、总结、评比。群众说：“脑子里有了‘两分法’，取得成绩喜不倒，有了困难吓不倒，碰了钉子弯不了，我们靠‘两论’起家，又靠‘两分法’前进。”“两分法”使大庆人在油田开发建设中，不断经受成绩和挫折、顺境和逆境的考验，胜不骄，败不馁，锐意进取。

第四章 全心全意依靠工人阶级

教学目的

帮助学员和读者深刻理解我国工人阶级始终是推动先进生产力发展和社会全面进步的根本力量，国有企业只有坚持全心全意依靠工人阶级不动摇，才能获得不竭的智慧和力量源泉，不断取得新成绩、新进步。

学习要点

- 为什么说大庆油田的发展史，就是一部工人阶级的艰苦创业史？
- 为什么说工人阶级是建设和发展中国特色社会主义的主力军？
- 以“爱国、创业、求实、奉献”为主要内涵的大庆精神和铁人精神，造就了一支敢打硬仗、勇创一流的优秀职工队伍，集中展现了我国工人阶级的崇高品质和精神风貌，新时期如何夯实这个根基？
- 为什么说改进领导干部作风是做好和加强基层工作的关键？

“会战就需要这样的精神状态”*

一、奋战一口井，人称“王铁人”

来自陕、甘、青、川、新等省区石油系统参战职工会师大庆

大庆石油会战中，广大职工认真学习“两论”，自觉地把快找石油、多找石油、多生产石油与国家的命运联系起来。在极其困难的条件下，他们奋发图强，艰苦创业，始终是毫不犹豫、战斗到底。在石油会战的艰苦斗争中涌现出了一批英雄模范人物，其中最突出的代表是“铁人”王进喜。

王进喜于1923年10月8日出生在甘肃省玉门县金村一

* 选自《大庆油田史》，题目为编者另加。

个贫苦农民家里，5岁时随父亲乞讨，9岁时便开始给地主放牛、放羊，以抵租还债，16岁到玉门油矿当小工，后来当上钻井工。新中国成立后，在党的培养教育下，他迅速成长，1956年4月19日，加入了中国共产党，担任了钻井队长。1959年，王进喜出席了全国群英会。他在北京看到公共汽车上背着个庞大煤气包，感到作为一个石油工人不能为国家提供更多的石油很难过，心里憋足了一股气，要拼命为国家多找石油，多生产石油。

1960年3月25日，王进喜带领1205钻井队（当时称1262钻井队），从玉门到达大庆参加石油会战。火车一到萨尔图，他见到一望无际的大油田欣喜若狂，便急忙找调度室，一不问吃，二不问住，只问："我们托运的钻机到了没有？我们的井位在哪里？这里的钻井最高进尺多少？"当知道井位（萨55井）在马家窑时，就带领全队冒着寒冷天气，步行到井场附近，找了一个破马棚安家落户。第二天，他带领一部分队员到火车站等钻机，有的同志主张在钻机来到前休息一下，王进喜说："我们是会战的，不能一到战场就先休息。"于是，就带领大家帮助车站卸货，当了几天义务装卸工。钻机运到后，因大型设备不够，轮到他们井队还要等几天，王进喜说："要早日拿下大油田，不能等，我们要有也上，无也上。"他们就以撬杠、大绳、木头、钢管为工具，采用人拉肩扛的办法，把钻机从火车上卸下来，又经过三天三夜的苦干，把60吨重的钻机部件化整为零，搬到井场，而后又用土办法就位并安装起来。他们队的钻机卸得快、拉得快、安装得也快。钻机安装起来后，开钻配泥浆没有供水设备，王进喜就带领大家到附近一公里外的水泡子，破冰取水，用脸盆端，用水桶提，保证了及时开钻。开钻后，王进喜带领全队职工吃在井场，住在井场，日夜不离，连续苦干，只用了5天零4个小时，就高速优质地打完了他们到大庆后的第一口井，创造了当时的最高纪录。附近的老乡，看到石油工人这么不要命地干工作深受感动，房东赵大娘提了一筐鸡蛋到井场慰问，见到工人就说："你们这个王队长，真是个'铁人'，快劝他回来，休息休息呀！"

当时，三探区机关工作人员李玉生，在1205钻井队蹲点时，发现了王进喜这个典型，向探区指挥宋振明作了汇报。随后，宋振明又向余秋里作了汇报。当时余秋里以为，只要有了正确的政治方向、正确的理论指导，又有鲜明的、活生生的榜样，并与一定的物质技术力量相结合，这种积极性和创造力就可以发挥出来，能够战胜一切困难，创造出丰功伟业。于是他组织人员对王进喜的事迹核实后，便对宋振明说："好！这是一个好典型，会战就需要这样的精神状态。我们就借用老乡形象生动的语言，叫他王铁人吧！"经过会战领导小组讨论，觉得王进喜讲的"有也上，无也上"精神是好的，但不全面，经反复推敲，孙敬文提议完善为"有条件要上，没有条件创造条件也要上"。这个口号，在会战中成为鼓励广大职工克服困难、千方百计化解矛盾的重要精神力量。

二、余秋里部长号召"人人争做铁人"

王进喜文化不高，但爱读毛主席的书。从玉门来大庆，别的东西都托运了，唯独把群英会上发的《毛泽东选集》带在身边。他坚持边学文化，边学毛主席著作。他说："学会一个字就像搬掉一座山，我要翻山越岭去见毛主席。"会战开始以后，部机关党委作出学习毛主席《实践论》和《矛盾论》的决定。王进喜响应号召，认真学习"两论"。通过学习认识到："这困难，那困难，国家缺油是最大困难；这矛盾，那矛盾，国家没油是最主要矛盾。"因此战胜困难信心更足，行动更自觉。

“宁肯少活二十年，拼命也要拿下大油田！”这是王进喜不止一次说过的话。他时时刻刻都在实践着自己的誓言。第一口井完钻后，王进喜指挥放架子时被滚动的钻杆砸伤了脚，当时昏了过去。醒来时一看几个工人围着他抢救，井架还没放下来，他说：“我不是泥捏的，哪能碰一下就散了。”说完站起来继续指挥放架子、搬家。领导知道后，把他送进医院，他又从医院跑到第二口井2589井（后改为中7排11井，该井是大庆第一口生产井，也是第一口注水井）的井场，拄着双拐指挥打井。钻到约700米时，突然发生井喷，井场没有压井的重晶石粉，经过研究采取用加水泥的办法提高泥浆比重压井喷。水泥加进泥浆池，没有搅拌器，王进喜扔掉拐杖，奋不顾身地跳进泥浆池，用身体搅拌泥浆。经全队工人奋战，终于压住了井喷，保住了钻机和油井。

会战时人拉肩扛搭帐篷

王进喜这种心甘情愿吃大苦，耐大劳，临危不惧，不惜牺牲个人的一切，为国家和人民多找石油、多生产石油的崇高精神，是中国工人阶级优秀品质的鲜明体现。后来，王进喜的这种革命精神就被誉为“铁人精神”。为学习铁人精神，把“铁人”这个典型叫得响响的，造成浓厚的比学赶帮气氛，在1960年4月份召开的大庆第一次技术座谈会上，正式提出，要学习“铁人”王进喜，人人争做“铁人”。随后，4月29日，在萨尔图草原上召开的大庆石油会战誓师大会上，突出宣传了王进喜。会议开始，余秋里作报告，他强调向“铁人”王进喜学习，要高速度、高水平拿下大油田，为祖国争光，为民族争气。康世恩代表会战领导小组下达第一战役战斗命令，总的任务是：“拿下大油田；探明几个构造的情况；开辟一块油田开发试验区。”接着，各单位领导上台领取战斗令，进行打擂比武。当打擂比武进入高潮时，“铁人”王进喜作为会战涌现出来的第一个标兵，披红戴花，骑着领导干部牵着的高头大马，被职工们敲锣打鼓拥上主席台。余秋里部长在台上带头高呼：“向铁人学习，人人争做铁人。”誓师大会后，一个学铁人、做铁人，争取会战胜利的热潮迅速掀了起来。

三、从学习“铁人”到树立“五面红旗”

“学铁人、做铁人”活动的开展，推动着石油会战职工艰苦奋斗，迎难而上。来自新疆克拉玛依油田的1202井队，在队长马德仁带领下，发扬解放军敢于攻坚啃硬和善做思想政治工作的光荣传统，研究出了一套双吊卡接单根的技术和不同地层用不同钻头的措施，提高了钻井速度，创造了一个月“五开五完”的新纪录，成为会战中与“铁人”王进喜领导的1205钻井队并驾齐驱的标杆队；来自川中油田的1206钻井队，在队长段兴枝领导下，以苦干巧干相结合，创造了“钻机自走”新技术，解决了钻机搬家中时间过长的问题，争取到宝贵的钻井时间，几次夺得钻井速度和质量的冠军；来自玉门油田的采油队长薛国邦，带领20多名采油工，在荒原安家，自制木绞车，管理方圆一百多平方公里范围的上百口油井。为保证“六一”首车原油外运，他手握滚烫的蒸气管，跳进原油池融化凝结的油块。烫得满手大泡，也不下火线，直到任务完成；来自炼建三公司的施工小队长朱洪昌，为抢建输水管线，保证会战前线及时用水，忍着焊花、焊口炽热灼伤手指的疼痛，让焊工在他的手指间带压点焊。盖在他手上的铝质饭盒被刺成蜂窝麻面，每一颗火花落到他手上都是一个血泡，他还是坚持把焊口补好。

王进喜和马德仁、段兴枝、薛国邦、朱洪昌都是在艰苦创业的大庆石油会战初期涌现出的先进标兵。他们的先进事迹十分生动感人，其艰苦奋斗的革命精神，体现了会战职工的精神风貌，具有重要导向作用。在其革命精神的带动下，从1960年4月29日举行的石油会战誓师大会，到1960年6月1日，仅一个月时间，一列挂着21节油罐的列车，就从萨尔图装油外运。1960年7月1日，在战区总结第一战役、宣布第二战役任务的万人大会上，康世恩代表会战领导小组，表扬了会战中做出卓越贡献的“王、马、段、薛、朱”五位英雄，号召会战职工向他们学习。在这一次大会上，这五位英雄骑马戴花，由领导牵马扶镫。当时被誉为大庆石油会战中的“五面红旗”。“五面红旗”就是一种气势。有了这股气势，大庆人就能干劲冲天，不怕任何困难完成会战任务。

7月28日，石油部机关党委做出《关于开展学习“王、马、段、薛、朱”运动的决定》。要求各级党委要立即计划，组织全体职工学习，使这个运动有组织、有领导、有计划、有目的、有声势、有成效地迅速开展起来，争取会战的更大胜利。从学习“铁人”王进喜到学习王、马、段、薛、朱，从树立五大标兵很快发展到树立百名标兵，比学赶帮活动开展得轰轰烈烈，数万石油会战职工斗志昂扬，精神焕发，克服各种困难，终于把会战打了上去。

相关链接

依靠群众办企业

——《大庆企业文化辞典》

这是大庆企业领导思想的重要组成部分。《大庆油田30年工作回顾和总结》中指出：30年来，大庆“在生产建设和各项工作中，一直把包括各级干部、工程技术人员、专业管理人员和工人在内的广大职工群众作为企业的主体，各项工作都建立在广大职工高度思想觉悟和组织纪律性之上。这是我们生产建设能够得到不断发展的力量源泉”。

会战初期，为在企业管理中确立广大职工的主人翁地位，逐步形成了一套切实有效的措施和制度，主要有：①在思想上，教育职工弄清社会主义的性质和劳动的意义，认清自己的主人翁地位和作用。②在生产管理上，建立以岗位责任制为中心的一套管理制度，做到职责分明，自觉从严。③在民主管理上，实行政治、生产技术、经济三大民主。④在物资和财务管理上，严格各级经济核算，直到班组、岗位，依靠广大职工当家理财。⑤在工程质量上，坚持自检、互检和专职检查相结合的责任制度，依靠职工群众把好质量关。⑥在生活管理上，了解群众疾苦，帮助职工、家属解决困难，使广大职工真正把企业当作自己的家。⑦在企业领导机关作风上，坚持“三个面向”、“五到现场”，全心全意为生产第一线服务，克服官僚主义。⑧在教育上，建立职工教育和学校教育2个体系，提高职工文化、科学、技术素质。⑨在干部选拔上，重视政治思想品德和工作实绩的考核，注重从优秀的工人中选拔基层干部，从优秀基层干部中选拔领导干部。⑩在思想作风上，坚决克服日常工作的低标准、老毛病、坏作风，培养队伍“三老四严”的优良作风。

改革开放的新时期，大庆在继续坚持会战初期行之有效的做法的基础上，努力改革高度集中的管理体制和管理方式，并不断有所创新。一是更广泛地实行干部、技术员、工人三结合，进行正确的决策和部署。建立了有工人参加的管理委员会和局厂职工代表大会，把民主决策在程序上、内容上用法定形式固定下来，使企业的重大决策和部署，进一步建立在广泛的群众路线的基础上。二是岗位责任制逐步发展为生产经营责任制，并推行不同形式的承包经营责任制，把各项生产经营任务落实到基层，逐级对产量、质量负责，也对成本、效益负责。三是按照标准化、科学化、制度化的要求，企业科学管理工作的基础水平不断提高，群众性的管理活动坚持不断，群众性的工程自检活动坚持不断，群众性的岗位练兵活动坚持不断，而且内容更加广泛，标准更加严格，各种检测、计量手段更加先进，还运用一些现代化管理方法，使企业管理水平不断提高。四是形成了比较完整的学校教育两个体系，逐步把职工培训教育制度化，从理论与实践上不断提高职工业务素质和管理水平。五是领导机关坚持实行“三个面向”、“五到现场”，领导干部坚持深入基层调查研究，指挥靠前，并通过建立常年联系点，与工人同吃同住同劳动。同时，局、厂两级机关还实行上级检查下级、下级检查上级的双向检查制度，基层单位实行干部考核、干部奖金公开等制度，自觉接受群众监督，在干群之间建立了比较融洽的同志关系和工作关系，使企业管理建立在十分广泛的群众基础之上。依靠群众办企业，是社会主义公有制经济的基本要求，是保证企业经营社会主义方向的有效途径。它对促进企业生产的发展、创新，对克服企业领导工作中的主观主义和官僚主义，密切干群关系，推进改革，都具有十分重要的意义。

要求工人做到，干部首先要做到*

大庆“三老四严”的作风是怎样形成和提出来的？说来话长。还是让我从头说起，可能讲得不全面，但这都是我亲身经历的往事。

1962年8月，随着油田建设的不断发展，为了适应石油大会战的需要，大庆工委决定，把当时的采油钢铁四队分为3个采油队，并任命我为三矿四队的队长。消息传来，大家激动地说，钢铁四队的红旗留下，好作风我们带走。

第二天，我带领12名职工，抬着分得的两块床板和一把菜刀来到新区。这时，井场上的钻机还没有全部撤走，采油树还都没有刷漆，井场周围高低不平，杂草丛生，油污遍地。在几平方公里的草地上，点缀着数十口“光屁股”井。说是安家落户，可房无一间，我们只好挤住在老三矿的一个破烂不堪的库房里。晚上，我带领大家在煤油灯下学“两论”，白天怀揣野菜团子，干在井上，吃在井上。面对艰苦的条件，同志们响亮地提出“天塌我们顶，地陷我们填，钢铁意志英雄胆，不创标杆非好汉”的豪迈誓言。于是，我将12个人中仅有的3名党员组成一个临时党小组，分头做开井的准备工作。有的负责给采油树喷油漆；有的负责挖土油池；有的负责接新来的同志和领工具等。一个多月后全队的同志都陆续来齐了，我们投产的准备工作也做完了。这时大庆工委号召全油田大搞规格化，我们队和各采油队一样积极响应。投产一口井，搞一口井。为了尽

* 选自《大庆石油会战——大庆文史资料第二辑》，题目为编者另加，原题为《忆“三老四严”作风的形成》。作者辛玉和，会战初期曾任采油一部三矿四队队长。

快开井采油，全队职工冒着零下40℃的严寒，苦战恶战，抡镐刨土，平整井场。不少同志的虎口震裂了，包扎一下继续干，殷红的鲜血浸透了包扎布，染红了镐把，都全然不顾。就这样，我们把新井投产的会战打了上去。“血染镐把战严冬”的故事也成了动人的佳话。

经过60多天日夜奋战，终于使12口油井全部投产，每口井都达到规格化。

投产后的一天，我踩着厚厚的积雪到西六排2号井去检查。途中，发现新来的徒工小孙手里拎着一个崭新的刮蜡片急匆匆地上井去。我心里有点纳闷：小孙井上的那个刮蜡片刚领几天，怎么又坏了？于是，我返身走向材料库，问材料员。材料员拿出一个变了形的刮蜡片说：“小孙今早清完蜡，也没有注意检查刮蜡片是不是起到井口就去关清蜡闸门，结果，把刮蜡片挤扁了，还让我替他保密呢。”

我走出库房，思潮翻卷。想起从钢铁四队分出来的时候，同志们决心把好作风带到新战场。可今天，小孙却隐瞒事故，缺乏一个石油工人起码的老实态度，这么下去，怎么行呢？“小洞不补，大洞吃苦”啊，我抬头看了看天空，铅块似的浓云下，纷纷扬扬撒下漫天的雪花。我转念一想，问题虽然出在小孙的身上，可这一段时间，我只忙着新井投产，放松了抓队伍的思想建设，没有提出严格的要求，根子还是在我身上啊！想到这，我往下拉紧狗皮帽子，加快脚步，急奔西六排2号井。

一走进值班房，只见小孙刚换完刮蜡片，正在用破毛毡擦手。我开门见山地问：“小孙，你刚才为啥又领了个新刮蜡片？”小孙不由得脸上一红，支支吾吾地说：“原来那个刮蜡片不好用，就换掉了。”我启发地说：“小孙哪，要干好工作，没有一个老实态度是不行的，对任何事情，钉是钉，铆是铆，对就是对，错就是错。对待革命事业要忠诚老实……”小孙低下了头，诚恳地说:“辛队长，我错了，说了假话，办了错事。”接着，他详细地讲了刮蜡片挤变形的经过并检讨说:“当时自己想，反正刮蜡片没掉到井里，换一个算了，别人也不知道。以后在工作中注意一点就行了，没想到这种说假话的行为欺骗了组织，欺骗了领导。”

为了用这件事教育全队的职工，党支部决定第二天在小孙管的那口井上召开事故分析现场会。党支部书记李忠和重点讲了事故原因及对待事故的态度问题。他说:“采油工人的工作特点是单兵作战，没有老老实实的态度，严格的要求，是管不好油井的。”小孙越听越坐不住，当即站起来，眼含热泪，激动地表示，要求把那个变了形的刮蜡片挂在自己管的油井上，要时刻不忘这个教训。我激动地说:“干部是带队伍的人，我们怎么带，队伍就怎么走。我们不能严格要求自己和别人，队伍就不可能具有高度的革命自觉性。事故出自小孙，可根子在我身上，我这个队长只埋头抓生产，放松了职工的思想工作。”大家一致表示:应该把那只变形的刮蜡片挂在队上，让全队的人天天看到，时时想到，小孙的教训也是大家的教训，要说老实话，要办老实事，做个老实人，要严格要求自己，对每一件事要具有一种严肃的态度，这样才能管好油井。

会议结束后，深冬的夜幕罩着白雪皑皑的草原。夜深人静，我们支部成员翻开了《矛盾论》边学边议。前一阵子工作千头万绪，我们当干部的眉毛胡子一把抓，结果出现了小孙的事，当前许多矛盾，究竟什么是主要矛盾？怎样把它抓住并加以解决呢？正像毛主席所说的“共产党员的先锋作用和模范作用是十分重要的”。队伍作风过硬首先要解决干部以身作则这一问题。第二天，党支部订出了

“干部上岗，工人监督，要求工人做到干部首先要做到”的制度，得到了全队职工的拥护。

没过几天，正巧是我上4点班。那天，我从矿上开完会赶到队部，一看表，离接班时间只有10分钟了。从队里到油井要走15分钟才能到，怎么办？不能因为开会就上班迟到。于是，我一路小跑，赶到井上一看表，还提前了2分钟。值班工人王化琪一看我跑得气喘吁吁、满头大汗，零下30度的天气，热得连皮帽子都没戴拿在手上，便惊异地问：“你上班为啥这么慌？”我照实说了。老王心疼地说：“开会迟到几分钟有什么关系？”我严肃地说：“战场上晚一分钟就要付出血的代价，搞社会主义建设也要有战争年代那种铁的纪律啊！”

抓生产从思想入手、抓思想从生产出发

不久，在队党支部的带领下，全队开展了一个“当老实人，办老实事，说老实话，严格要求，严明纪律”的活动，大大提高了全队职工的思想觉悟，干部带头，工人自觉，在我们队逐渐形成了风气。

1962年底，我们发动全队职工对所管的油水井、站进行了详细认真地检查。技术员傅孝余逐井逐站认真细致地检查验收。除夕的晚上，他检查到最后一口油井时，发现套管法兰缺一个螺丝，这时已是深夜九点了。他为了装上这个螺丝，从这个井排找到那个井排，从材料库找到维修队，终于找到一个适用的螺丝，然后回到井上把它配好。此时，正是万家灯火，合家团聚的时刻，而我们队上的5名干部和班井长都上井顶岗。没有一人回家过年，整夜巡回在14口油井和泵站上。

老工人李广志，在西七排3井检查闸门池的设备时，发现回压闸门下面有颗亮晶晶的油珠。“这油珠是从哪里来的呢？”他反复检查了各个闸门，并无渗漏，也不像是外面沾上的。“会不会是管线穿孔出现的渗漏？”晚上，他把情况向井长作了汇报。

第二天，两人一起来到井场，顺着油痕的地方，一段一段挖出管线，接着又擦干净，逐段检查。经过4个小时的紧张奋战，终于查出了油珠的来历，原来是干线穿孔渗漏出来的，及时消除了事故的隐患。

有一次，小尹家来了客人，喝了两盅酒，接班时，被19岁的徒工小李闻出来了。小李不准他接班，叫他在井场上铲草，等酒味没有了再来接班，小尹无可奈何，只好拿起锄头铲了两个小时的草。

以后，在全队逐渐形成了严细的作风。全队职工对每盘长达1500米的清蜡钢丝都要用放大镜一寸一寸地检查。确认合格后才准使用。又如在交接班时，发现刮蜡片直径差0.2毫米，生产报表涂改一个字，灭火器上有一点灰尘，开关闸门差半圈或工具摆得稍微不整齐，都要交班人一一改正，才能接班。记得一天夜晚，一场特大风雪席卷油田。我迎着呼啸的北风和漫天飞舞的大雪，向离队最远的油井走去。当我来到那口井时，油井干线炉的火苗被风吹得时大时小，我想找块破毛毡挡在火口前面，可是找遍井场一块也没有。忽然又一阵狂风刮来，险些把火吹灭，我忙把身上的棉衣脱下来挡在干线炉前面。这时有一个人朝这里跑来，正是值班的小孙，我打亮手电筒一看表，还有30多分钟才到检查的时间呢，就问他为什么来得这么早，他说："风雪天不放心，担心加热炉火被吹灭。"我发现他没穿棉大衣，就问他："为啥不穿棉大衣？"他说："有一口井分气包的放空闸门在外面，这么冷的天气容易冻，我就用棉大衣包上了。"我被感动得热泪盈眶，连忙跑步返回队里，扛了一捆毛毡，按岗位分下去，然后又冒着风雪连夜包好易冻部位。

雪越下越大，平地上的积雪有一尺多厚。上零点班的工人李纯忠背着工具，走到西六排一号井时，发现蒸气注水快把闸门放空头淹没了，他马上拿了桶去掏，鞋和裤脚都湿透了。等他从井口房一出来，鞋和裤子就冻成了冰块，走起路来哗哗乱响。每走几步就摔一个跟头，他一次次地从雪地上爬起来，艰难地向前走去。

当他穿过公路时，脚底一滑，摔下深沟里，手里的马蹄表也摔出老远，他一连爬了几次都没爬起来，手冻僵了，脚也失去了知觉，他担心大风雪埋没了马蹄表，就一点一点地朝马蹄表方向爬去。正巧这时有一辆汽车经过这里，司机发现路旁沟里有个人，就停下车把他扶起来说："这么冷的天，你冻成这样子，我送你回家吧。"李纯忠认真地说："谢谢您，我是油井的值班工人，还有两口井没有检查呢。"说着又迎着风雪朝远处的一口油井艰难地走去。那位司机很受感动，又怕他再次摔倒，就开车到队部，向干部说了此事。我听说后立即赶到井上，可是他已经检查完油井，雪地上只留下他走过的两行深深的脚印。由于大家严格执行制度，坚持严细作风，扎扎实实地干工作，确保了油井的安全生产。建队3年录取的3万多个数据，无一差错，油水井资料分别达到八全八准和六全六准，在用设备台台完好，井井站站达到一类，连续被评为油田标杆单位。

1964年2月20日，我们在石油部召开的全国油田电话会议上，介绍了经验，大庆工委作出了《关于开展向采油三矿四队学习的决定》。全油田迅速掀起了“学三矿四队，赶三矿四队、超三矿四队”的群众运动。

同年5月，石油部在召开的第一次政治工作会议上，把我们在实践中摸索并创造的一些经验，概括为“三老四严”的革命作风，即对待革命事业，要当老实人，说老实话，办老实事；干革命工作，要有严格的要求，严密的组织，严肃的态度，严明的纪律。并授予我们三矿四队“高度觉悟，严细成风”的石油部标杆单位。领导同志还亲自给我们全队职工每人胸前戴上大红花。

从此，“三老四严”的作风，在大庆油田蔚然成风。

就在这时，大庆工委号召全油田认真学习毛主席关于“加强相互学习，克服固步自封，骄傲自满”的指示，掀起了一个大学“两分法”，学先进、找差距的高潮。

记得刚开始，我们队有的同志认为找差距会否定成绩，还有的同志认为找差距是跟自己过不去。但多数同志认为找差距正是为了揭露问题，解决问题，不断前进。通过反复学习、讨论，大家统一了认识。当时，我们就以管理得最好的某排7井为榜样，对自己的标准严要求，翻“箱”倒“柜”，大找差距，仅一个上午就找出72个问题。大家说：“不找不比，沾沾自喜，一找一比，相差万里。”震动了全队，打开了局面。接着全队在不到10天的时间里，从政治思想、生产管理、生活后勤等共找出了1300多个问题，大家说：“成绩不说跑不了，缺点不找不得了。”就这样狠扫了低水平。紧接着又大抓整改，使全队面貌焕然一新。有的同志高兴地写了一首诗，“大庆会战成绩大，全靠‘两论’

来起家。艰苦创业迈大步，前进全靠‘两分法’。”

1965年和1966年，石油部又分别给我们队颁发了“团结的核心，战斗的堡垒”和“红旗单位标兵”两面红旗。

我们连续3年获得石油部锦旗，既表明了我们艰苦创业的成绩，也忠实地记录了我们所走过的道路。

相关链接

好作风是领导干部带出来的

——《大庆企业文化辞典》

大庆企业领导培养队伍作风的一条宝贵经验。石油会战中形成的“三老四严”、“四个一样”等好作风，不是命令出来的，也不是靠制度订出来的，而是靠领导干部的严于律己、以身作则的好作风带出来的。培养队伍的好作风，关键是干部带头。有什么样的干部，就能带出什么样的队伍，培养出什么样的作风。从会战开始，工委就特别强调，要求职工群众做到的，领导干部首先做到；要求职工群众不做的，领导干部带头不做，30年来，党委先后制订了领导干部“约法三章”、“四个公开”、“领导干部思想革命化10条措施”、“党政干部‘十不准’”等一系列行为准则和规范，并坚持基层检查机关、民主评议干部等制度，强化干部自身行为的表率作用。身教重于言教。干部的一举一动、一言一行在群众中树立榜样，就能感染群众，教育群众，带动群众树立起好作风来。领导干部严于律己，作出表率，才敢于严格要求职工群众，敢于狠抓队伍中出现的“一粗、二松、三不狠”、“马虎、凑合、不在乎”的老毛病和坏习惯，带出人人严、事事严、时时严，“严”字当头的好作风。

岗位责任制的灵魂是岗位责任心*

黑天和白天干工作一个样；

坏天气和好天气干工作一个样；

领导不在场和领导在场干工作一个样；

没有人检查和有人检查干工作一个样。

20多年过去了，这“四个一样”一直萦回在我的脑海里。每当有人提起这“四个一样”的由来时，当年李天照井长带领我们创出“四个一样”的情景就会清晰地浮现在我的眼前。

定期开展岗位责任制大检查

* 选自《大庆石油会战——大庆文史资料第二辑》，题目为编者另加，原题为《我们是怎样创出“四个一样”工作作风的》。作者杨正培。

自1960年大会战拉开帷幕后，不到一年时间，油田建设已初具规模，开始投入试油生产的第二战役。

1961年7月，采油二矿五队成立了5-65井组，因为只有李天照和我是党员，组织上就让李天照为井长，我为副井长，全井组11名职工管理5-64，5-65，5-67三口自喷井，值班中心岗设在5-65井口。

我们这些参加大会战的来自五湖四海。我从部队复员来的，是个摸枪杆子出身的；刘玉智从山东老家招工来的，是个捋锄杆子出身的；张学玉从佳木斯分配来的，是个捏笔杆子出身的；李天照是1956年从技校毕业，在玉门油田干了5年的老大哥。除了李天照外，我们都没有搞过石油。当油水井的生产管理交到我们手中后，我们的心是沉甸甸的，感到这副担子既光荣又艰巨。光荣的是党和人民把多出油、出好油，甩掉贫油帽子、为国争光的重任交给我们了。担心的是我们没有搞过油，不知道怎么搞。像我们这种情况全油田是普遍的。主要原因是没有一套科学的管理方法和行之有效的规章制度。针对这种情况，会战工委提出了“从大量的、常见的、细小的工作入手，全面管好生产”的号召，要求全油田建立和健全岗位责任制。我们的岗位责任制是写在纸上，贴在墙上。但制度是死的，人是活的，每个同志能否认真执行？李天照同志说：“执行岗位责任制

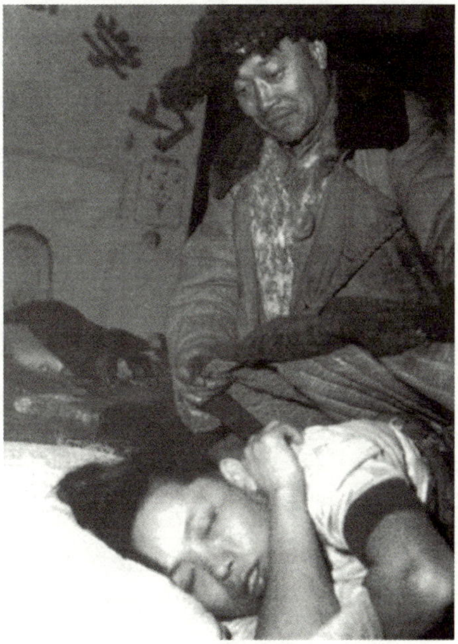
指导员检查盖被

的灵魂是责任心，只有树立起主人翁责任感，才能自觉地，始终如一地执行岗位责任制，才能管好生产。”“四个一样”就是在这种情况下产生的。

1963年7月份的一天，天气突变，瓢泼大雨倾泻而下，片刻间，井场周围积满了没脚脖深的雨水。一小时一次的检查时间到了，雨还是下个不停。上4点班的学徒工刘玉智从值班房探出头来，望了望西边露出一线亮光的天，连忙侧转身去，问李天照：“井长，这雨下不长，等它住一住，咱再去检查吧！”李天照望了望值班室外，大风把豆粒大的雨点吹得斜成一线砸下来，撞出一串一串的大水泡，这么大的风雨，水套炉能不能呛风倒烟呢？李天照犹豫一下后，斩钉截铁地说了一声“不行！”操起工具，三步并两步，冒雨冲出了值班房。他按巡回检查路线逐点逐项地检查了采油树、分离器，最后沿着干线堤去检查加热炉。几次跌倒了又爬起来，走到跟前一看，加热炉底部已经进水了，火苗挟着黑烟呼呼地从炉口往外喷，眼看就要呛灭了，他拿起铁锹，挖了3条小沟，排出积水，重新调好合封。他一直站在雨水里，直到加热炉燃烧正常后才松了一口气。等他回到值班室，浑身上下已经湿透了，雨水顺着头发、袖口和裤脚直往下滴。他一面脱下上衣来拧干，一面对刘玉智说：“小刘啊，越是坏天气，越是容易出问题，以后可得要注意。”刘玉智惭愧地低下了头，他掏出钢笔来，把井长的话一字一句地写在工作记录本上。

一天夜晚，乌云吞没了月亮，藏起了星星，草原上一片漆黑，伸手不见五指。已经是11点半钟，我和队长白荣岗来到5-65井组，检查夜班工人的交接班情况，到井场时正是半夜零点的交接班时间，只见交接班的两个同志逐点地检查井口设备上的46个点。我和白荣岗队长就在暗中看他们怎样交接班，只见他们在分离器房停下来，接班的工人李润纪用手摸摸量油玻璃管，摇摇头说：“不行，上边有油渍，你擦干净了我才能接班。”交班工人二话没说，拿起一片毛毡把玻璃管擦得亮晶晶的。

白荣岗队长被他俩执行岗位责任制，认真交接班的精神所感动，在第二天安全讲话会上表扬了他俩的做法。我到井上值班时告诉李润纪：“白队长昨天查你们，今天还表扬了你们。”李润纪笑笑说：“查也不怕。咱干活，夜班和白班一个样，一点都不马虎。”我笑着拍了一下他的肩膀说：“好，你们这样做真棒，把这一条也写到工作记录上，作为咱们井组的一条纪律吧。”

一天晚上，蒙蒙细雨像雾一样遮天盖地，我和李天照冒雨来到井场检查工作。快到井场了，李天照看了腕上的夜光表，时针正指着19点57分，距离检查时间的20点只差3分钟，值班的张加祥该出去巡回检查了，井场上怎么还是一片漆黑？我正在纳闷的时候，井场上的照明灯突然亮了，门“吱呀”一声响，值班房里走出一个熟悉的身影，那人拿一把管钳，大步地走进井口房，仔细地检查着采油树的闸门。

“是他，真是跟钟表一样地准时。”李天照对我说着，高兴得几乎喊出声来，我们暗地里看着张加祥按顺序检查完井口设备，又嚓嚓地踏着泥泞，沿着管线向前检查去了。王加祥手里的电筒忽明忽暗，从那淡黄色的光柱里，还看得见雨丝在闪亮。

我们走进值班房，李天照井长说：“老张，你今天检查得挺严呀。”张加祥没想到自己的井长冒雨上井，心里热乎乎地答道：“井长，你不用操心了，干活嘛，领导在不在，干活都一样，这一条也定为咱们井组的一条纪律吧。”

我们井组的每一件设备都严格地执行挂牌制度，凡是起动的设备，开着的闸门都挂上一个“开”字牌，停运的设备、关闭的闸门就挂上一个“关”字牌，使任何人在任何情况下，通过挂着的牌就能掌握设备的运行情况。

一天零点刚过，李天照井长悄悄地上井，把套管闸门上的“开”字牌，暗暗地换上了“关”字牌就走了。

第二天一大早，李天照井长就到井上去检查，看到夜班工作记录本上写着这么一条：接班时，套闸门开着，挂“开”字牌。夜里一点检查时，套管闸门开着，却挂错了牌，不知何人把“开”字牌挂成了“关”字牌。李天照看完就笑了，夜班工人于贵业一见他笑了，心里就猜着八九分，就问道：“井长，可是你动了我们的牌子？”李天照笑了笑说：“对了，我就是考验考验你们哩！”于贵业严肃地说：“那还有啥含糊的，查不查俺都是一样干工作。”李天照井长听完这句话，沉思了一会，就把“查不查都是一样干工作”这一条也记入到井组的纪律中去。

就这样，我们凭着高度的革命自觉性，兢兢业业地干好采油工作。自井组建立以来，经过上级领导三千多次的明察暗访和20多次的大检查，没有一次脱岗、串岗、睡岗的。在井上录取的2万多个地质数据无一差错，油井各种设备上的803道焊口，156个大小闸门没有一处漏油跑气的，管理水平在全油田被评为五好红旗井组。1964年初，新华社记者袁木、冯健来到我们井组，和我们同吃同住同劳动，把我们井组的做法总结归纳出“四个一样”以长篇通讯形式发表在《人民日报》和大庆《战报》上。从这以后，会战工委也多次到我们井组召开现场经验交流会，“四个一样”很快就传遍了全油田。

一天下午，李天照到会战工委开会，接受命名表彰去了。

我们吃过晚饭，就像盼星星、盼月亮似的盼井长，一直到深夜10点多钟，我们都钻进了被窝，李天照才眼睛眯成一条缝，笑滋滋地进屋了。刘玉智一个高蹦到地下来，一把从井长手里抢过奖状展开一看，十二个烫金大字，呵！“首创四个一样的李天照井组”，还是石油部通令嘉奖的呢！我们兴奋地围坐在地窝棚里的大通炕上，互相传看着、打闹着，眼里都浸出了激动的泪花。

已经是下半夜，我起来解手时，看到灯还在亮着，李天照下颏顶在枕头上，眉头拧成“川”字形，地下扔着一堆旱烟头，我惊奇地问他：“是得了奖状高兴得睡不着了吗？”李天照翻了身，叹了口气说：“高兴是高兴，更多的是担心，担心的是四个一样虽然在油田叫响了，长期地坚持下去却是一个大难题。”他指着大通炕上睡得呼呼山响的6个同志说：“刘玉智的老家总来信，每次来信他总愁眉苦脸的。李润纪呢，身在井上，心在家里，最近上夜班总好躲在门后打瞌睡。要想把6个人都扭成一股绳，难哪！”我再也没有睡意了，一直和井长聊到起床。

夜间检查，风雨无阻

有一次，刘玉智的父亲又来信了，家中受灾颗粒未收，让他务必邮回几十元钱去。学徒工工资一个月才18元钱，只够到老百姓那儿买3斤土豆吃，勉强糊口，养家太难了，愁得刘玉智吃不下饭，睡不着觉，工作上更是丢三落四的。有一次，他当班填写工作记录时，90多个数据居然错填和漏填了11个。

这天夜晚，李天照趁同志们都已入睡的时候，跟刘玉智肩靠肩地坐在一起，倾心地交谈起来，李天照像兄长似的安慰刘玉智，告诉他要学会安排生活，尽自己的能力照顾好家。然后才语重心长地说："全国都受灾，家家的日子都不好过，国家还勒着裤腰带还外债。俗话说，锅里有了，碗里才有，要想自己过得好，首先要使国家富强起来。我们几万人来这荒凉的松辽草原干什么来了，就是给国家创造财富来了，给全国人民争气来了，咱们石油工人的担子可不轻啊。个人再有啥难事，总还是一个人的事，万万不能影响工作呀。"说完，交给胡玉智20元钱。刘玉智吃惊地问："井长，你这是……"李天照深情地说："我是二级工，比你挣得多，家庭负担也比你轻，就算我给老人买点东西吧。"刘玉智何尝不清楚，井长的家也来过信，管他这个吃"皇粮"的国家工人也要过钱哪。从这以后，刘玉智从个人的烦恼中解脱出来，振奋精神干工作。有一天下午，乌云翻滚，电闪雷鸣，顷刻间，暴雨转中雨，连下了10多个小时，正在值班的刘玉智从下午4点到夜里零点，连续6次出去检查，被淋湿了6次，每一次都是在水套炉墙上烤个半干后再去检查，在这次大雨中，没有一口井的水套炉被浇灭，更没有一个干线加热炉被浇灭。

那是进入三九严寒后的第五天晚上，零下30多度的西北寒风挟着雪粒，呼啸着、撕扯着本来就冻裂的大地。李天照从矿上开完会回来已是晚上9点多钟了，他看着进入梦乡的同志们，看着窗外的冒烟雪，想到井上只有两个人值班，井场周围三、五里路没人烟，担心井上出事，可又怕冻坏了同志们。想到这里，他轻轻地穿上老羊皮袄，扑进风雪中。

当他走到5-67井时，不太熟悉采油工作的学徒工刘庆廉连冻带急，快要掉眼泪了。原来是5-67井水套炉被大风吹灭，小刘用了一盒火柴，一个多小时也没点着，管线内的油温在急剧下降，再有一个小时不点火，管线内的原油就要全部凝固冻死，灌了香肠，整个冬天都开不了井，产不了油，这可是大事故呀。李天照认识到这个危险后，一步跳进水套炉地槽里，沉思片刻后，打开水套炉炉口，掏出里面的跑油，脱下身上的老羊皮袄，挡在炉口上，让刘庆廉把炉火点着。为了使炉火稳定下来，李天照蹲到炉口边上举着皮袄挡风，冻得他浑身上下直起鸡皮疙瘩，牙关直打颤，直到炉温恢复上来，他才披上皮袄，又到别的井上去了。第二天，李天照就得了重感冒，一连吃了7天药才见好。

李天照同志就是这样，井组里的同志有病了，他做好病号饭，亲自送到床头，他替身体不好的同志顶班，连轴转了34个小时，累得晕倒在井场上；他把自己的棉大衣送给钱德昌穿，自己只穿一件小棉袄，他看到钟信亮的褥子破了，立刻拿来自己的褥子给钟信亮换上；每逢天气恶劣了，他都是一直陪伴在井上。

李天照同志就是这样，以一个共产党员模范带头作用，关心同志，爱护同志，严格要求，自觉从严，把全井组拧成了一股劲，形成以井为家，自觉做到“四个一样”的好作风。有一次，新工人张学玉操作不小心，把千分尺上的一个小螺丝弄丢了，他立即报告井长并作了检讨。当天他从下午找到傍晚，没有找到。第二天刚等天亮他又到井场上找，还是没找到。他想，我们井组自成立以来，管理和使用的几十件工具、仪表及生产设备至今件件完好，没有丢过一个螺丝，今天自己弄丢了一颗螺丝是小，破坏了老师傅们辛辛苦苦养成的好作风，这可是大事。

他只好请了半天假，赶到萨尔图，问遍了所有的自行车修理部、钟表和收音机修理店，想买一颗小螺丝配上，结果不是没有，就是规格不合适，都未如愿。张学玉想来想去，终于想到生产厂家。他工工整整地写好了一封信，说明原委，请技术员根据形状画了一张草图，标明了尺寸，并附上一元钱，寄给了厂家，要求工厂破例卖给我们井组一颗小螺丝，厂家被张学玉这种对工作高度的责任心所感动，免费送给一颗螺丝，他们扣除寄信用的两角钱邮费，把剩下的钱附在一封信里用挂号邮回来，信上写到："你们自觉地爱护设备，在自己的岗位上严细认真，一丝不苟，这种精神值得我们学习。"

就这样，"四个一样"成了我们井组的好传统、好作风，成了我们井组自觉执行的座右铭，使我们井组从1961年组建到1964年，管理达到"十过硬"，管井工人达到"十能"。其中主要几条是：安全生产过得硬，安全生产2045天没有发生任何大小事故。资料八全八准过得硬，累计录取各种资料数据上万个无差错。设备配件定期维修保养过得硬，使井组1860个设备部件不渗、不漏、不松、不锈，井场清洁平整。规格化上过得硬，3口井始终保持标杆井水平。在原油生产上，天天超产，月月超产，年年获油田"标杆井组"的光荣称号。李天照井长年年被会战工委评为五好红旗标兵。

20多年过去了，现在李天照井长在大港油田担任输油处处长，我也退到后线上干一些力所能及的工作。当年一起首创“四个一样”的伙伴都调得天各一方，难得相聚，不过，使我们欣慰的是5-65井的井碑经过20多年的洗礼，依然存在，5-65井组尽管人员换了十几茬，“四个一样”的好传统没有丢。

相关链接

岗位责任制的灵魂是责任心

——《大庆企业文化辞典》

这是大庆人的一句名言，指能否严格执行制度的关键，在于人们的政治思想觉悟和主人翁责任感，它是执行制度的思想基础。大庆岗位责任制来自生产实践，来自群众，具有强大的生命力。但是一个新的制度的贯彻执行，首先必须向旧的习惯势力作斗争，狠反老毛病，横扫坏作风，为贯彻制度打好思想基础。1964年大庆石油会战指挥部《生产工人岗位责任制度实施纲要》第三十九条明确提出“岗位责任制的灵魂是政治责任心”。这就是说，大庆岗位责任制的内容只是它的“肌体”，而不是它的全部。它的“灵魂”是广大职工对革命事业的高度政治责任心。大庆在贯彻岗位责任制的过程中，一抓思想教育，强化政治责任心，使人人都自觉地生活在制度之中。二抓作风建设。作风是思想的反映，是政治觉悟的表现。大庆三十年如一日，注意抓作风，注意从日常的、细小的事情抓起，狠反“一粗、二松、三不狠”，“马虎、凑合、不在乎”的老毛病、坏作风，在生产实践中逐步培养起“三老四严”和“四个一样”的好作风。执行制度自觉从严，好字当头。三抓检查评比，表扬先进树模范，鞭策后进赶先进，激励广大职工认真执行岗位责任制度。大庆十几万名职工，分布面广、点多，尤其是采油工，单兵作战，基本上处于无他人监督的情况下，付出多大的劳动，作出多大的牺牲，执行制度是否走样，起决定作用的正是高度的政治责任心。有了政治责任心，就能充分发挥职工群众的主观能动作用，丰富制度的内容，弥补管理上或制度上的不足，使制度不仅在正常情况下能执行，在复杂情况下也能执行，制度规定的条条能落实，制度没有规定的也主动地去做好。有了政治责任心，就能做到人人坚守岗位，埋头苦干，执行制度严肃、认真，一丝不苟，出高标准、高质量、高水平。有了责任心，才能发挥制度的威力，使制度真正落到实处。

岗位责任制的由来*

1962年4月1日，北二注水站胜利完工投产，上级任命我为站长。全站140多个人中，只有十几个人是从注水单位调来的，大多数人对注水是外行，更缺乏管理经验。当时我们管理一座注水站，13个配水间和全矿的注水井，可谓“点多、线长、面广”，生产管理工作难度大。

全站职工为了做到平稳操作、安全生产、合理注水，都以满腔的热情投入这场新的战斗。刚开始管理泵站，尽管我们一天到晚忙得团团转，可注水生产却一直不够正常，庞大的机泵好像故意跟我们作对似的，经常出现小病小灾，很不听使唤。同志们也是对上班干啥、管啥心中无数，面对这么大的机械设备，真是“老虎吃天无从下口”。结果出现了有的地方忙得脚打后脑勺，有的地方还没有人管，生产工具东扔西丢，生产管理杂乱无章。我们看到油田生产建设迅速发展，而注水生产却像老牛拉车一样缓慢，人人心里都急得火烧火燎的，可谁都想不出好办法来。

5月8日，兄弟单位中一注水站由于制度不健全、管理不善，不幸被一把火烧得精光。好端端的一个新站变成了一片废墟，使国家财产受到严重的损失。

我们党支部积极响应大庆工委的号召，发动群众，围绕“一把火烧出来的问题”，结合本单位的实际，开展大讨论，总结经验，吸取教训，订出措施，杜绝隐患，保证安全生产。

* 选自《大庆石油会战——大庆文史资料第二辑》，作者罗政钧，大庆石油会战时期曾任采油一部北二注水站站长、采油三部生产办副主任等职。

5月8日的晚上，全站的职工坐在会议室里，我激动地说："同志们，中一注水站的一把火烧出什么问题？大家要问几个为什么？从中也要查找咱们站上有没有这种事故的苗头和隐患，如有，怎么办？……"同志们边听边认真地琢磨起来，会场一片肃静，只听桌子上的小马蹄表"滴答"、"滴答"清脆地响着，一缕缕有些呛人的烟雾在人们头上环绕着。指导员秦时栋是个老注水工，他深有感触地说："这一把火烧在中一注水站，也烧在我们注水工的心上。过去我们认为注水工作就是那么一回事，按各自的经验去工作，缺乏严密的组织和统一的制度……"接着谈到事故的原因，大家议论开了，这个说："还不是平时不注意，管理乱糟糟造成的。"那个说："我看关键是没有严格的制度，谁干啥管啥都不清楚。"顿时会场沸腾起来。

经过讨论，查出了中一注水站失火的原因和本站存在的许多问题。大家一致认为建立合理的规章制度是十分必要的。可是一谈到用什么措施制定什么样的规章制度，又卡壳了。我见大家不言语了，就启发说："实践出真知，今后同志们在工作中留心点，注意总结经验教训，从生产实践中摸索出管理生产的好办法。要用我们工人的智慧创造出自己管理企业的一套规章制度。"

一天中午，太阳火辣辣的，三班长祝良云一上班就忙了起来，换钢套、加黄油、检查设备、打扫卫生，一直忙了两个多小时，一切都妥了，他舒眉展眼，乐呵呵地回到值班室，填完各种报表，从抽屉里拿出《实践论》认真学起来。

正当他看得入神时，突然站上的电工气喘吁吁地闯了进来，朝班长喊道："一号泵停了！"这时祝良云像屁股底下塞了一把火，腾地站起来问："怎么停了？你慢慢地说。"那个电工这才冷静下来说："也不知道啥原因？我是看仪表才发现的。”班长听到这，便几步来到泵房，泵工李连举正认真地检查。班长问："怎么样，什么毛病？""没有查出来。"班长望着他满脸的汗水和疲乏的神色，心疼地说："别查了，快去把站长叫来。"李连举应了一声，便箭一样向队部跑去。

不一会工夫，我到了，问明了情况，便带领大家进行仔细的检查。

经过一个多小时的检查，事故的原因查出来了，原来由于平时不注意保养和维修，致使螺丝松动，连杆折断，触坏滑板，迫使停泵。这回抢修了七、八天的时间，起码要少注水一万多立方，直接影响了采油。针对这次事故，我们党支部当天晚上召开全站职工事故分析会，围绕一号泵的事故，展开大讨论。会上大家以"两论"为武器，分析了掉连杆的事故，从中吸取教训。原来这种泵功率大、排量大、震动也大，固定连杆的十二条螺丝，每经过一段时间运转就会震松，不及时拧紧，就会震断，掉连杆。这个规律如果事先人人都掌握，就应该对设备按时检查、保养，该拧紧的拧紧，该润滑的润滑。可是，这台泵运转一个多月没人发现这个问题，也没有停下来检查保养。光叫马儿跑，不叫马儿吃青草，怎么不出问题呢？于是我们都清醒地认识到鼓足干劲，是鼓那种革命精神同科学态度相结合在一起的实劲，只有扎扎实实地掌握工作中的规律，才能在生产上达到预想的效果。生产管理尽管千头万绪，但只要把站上的几十项工作和几十名工人用严格而健全的制度连在一起，固定下来，按生产的规律办事，统一指挥，步调才能一致，就能保证生产的顺利进行，取得好效果。

认识统一后，感到突出的问题是泵站投产以来许多工作没有落实到岗位，岗位职责不清，如哪台设备归谁管，哪件工具归谁管，没有明确的责任制度，致使全站设备、工具一大堆，究竟有多少，家底摸不清。查问起来，这个说："都在这儿呢！"要问手钳哪去了？那个说，"刚才还在呢，怎么一转身不在了！"简直是一笔糊涂账。我们党支部就发动群众进行大调查，查物点数，把全站所有的设备、闸门、螺丝、工具、仪表、图纸、记录等硬是搞得一清二楚。"家底"摸清了，怎么管理起来呢？发现张洪洲班把每样东西、每件事情，由谁管、负什么责任都落实到人头，使每个岗位工人，明确了职责，知道他干什么、管什么，怎么管，达到什么程度和自己的权利。全班工作井井有条，大家都说好。于是就根据他们的做法，把全站要管的东西和事情，按照生产工艺和工作量的大小，划分五个区、八个岗位，明确规定了每个岗位的责任，做到人人有专责，事事有人管，办事有标准，工作有检查，总结出了一套规章制度，在全站各班推广执行。这就是最初的"岗位专责制"。

泵站的工作虽然分了工，但每个岗位要管几十件事，怎样才能管好呢？这时有的同志提出，田发琳班为什么从来没有出过事？因为他们巡回检查有一条合理的路线，先干啥、后干啥都一清二楚。工作重点总是放在那些容易出问题的部位上。划分了一些检查点，发现问题，及时解决。于是就由田发琳同志当场示范表演，从田发琳班的经验订出了"巡回检查制"。全站划分了64个检查点，规定了检查内容和要求，定出了一条比较科学的检查路线。

我们站是连续生产的单位，怎样使上下班之间互相衔接，不误生产呢？大家又谈到苗安安接班的经验。老苗每次接班，都是提前半个小时上岗，这里看看，那里摸摸，非把所有生产情况都问清不可。他常说："情况不明，心里不踏实。"他们班里的人也这样，有时上一班少了一件工具，就不接班，一直到把工具找回来为止。我们认为这是一条好经验，就根据他们的做法制定了“八不交接的交接班制度”。

我们还吸取了一号泵断连杆的教训，由李斌工程师和大班司机曾汝勤同志一起，根据书本和实践经验制订了“设备维修保养制度”。除各小班对设备的正常检查之外，设备连续运转到一定时间，就要停下来，进行检查保养。又针对过去注水水质化验分析数据有时不全不准的情况，制订了“质量负责制”。在我们五大制度初步形成的时候，大庆会战指挥部副指挥兼生产办主任宋振明来站检查指导工作，对我们建立的这些制度和做法给予了肯定。同时也给我们指出了许多存在的问题，要求我们做到“人人有专责、事事有人管，人人生活在制度之中”以及“要从大量的、常见的、细小的具体工作抓起，全面管好生产，事事达到规格化标准”。宋振明副指挥还把别的单位总结出来的“岗位练兵制”、“安全生产制”、“班组经济核算制”和我们制定的五大制度归纳在一起，统称“岗位责任制”。并强调指出：“要执行好岗位责任制，必须提高大家的认识，把思想工作做到生产的各个环节和全过程中去，提高大家的岗位责任心，只有大家有了高度的岗位责任心，岗位责任制度才能落实到实处。”宋副指挥的话讲到了要害处，对我们的启发很大。我们立即召开党支部扩大会，研究讨论了3个晚上，又制定了“政治思想工作制度”、“干部岗位责任制”和“干部跟班劳动制度”。

由于岗位责任制度在生产中不断地得到充实、完善，生产管理井然有序，全站面貌焕然一新。矿长薛仁邦亲自给我们送来了“生产管理典范”的光荣匾。紧接着宋振明副指挥在我们站召开有二级单位主管生产的领导参加的现场会。李斌工程师代表北二注水站在会上介绍了岗位责任制度和建立岗位责任制度的具体做法。宋振明副指挥在会上号召全油田各单位普遍推行岗位责任制度。宋副指挥要求在建立岗位责任制中，要从本单位、本岗位的实际出发，从群众中来，到群众中去，要由下而上，不要由上边包办代替，让群众自己教育自己，这样岗位责任制才会有生命力，才会促进油田生产的发展而收到好的效果。

现场会的召开，对我们全站职工也是一个很大的促进，同志们劲头倍增。在工作中，我们严格贯彻执行了设备强制保养制度，改变了过去“驴子不死不换套，机器不坏不检修”的状况。比如，3号泵正在保养，2号泵也到保养时间了，按过去，生产很紧张，设备没大毛病，就让它继续运转下去。这回嘛，生产紧张也要停下检查，只是要突击抢修，及时投产。班与班、岗位与岗位之间，还互相严格检查。坚持设备缺一条螺丝不启动，压力表不准不启动，缺一点黄油不启动。从此，泵站管理越来越好，设备完好率由25%提高到100%，保证了生产的顺利进行，4台机泵都一个调子，唱出了和谐的生产乐章……

这些制度把日常千头万绪的具体事情和广大职工大干社会主义的积极性很好地结合起来了。这就使工人群众可以按照一套科学的办法甩开膀子大干。

正当我们认真执行岗位责任制，生产不断取得成绩的时候，敬爱的周总理在日理万机的情况下，千里迢迢来到大庆，来到我们泵站视察工作。

1962年6月21日，春风和煦，阳光灿烂。一大早，我们就听说有中央首长要来，大家心里可高兴了，只听“滴滴……”汽车喇叭那清脆的响声传来了，我们站顿时一片欢腾，总理和蔼可亲、神采奕奕地朝我们走来，亲切地伸出手，我们这满是油污的双手，怎好意思伸出来，赶紧在衣服上使劲地擦。谁知周总理上前一把握住我们油污的手，微笑着说：

“不怕，我也做过工。”并亲切地问寒问暖，还让我们介绍站上的生产情况。当总理看到墙上的“岗位责任制”时，边看边点头，脸上挂满了笑容。还问我们：“这些制度是你们自己搞的吗？”我们回答后，总理赞许地说：“好，这样做很好！”这巨大的鼓舞，立刻化为我们心头的光和热，使我们攥紧拳头，要为油田的注水开发做出更大的贡献。

总理挨个视察了我们的岗位，和我们一起擦泵上的油污，并指着国产2号泵，嘱咐说：“这是我们自己造的，你们要加倍爱护它。”每当看到工人们一丝不苟地按规章制度认真操作时，总理高兴地说：“你们的岗位很重要啊！”听着总理的亲切教导，我们喜泪盈眶。

总理这次视察，对我们在实践中创造的“岗位责任制”给予高度的评价，使我们感到无比的光荣和自豪。同志们深有感触地说，只有在共产党领导下的今天，我们工人才有权力制定企业管理的制度。周总理最了解我们工人的心，今后，我们一定听总理的话，坚守岗位，认真执行制度，把泵站管好。

全站职工从此执行“岗位责任制”更加自觉、主动、一丝不苟。有一天，夜深人静，毛毛细雨下个不停，苗安安刚歪着身子在床上迷糊一会儿，冷丁睁眼一看表：“呀！快11点半了。”他赶紧爬起来，扒拉几口饭就准备上班。他爱人见他这个忙活劲就笑着说：“你看差表了，现在才11点，你急啥！”原来苗安安把表的指针往前拨了30分钟。他不听妻子的劝说，一头冲出门外消失在雨夜里。

他踏着泥泞的小路趔趔趄趄来到站上，也不歇口气，就进行巡回检查。他像给病人检查病情一样，对设备的各个部位，哪怕一颗小螺丝钉都认真查看一番。查完，他认为一切正常，便心情愉快地准备回值班室接班，不料在经过水泵的电机底座时，突觉得脚下有轻微的震动，立即引起了他的极大注意。为了弄清情况，他干脆蹲下来，看着表，仔细观察这个异常情况。足足蹲了半个多小时，终于发现每隔七八秒钟，脚下就轻轻地震动一下，他把电机底盖打开，反复检查了几遍，才搞清原来电机轴承瓦磨损。由于及时发现和迅速处理，一场烧瓦停泵的事故才避免了。在一个早晨的安全会上，党支部书记秦时栋同志表扬了苗安安同志的精神，号召大家向他学习。榜样的力量是无穷的，大家越学习就越觉得认真执行制度的重要。按制度办事，被动就会变主动，小洞不补，大洞受苦。“岗位责任制”是用血的教训换来的，它是我们社会主义企业管理的一件无价之宝。

相关链接

加强“三基”工作

——《大庆企业文化辞典》

指加强以党支部建设为核心的基层建设，加强以岗位责任制为中心的基础工作，加强以岗位练兵为主要内容的基本功训练。会战工委通过总结会战初期加强基层建设的基本经验后，于1964年提出的基层工作全面发展、全面提高的方针。加强基层建设，核心是加强党支部建设。大庆石油会战以来始终坚持“支部建在连上”，在钻井队、采油队、基建队以及家属管理站设立党支部。党支部最根本的任务是发挥党员的先锋模范作用，团结教育广大职工，坚决完成生产建设任务，保证党的路线、方针、政策的贯彻落实，成为本单位的战斗堡垒。党支部必须健全民主生活，发扬党内民主，发挥集体领导作用。领导班子强调分工，各有专责，明确规定：队长指挥生产，负责生产管理上的全部责任；指导员负责思想政治工作；技术员是基层领导成员之一，负责生产技术。不管是谁，既要对生产、技术负责，又要对思想政治工作负责。在配备基层干部时，注意选那些思想好、干劲大，既是劳动模范，又是生产能手，并懂管理、能想尽办法完成生产任务的同志担任队长；选那些党性强、作风正，能联系群众，团结人，并熟悉生产，能支持队长工作的同志担任指导员；选那些有一定理论基础知识，又经过生产劳动锻炼的大、中专或技校毕业生担任技术员。同时，选好班组长，充分发挥班组长、党小组长、团小组长、工会小组长“四长”的作用。加强基础工作，中心是建立健全严格的岗位责任制度。会战初期总结生产实践而建立的岗位责任制，就是企业生产管理中的一项根本制度。它把日常管理上的千万件事同千万个岗位工人的积极性、责任心联系起来，做到人人有专责，事事有人管。党的十一届三中全会后，企业学习现代管理经验，在过去岗位责任制的基础上，全面实行岗位经济责任制，把企业的经济效益、个人的经济利益与执行责任制挂起钩来，增强了职工执行制度的自觉性。加强基本功训练，主要是坚持岗位练兵，干什么、学什么，缺什么、补什么。经常组织技术比赛和开展技术能手竞赛活动，促进职工技术素质的不断提高。党的十一届三中全会后，为适应现代化建设的要求，在坚持岗位练兵的同时，又采取脱产轮训、外出进修、委托招生等方法，多层次、多渠道、多形式地对职工进行以岗位培训为主的全员培训，有效地提高了企业职工的群体素质和岗位工作能力，增强了企业的活力，提高了经济效益。

把千千万万的人，同千千万万件事联系起来*

从1962年6月份开始，大庆油田的领导在1471个基层生产单位中，深入发动群众，经过试点，普遍建立、健全了岗位责任制，内容包括岗位专责、巡回检查、交接班、设备维护保养和质量检验五项具体制度。一年来，经过11次全面检查，不断评比，逐步充实提高，目前已有1397个单位（占95%）把这套制度搞得比较完整。做到人人职责分明，事事都有人管，各个环节、各个岗位紧密协同配合，上下左右都工作，生活在严格的制度之中。

经过一年来岗位责任制的建立和坚持，现在大家越来越体会到它的好处。以前管生产，成天处于忙乱应付状态，哪里出了问题，就到哪里去补漏洞，效果是有的，但总是事倍功半。现在搞好了岗位责任制，等于一下子把千千万万件事，都抓了起来，比零打碎敲好得太多了。正如钻井干部李云形容的："以往好像两只手抓鸡蛋，一次抓不了几个，现在有了岗位责任制，就像把鸡蛋装在篮子里，一次就可以提走。"许多工人反映，有了岗位责任制，干活有了门路，工作有条有理，再不忙乱了。在油田生产上，出现了更扎实、更稳定的局面，生产任务月月均衡完成，工程质量和设备管理越来越好。特别是从今年4月份以来，全油田没有发生过一次井下事故，全部油井、注水井井底干净，没有掉下一件东西。这是我国采油历史上从来未有过的可喜现象，证明岗位责任制是管好油田生产的一个根本制度。

---

* 选自《康世恩论中国石油工业》，题目为编者另加，原题为《岗位责任制是企业管理的一项根本制度》。

一、矛盾尖锐，形势逼人

大庆油田经过两年会战，到1962年，生产规模越来越大，建设任务越来越重。在整个油田上，有507口油井和注水井日夜生产，728公里的输油、输气、输水管线纵横交错，21座转油站、注水站、变电站连续运转，3700台主要设备、37部钻机同时工作，16个工地同时施工；5万多名职工天天和油、气、水、机器、地下油层打交道，高压、高温、高空作业特别多，各个环节、各个岗位互相影响又很直接；地上地下时刻都在出现新情况、新变化，千千万万个具体问题需要及时解决。有一点注意不到，就要出乱子。

当时，生产管理上出现了矛盾，而且越来越尖锐：一方面是职工干劲很大，积极性很高，都想把事情管好，但有劲使不到点子上；一方面是大量的具体事情，迫切需要严格地管起来，但有些事情就是没有人管，生产上显得忙乱，出了不少事故，造成了许多损失。1962年5月，油田中区一号注水站被大火烧毁，就是一个突出的例子。起火的原因，是柴油机排气管水封防火装置失效，冒出的火花引燃了屋顶的油毡和锯末。起火后，发现两个灭火器失效，水龙带被截短，水枪头不知去向，无法灭火。归根到底，是由于无人负责造成的。

职工中对这个矛盾反应十分强烈。许多工人说“谁都想把生产管好，就是不知怎么管法”，“一天紧紧张张，下了班心里还不放心”。许多基层干部说“整天忙忙碌碌，顾了这头顾不了那头，什么事都得操心，还是出毛病”。

多少个矛盾，都指向一个方向，就是如何把几万名职工的高度积极性和日常生产中千万个具体事情组织起来，把千万个头绪理出个纲来，做到纲举目张。很明显，问题的焦点是要建立岗位责任制。

二、制度从何而来

建立什么样的岗位责任制，领导手里没有成套的东西，即使有，凭一纸命令公布推行，也是难以贯彻的。怎样才能搞好一套真正解决问题、行得通的岗位责任制呢?

起初，选择了十个不同类型的基层生产单位进行试点。油田北区二号注水站职工，从自己感到最头痛、最迫切需要解决的问题讨论起，步步深入，针对问题，总结经验，首先拟订了一套岗位责任制。

开始时，工人提出的问题是：注水站里里外外，设备工具一大堆，究竟有多少，谁也没有数；交接班太马虎，出了问题就扯皮；干起活来团团转，丢三落四，没有路数。为此，全站职工就一起动手，查物点数，弄清了家底，把全站15台设备、231个大小闸门、5793套螺丝、135件工具、55只仪表和48张图表记录，按照工艺划分成五个区、八个岗位，把每件东西、每件事情由谁管，都落实到人头上，拟订了岗位专责制。接着他们发现老工人田发林对自己所管的设备、工具，按照一定的线路，用看、摸、听、嗅等方法，定时进行检查，办法很好，就总结了他的经验，拟订了巡回检查制。1号高压水泵由于连续运转205小时没有系统检查、保养，发生了掉连杆事故，他们认真分析原因，接受教训，又拟订了设备维护保养制。又针对过去注水的水质化验分析数据常常不全不准的情况，拟订了质量检验制。以后，根据老工人苗安安平时交接班时注意检查设备、问情况的经验，拟订了注水站“八不交接”的交接班制度（设备维修保养不好不交接，情况不清不交接，漏油漏水不交接，工具不全不完好不交接，记录不全不清不交接，环境不清洁不交接，不挂巡回检查牌不交接，当班工作不完不交接）。从此，站上的每台设备、每件工具、每项工作，都有人管，干起活来既不乱，又不漏项，工作很快走上了轨道。

试点单位搞出岗位责任制的样板以后，深受群众欢迎。通过现场会介绍、推广和组织参观访问，不到一个半月，所有基层生产单位，都普遍拟订了各自的岗位责任制。开始时，制度一般订的比较粗，有些环节要求不具体；而有的规定又过于繁琐，主次不分，不容易记，做起来也麻烦。经过多次检查，几次反复，才逐步合理，逐步完善起来。

看来，生产管理制度的科学性，在于它能反映出实际生产中的固有规律，而天天跟机器打交道的老工人体验最深，有许多东西书本上是找不到的。因此，要制定一套真正解决问题、行得通的好制度，必须是依靠直接参加生产的工人，总结生产实践经验才行。否则，就免不了要出主观主义、“想当然”的毛病。

交接班制度实行“八个不交接”

迎接岗位责任制大检查

三、责任制度，配套成龙

一年的苦功夫，实在没有白下。目前大庆油田的岗位责任制，已经成了套，基本定了型。人们称赞说："我们这套制度是条龙，无孔不入，威力大得很。"他们把以岗位专责制为中心的五种制度，合为一套岗位责任制，确实是丝丝入扣、环环扣得紧。

（一）岗位专责制

就是按照生产工艺划分岗位，明确规定每个工人、班组长和井队、车间干部的职责，把所有设备、工具、物品、工作，都一件一件地落实到每一个人。工人们说："这是卖什么吆喝什么，没有这一条就乱了套。"这样做，岗位就明确了，责任就清楚了，千万件东西、千万件事情就都有专人管理了。不仅免除了无人负责和责任不清的现象，使生产秩序正常，工作顺手；而且更直接加强了职工的责任心和组织性，促进了技术、业务学习，不断提高本领。

（二）交接班制

就是根据生产岗位的具体情况，具体规定交接的内容和要求，不达到要求不交接。例如，油井上规定"六不交接”，即：记录不全不准不交接；清蜡情况不清不交接；工具不点清不交接；加热保温不好不交接；闸门漏油、漏气不交接；防火设施不齐备不交接。接班人一般都提前上班，与交班人一起交叉工作15分钟，实行边检查边交接。这样就能使交接班工人随时掌握生产岗位上的各种情况，保证三班生产紧密协作，互相评比，互相促进，消除责任不清的纠纷。

（三）巡回检查制

就是把各个操作岗位、机器设备的要害部位和工具、物件，划定检查点，根据工作要求和运转情况，按照最方便的线路和次序，定时进行检查。例如在油井上，一般都划了182个检查点，其中有50个点，值班采油工每小时巡回检查一次，每天井组长全面检查一次。这就可以及时进行调整，发现隐患，堵塞漏洞。仅北一区2号注水站，半年内通过这种检查，就消除了532个隐患，避免了8起事故。

（四）设备维护保养制

就是按照操作规程的要求，定人、定位、定时地进行设备维护保养，特别是搞好设备的润滑。这就实现了生产人员首先要搞好设备的要求，改正了过去那种只管使用、不管保养的现象。

（五）质量检验制

就是规定岗位工人、干部和专职检验员对产品质量、修保质量和施工质量的责任，以及自检、互检和专职检验的标准。质量不合格不得交下一工序，不得继续生产或施工，必须返工重来。这就把搞好质量也落实到每个人、每个班组、每个工序上了。

这五项制度，构成了基层生产单位岗位责任制的整体，再加上班组经济核算制，基本上体现了企业生产管理的要求。在这些制度中，岗位专责制是个中心，交接班制和巡回检查制是两道关口，工人们说："把好这两关，任何隐患都逃脱不了，安全生产就有保证。"

四、贵在坚持

广大职工欢迎岗位责任制，不等于能长期全面坚持下来，主要是来自两个方面的习惯势力常常作怪。

一方面是领导干部常有"一阵风"的旧习惯，许多工人担心还是"一紧、二松、三垮台、四重来"；另一方面，有些工人习惯于凭自己的老经验办事，不习惯受严格的科学的管理制度的约束，认为"太死板、太机械"，"过去没有这套制度也干了"。特别是在实行岗位责任制的初期，有些单位好一阵坏一阵，白天好些，夜间差些；干部来了好些，走了差些；检查的时候好些，过后又松下来；甚至个别班组为了临时应付检查，还弄虚作假。

大庆油田坚持岗位责任制的过程，就是不断克服这两方面习惯势力的过程，也是把岗位责任制做到"习惯成自然"的过程，领导上决心狠，不管什么情况，不管别的工作多忙，对岗位责任制的推行和评比检查，都是风雨无阻，一丝不苟。一年来，全油田上上下下，从领导到工人，岗位责任制形成了一个人人实行，天天教育，人人检查，人人被检查的局面。

首先是基层班组，通过每天的三次交接班，检查制度的执行情况，下一班还要给上一班评分，这就等于全油田每天有三次，每次有五六千人参加的群众性的相互教育、评比检查。其次是车间、井队、工地的干部，每天都要检查，并在生产会议上进行讲评、教育。再是油矿、大队每十天组织各基层单位互相检查，找差距，学习先进经验。还有各专业的值班调度干部，每天夜间两点和拂晓四点半，检查汇报生产制度执行情况。

在上上下下、天天坚持、日夜检查的基础上，全油田每月还进行一次全面的检查评比，现在已搞了11次。每次都由各级主要领导干部亲自领导，组织有基层干部、技术人员和老工人参加的3000到5000人不等的检查队伍，分别深入到现场，问情况，听汇报，跟班劳动，亲自摸，细致观察，严格要求。既白天检查，也夜间检查；既面对面检查，还有意识地抽查。最近两个月来，还把岗位责任制的全面检查评比，与“五好”设备、“五好”油井、“五好”单位和“五好”个人的检查、评比，结合在一起进行。执行岗位责任制好的单位越来越多，执行得差的单位不断减少。今年6月底，第11次全面检查评比的结果，在1471个基层生产单位中，执行岗位责任制经常、认真、全面的一类单位占57%；基本上执行得好的二类单位占38.2%；执行得差的三类单位只占4.8%。

五、主人翁责任感是岗位责任制的灵魂

水厂老工人马登松说：“工人当家做主管生产，如不把油田看作是自己的，怎么也搞不好责任制。”这句话道破了问题的实质。事实证明，建立岗位责任制的整个过程，实际上是培养、提高广大职工主人翁责任感和与不负责任的现象作斗争的过程。

执行岗位责任制好的单位，首先都是职工政治责任心强，主人翁思想强的单位。例如采油二矿一队65号井井组长李天照，一年多以来，不管是自己值班还是休班，每天夜间都坚持上井检查一次工作，每班的报表都要亲自审查签字，从没有间断过。在他的影响下，全井组工人养成了严肃认真、一丝不苟的好作风。采油工胡玉双，有一天正在井口清蜡，突然来了暴风雨，全身都淋湿了，本来可以在值班房暂避一下，但是他仍然坚守岗位，直到清蜡完了。

这样的事，没有高度的主人翁责任感是办不到的。

执行岗位责任制较差的单位，首先也是一些职工主人翁责任感较差的单位，这类单位转变的过程，也是不断提高主人翁责任感的过程。例如采油五矿五队5号井井组，原来是个“老三类”，全组六个工人中，有三个人不想当采油工（包括原井组长），两个人得过且过，只有一个人关心井上的事情。因而，执行岗位责任制就松松垮垮，交接班马马虎虎，资料不全不准，还出过两次事故，归根结底是主人翁责任感不强。经过阶级忆苦、新旧社会对比和革命传统等教育，工人的觉悟提高了，主动检查了自己的错误思想，增强了政治责任心和主人翁思想；从此工作转变了，管好油井的劲头大了，对岗位责任制的态度也改变了，说“有了制度，心里亮堂得多了”，“按制度办事就出不了问题，出了问题也好解决”。贯彻执行岗位责任制越来越好，最近已连续两次被评为一类单位。

事实说明，坚持制度要依靠主人翁责任感，而责任感又来自思想觉悟。因此必须通过日常的，大量的实际工作，不断地进行艰苦细致的思想教育，使职工认识到油田是自己的，把执行岗位责任制、搞好生产看成是一天也不能缺少的生活。工人中普遍流行的一句话说得好：“党是我的妈，井是我的家，我听妈的话，管好我的家。”也正是高度主人翁责任感的表现，也正是制度的灵魂。没有它，制度就缺乏生命力，发挥不了全部作用。

六、执行制度要做到“四个一样”

目前，先进的单位越来越多，这些单位怎样再进一步提高呢？李天照采油井组提供了可贵的经验。这个井组一年来一直是执行岗位责任制的一类单位，始终保持了“五好”油井的称号。经过多次反复地检查，这个井组执行岗位责任制做到了“四个一样”。即：黑夜和白天干工作一个样；坏天气和好天气干工作一个样；领导不在场和领导在场干工作一个样；没有人检查和有人检查干工作一个样。这表现了职工建设社会主义的高度政治责任感。

李天照井组的事迹，指出了岗位责任制进一步深入贯彻的方向。领导上抓住这个问题，号召全体职工，向李天照井组学习，得到了广大职工热烈欢迎，他们说：“做不到‘四个一样’，还算什么工人阶级，做什么主人翁。”近来，在各种情况下坚守岗位的事例越来越多，“四个一样”的单位，目前已达到50%。这就使岗位责任制的贯彻进入了一个新阶段。

“四个一样”是大庆职工把党的优良作风和解放军的“三大纪律八项注意”同油田会战具体实践结合起来的产物。

“四个一样”是主人翁高度责任感的表现，是坚持岗位责任制的发展结果。这样坚持下去，就能使广大职工自觉地生活在制度里。这正是工人阶级当家做主，办好企业所必不可少的。

七、鞭策领导

基层生产单位实行岗位责任制以后，工人的政治责任感加强了；无论做什么事都有了规格，都能自觉地严格按制度办事，大家都想达到“四个一样”。这一来，“马大哈”的领导和技术人员可就吃不开了。领导工作和技术管理上有什么缺点，都能很快地被这个岗位责任制揭露出来，工人们对领导的要求更严了，更高了。

最明显的是，要求领导在布置任务、安排工作时，要清楚明确，措施具体落实，不能口号式地谈问题。任何马马虎虎、凑凑合合就行不通了。要求技术工作跟得上，做到现场。要求设备部件、配件供应及时，合乎标准，按制度维修。要求帮助工人学本领，提高技术。这样，领导干部硬当外行不行了，技术干部就非通晓本身业务不可，那种高高在上，脱离群众，脱离实际，道听途说，指手画脚的办法，工人不答应。

总之，工人们说："实行岗位责任制，该我们办的，我们样样都好好地办了，领导和职能部门，也得实行这个制度，锣鼓才能打在一块。"领导和技术人员一定要跟上这个要求，才能把岗位责任制坚持下去，不断地巩固提高。

相关链接

岗位责任制

——《大庆企业文化辞典》

这是社会主义企业按照生产、工作岗位的职责所建立的一种管理制度。大庆的岗位责任制，就是把全部生产任务和管理工作，具体落实到每个岗位和每个人身上，做到事事有人管，人人有专责，办事有标准，工作有检查，保证广大职工的积极性和创造性得到充分发挥。它是大庆油田最基本的生产管理制度。大庆的岗位责任制，是大庆职工从油田生产与管理的实际出发，认真总结正反两方面的经验，逐步建立和完善起来的。油田开发初期，生产和建设规模迅速扩大，管理工作一时跟不上去，矛盾越来越尖锐。1962年5月8日，中1注水站因管理不善，发生了一场火灾。会战工委立即抓住这起事件不放，发动群众围绕“一把火烧出的问题”展开大讨论。在开展讨论中，北2注水站发动职工对照中1注水站事故，查找自己的问题，从查物点数做起，把全站每样东西、每件事情，由谁管、怎么管、负什么责任，都落实到岗位和每个人身上，做到了事事有人管、人人有专责，办事有标准、工作有检查。会战工委及时总结和推广了这个站的实践经验，在全油田建立了岗位专责制、巡回检查制、交接班制、设备维修保养、质量负责制、班组经济核算制6大制度。后来，随着生产的发展，又增建了岗位练兵制和安全生产制，成为8大制度。大庆在推行工人岗位责任制的过程中发现，如果不建立干部的岗位责任制，工人岗位责任制的作用也不能充分发挥。于是又在总结经验的基础上，建立了基层干部岗位责任制、领导干部和机关干部岗位责任制。大庆的岗位责任制，是一项综合性的制度。其内容包括岗位的专责（即职责），完成专责必备的权限，必须进行的工作和基本方法，以及应当达到的基本要求。其中，岗位专责制是核心。由于岗位不同，工作不同，工人岗位责任制、基层干部岗位责任制、领导干部和机关干部岗位责任制的具体内容也不同。大庆的岗位责任制，不仅适应油田社会化大生产的客观要求，也符合社会主义生产关系的基本要求，保障了企业职工当家做主的权利，是企业内部人与人之间特别是领导与群众之间平等的、同志式的分工协作关系的反映。它在大庆的各种管理制度中，处于中心地位。大庆十分重视岗位责任制的贯彻执行。在实践中的具体做法是：一抓思想，强化职工的岗位责任心；二抓作风，提高职工严格执行岗位责任制的自觉性；三抓检查、评比，表扬先进，鞭策落后，激励干部和群众认真执行岗位责任制。大庆由于坚持岗位责任制，产生了积极的效果：增强了广大职工的主人翁意识和组织纪律观念，保障了广大职工创造力的积极开发与运用；提高了生产条件的合理利用水平；使生产过程中的各种要素有机地结合起来，保证了生产持续不断地向前发展。大庆长期不懈地坚持岗位责任制，并不断有所创新。在改革开放的新时期，大庆的岗位责任制逐步发展成为企业经济责任制，还推行了不同形式的承包经营责任制。

改进作风是加强基层工作的关键*

一、实行靠前指挥，面对面的领导

1960年，大庆石油会战一上手，石油部党组便强调，各级领导要“亲临生产第一线指挥生产”、“机关工作要面向生产”。在1962年5月10日召开的全油田党员干部大会上，针对当时基层建设工作还不够巩固，机关工作还不深入、不细致，缺乏扎扎实实的作风等问题，会战工委提出：“各级领导干部必须深入生产第一线，扎扎实实领导生产。对基层工作，要实行面对面的领导。各级领导应当明确主要的任务是把基层建设好，把基层建设好了，就完成了领导工作的基本任务。”接着，《战报》发表了《大力改进作风是加强基层工作的关键》的社论，提出领导机关要面向基层，一切工作要从加强基层工作出发，把生产全面管好”。经过不断实践，不断总结，到1964年就形成了“三个面向”，即面向生产、面向基层、面向群众的工作指导思想。“三个面向”指导思想的确定，对于有效解决基层存在的问题，为生产需要服务，解决群众的困难创造了方便条件，从而有效地克服了有的干部身上存在的官僚主义，充分地发挥了机关的领导作用。

在石油会战中，按照部党组的要求，逐渐形成了一种习惯的做法：凡是由一个二级指挥部几个队联合施工的工程，包括钻井队、作业队等，就由这个二级指挥部组织前线指挥所；如果由几个二级指挥部许多队联合施工的工程或地区，包括钻井、井下作业、油田建设、水、电、路、讯等，就由会战指挥部设立前线指挥所，实行统一指挥。由于指挥靠

---

* 选自《大庆油田史》，题目为编者另加。

前，领导同志能够亲自组织队伍，配备力量，选择重点，突破难关，正确地使用人力物力，不至于来回折腾、窝工，浪费人力物力。由于领导同志吃住在工地，便于调查研究，容易发现典型，便于总结经验，帮助后进的单位赶上去，加强薄弱环节，做到点面结合，推动全盘工作。更重要的是，领导者或决策人生活在群众中间，能够从群众从事的生产过程中，比较真实地倾听到群众的呼声，知道群众在干什么，想什么，担心什么，要求什么。能更直接地吸取群众中的营养、智慧，改进自己的工作，提高领导的指挥才能和艺术。

二、建设强有力的生产指挥系统

在石油会战中，为了实现指挥靠前，面对面领导，会战领导小组十分重视机关建设，明确提出机关既要协助会战领导指挥生产，处理日常生产工作，又要坚持为基层服务，为基层搞好生产创造条件。为了搞好现代化的企业生产，还必须有严密的组织，把企业组织得十分严密，十分周到，不能有空子。这就要有强有力的生产指挥系统，把日常工作组织起来，指挥生产，监督检查生产。生产指挥系统必须高度集中，统一发号施令，不能分散，不能有多头命令。

1960年夏天，余秋里曾对负责会战生产调度的副总指挥、调度长们说：“你们要学习解放军司令部的工作作风，建立起强有力的生产指挥系统，做到指挥灵、行动快、制度严、办事准、抓得狠。”会战总调度室派人到部队学习考察回来后，就结合实际，建立了一套生产指挥调度系统和工作方法。具体是：

生产办公室统一领导生产调度、计划、劳资、机动、财务等处室工作，并以总调度室作为日常的办事机构，全权指挥日常生产工作。凡有关生产前方、后方、专业管理、后勤服务等工作都实行统一指挥，一切为了前线打胜仗，一切为了全面完成和超额完成国家计划。生产办公室下达的生产指令、各职能部门向下布置工作和有关生产方面的问题，都由调度系统归口后“一捆一口一个漏斗”，统一下达；各基层单位有关生产方面的情况的问题，也通过调度反映上来。这样从上到下形成一个组织严、指挥灵、行动快、办事准的生产指挥系统，杜绝了多头指挥所引起的基层忙乱现象。

在领导干部中，要有一些人根据整个工作部署，着重负责处理日常的生产、政治思想、生活方面的具体工作，24小时，时刻有人管生产；另一部分人则主要是抓关键性问题，深入基层，抓典型，搞调查研究，总结经验，出主意，想办法。本着坚持面向生产，面向基层，面向群众的原则，一切工作都围绕生产运行。实行一年365天办公，一天24小时有人管生产，不论白天黑夜，对安排的事情准时检查落实，发现问题及时汇报、立即处理。会战机关分为生产、政工、生活三路，作为会战领导的一线，负责处理职权分工的事情。同时，做到围绕生产中心任务，你中有我，我中有你，互相配合，互相支持。对于重点生产单位和重点工程施工现场，由会战主管领导带队，机关各路人员参加，进行巡回办公，当场听取情况，发现问题及时解决。平时机关干部下基层，对于了解到或者基层反映的问题，只要是涉及机关，就带回来交有关部门研究，及时处理和答复。当时把这种做法叫“下去一把抓，中心带其他，各记一本账，回来再分家”。既减少了基层单位往返请示汇报，也加强了机关内部的联系与合作。会战初期，机关为基层服务，还提出了“把方便送下去，把麻烦揽上来”的口号，做到“五到现场”。即：生产指挥到现场，政治工作到现场，材料供应到现场，科研设计到现场，生活服务到现场。各级机关和部门都设有常年蹲点的单位，把这些点作为“站在基层看机关的观察站”，把基

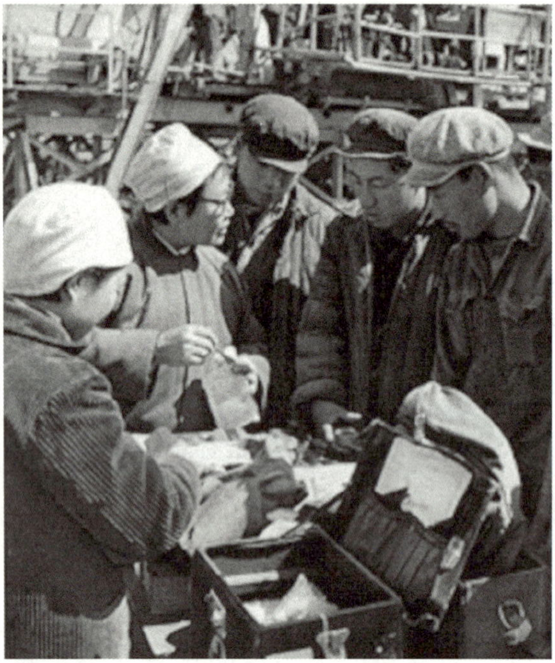
领导干部干工作要做到“三个面向”、“五到现场”

层当成一面镜子，看机关的作风。

这一整套机关为基层服务的措施和实践，使领导干部和机关干部逐渐明确了基层和机关的关系，机关业务和油田生产的关系，严格与灵活的关系，约束与促进的关系，抓指标与抓工作的关系等，并正确处理这些关系。做到机关为基层服务，管理工作为生产服务，业务工作要服从生产，要有利于生产，为生产服务；机关执行制度要严格，具体方法要灵活，主要依据是有利于基层工作和生产的发展，规则制度有约束力，但更重要的是促进和发挥广大职工积极性和创造性；机关工作重点是抓生产措施的落实，而不是整天在办公室算指标。

大庆油田建立了以生产调度为中心的整套机关工作制度，机关的一切工作，都围绕生产动态来行动，生产干什么，需要什么，他们就干什么。不论计划部门、财务部门、劳动部门、物资供应部门、生产管理部门，等等，都和广大职工一起艰苦奋斗，积极地为基层提供方便条件，为生产服务，送人到现场，送工资到手，送饭到工地，送料上门。供应部门还组织了“货郎担子”，搞几个卡车，一天到晚地送货上门，又兼回收废旧材料；他们还根据需要，给基层生产单位设上一个“针线笸箩”，里面放些零星工具，扳子、钳子，随用随取，基层感到很方便。会战工委规定各个部门不准各自强调业务的特殊性，在生产的紧要关头，找基层干部的麻烦。不准向下面乱要报告，召集开会。他们经常深入基层调查研究，检查生产，监督生产，亲自整理材料，帮助基层总结经验，解决问题。机关各个部门，也都参加生产调度会，甚至生活管理员和炊事班长，也参加基层生产调度会，了解生产情况，改进伙食，遇到突击的时候，就做好饭、好菜送上工地。这样，就能使基层职工一心一意地去搞好生产。会战的实践说明，会战的各级指挥和指挥机关是称职的。它们摆正了这几个关系，有效地促进了生产，提高了工作效率，完成了历史所赋予的使命。

三、干部关心职工生活

会战领导小组强调“三个面向”落实在实际工作中，要特别注意关心广大会战职工生活。油田会战机关工作分工就专有负责生活的一路。在机关为基层服务中把生活服务到现场作为重要内容之一。他们认为，这是社会主义企业的性质和党的全心全意为人民服务的宗旨所决定的。为此，1961年1月7日，会战领导小组发出《关于更好安排当前职工生活的紧急指示》，根据党中央指示，一手抓生产，一手抓生活；有张有弛、劳逸结合和既有大集体，又有小自由的原则，对安排好当前职工生活作出了具体规定。提出了“七不准”：一不准降低规定的每月12元伙食费生活标准；二不准吃冷饭，喝不上开水；三不准穿不上棉衣；四不准睡不够8小时觉；五不准住冷房子；六不准开没有准备的会；七不准不关心病号。

会战领导小组还强调，各级党委要认真地注意职工的物质待遇，坚持按劳分配原则，必须执行物质鼓励和政治鼓励相结合的方针。当时执行的是计时工资加奖金的低工资制度。二级工每月工资是45元至49元，年终奖一般为20元。每月给职工发一次综合奖，奖金额为月平均工资的9%，得奖面为67%～75%。年末发一次年终奖，奖金额约为平均月工资的40%左右，得奖面达9%以上。星期天、节假日加班发给加班费。冬天，则放一个月探亲假，工资照发，路费报销。

各级党组织的负责人，平时晚上都要到集体宿舍查铺盖被，问寒问暖，形成了制度。总机厂铸钢车间青年工人小张的被子又薄又脏，冬天来临，来不及拆洗。党支部书记李安政查铺盖被时发现了，他趁小张白天上班的时间，把他的被子抱回家里，让爱人拆洗得干干净净，把自己的一床棉被拆开，扯出一半棉花，重新给小张絮好。晚上小张发现自己的被子变得干净、厚实、暖和了，可不知是谁做的，四处查问。李安政在一旁没有吭声。一个从大城市来的老工人，把这一切都看在眼里，感动得热泪盈眶。1963年夏天，雨季来了，钻井指挥部党委副书记王英炯带着几十名机关干部，挨家挨户给正在前线钻井的工人抹房子，盖油毡纸。80多户家属后来知道是党委领导给自己家干活，把这件事告诉职工，要丈夫在前线好好干，不要想家。这样做的结果，不但解决了职工群众的一些具体困难，也培养了职工、家属的集体主义精神，使他们感受到了组织的关怀和集体的温暖。

干部关心职工，职工与干部同心同德。1202钻井队有个四级架子工名叫卢兴山，他知道队里有人得了浮肿病，上级发了一点黄豆，钻井队只能煮着吃、炒着吃，变不出什么花样，想吃豆腐得到很远的农村去兑换。他想为干部分忧，探亲回家时，他从离家很远的地方买了一盘石磨千里迢迢运回钻井队，给大家做豆腐吃。一时“千里运石磨”在大庆传为美谈。

四、干部和工人一起参加劳动

领导干部与工人一道参加集体生产劳动，对于有效避免官僚主义，具体地解决实际问题十分重要。部党组要求各级领导亲临前线，靠前指挥，面向生产，很主要的一个途径就是和工人一起参加生产劳动。大庆会战中，机关干部、基层干部参加劳动已经形成风气，全年经常参加劳动的干部达到91.5%。干部参加劳动的方式，主要有七种：①跟班劳动，进行调查研究；②带上问题跟班劳动，找解决问题的办法；③住在落后班组，跟班劳动，改造落后；④在最困难最艰苦的时候，跟班劳动；⑤在最紧要最关键的地方，跟班劳动；⑥生产上遇到复杂情况的时候，跟班劳动；⑦人少打突击的时候，跟班劳动。干部跟班劳动，都要做到参加劳动与组织生产、做政治思想工作相结合。

大庆各级机关干部，绝大多数都做到每月平均参加劳动6天以上，有的劳动10多天。他们多半是为了作调查研究而跟班劳动的。机关人员的劳动热情是很高的，在每年施工紧要关头，后勤劳动基本上是机关干部全包下来的。如突击修公路、运砂石、挤出时间播种、铲趟、秋收等等，啥紧要就干啥。1963年9、10两个月，3000多名机关干部，在泥水里突击挖土方17万立方米。干部越是经常参加劳动，以身作则，冲锋在前，退却在后，个人的自觉性就越高，工作就越容易推动。工人的反映很好，他们说："有这样的好干部，天大的困难也不怕。"

相关链接

三个面向

——《大庆企业文化辞典》

即面向生产、面向基层、面向群众。这是大庆企业机关工作的一个基本的指导思想。1960年大庆石油会战一上手，会战工委便强调，各级领导要“亲临生产第一线指挥生产”，“机关工作要面向生产”。在1962年5月10日召开的油田党员干部大会上，针对当时基层建设工作还不够巩固，机关工作还不深入、不细致，缺乏扎扎实实的作风的问题，会战工委提出：“各领导干部必须深入生产第一线，扎扎实实领导生产。对基层工作，要实行面对面的领导。各级领导机关应当明确主要的任务是把基层建设好，把基层建设好了，就完成了领导工作的基本任务。”接着，《战报》也发表了题为《大力改进作风是加强基层工作的关键》的社论，提出“领导机关要面向基层，一切工作要从加强基层工作出发，把生产全面管好”。经过不断实践、不断总结，到1964年就形成了“面向生产、面向基层、面向群众”的工作指导思想。会战30年来，大庆企业各级机关工作始终坚持这一指导思想。不论是政治工作部门、生产指挥系统，还是计划、财务、劳动、物资供应部门，都积极为方便基层创造条件，为生产服务，为群众排忧解难，千方百计把麻烦揽上来，把方便送下去。机关坚持这一指导思想，对于克服主观主义、官僚主义和命令主义，密切干群关系，调动各方面的积极因素，提高工作和生产效率都具有重要意义。

五到现场

——《大庆企业文化辞典》

即生产指挥到现场、政治工作到现场、材料供应到现场、科研设计到现场、生活服务到现场。这是大庆企业机关在会战中形成的传统作风。生产指挥到现场，就是指挥调度人员实行现场调度，计划人员到现场落实计划，进行综合平衡；是有两个以上施工单位协同作战的施工地区，组织前线指挥机构，实行面对面的领导。政治工作到现场，就是政治工作部门的干部除有三分之一的人在机关办公，三分之一的人坚持常年蹲点外，还有三分之一的人坚持深入现场了解情况，发现典型，总结经验，并做好现场的宣传鼓动工作。材料供应到现场，就是物资供应部门按照设计和施工的预算，去组织材料供应，实行“大配套”、“小配套”、“货郎担”，送料到现场；设备维修人员也“身背三袋”到现场服务。科研设计到现场，就是科研设计工作紧密结合生产实践，有效地解决生产中的问题；由研究设计人员组成工作组，深入生产实践，进行现场调查；组成试验队，到现场边参加生产，边进行试验；研究与生产部门联合组成攻关队，攻克关键技术；进行技术交底，交意义、交目的、交原理、交方法、交技术要求，放手发动群众参加科研设计工作。生活服务到现场，就是后勤和商业等部门组织理发、缝补、日用百货到现场，更好地为前线服务。实行“五到现场”，有利于根据实际情况决定工作方针，避免瞎指挥；能更多地倾听群众呼声，了解群众疾苦，及时地解决问题，激发工人群众大干社会主义的积极性；能更好地改进工作作风，促进机关革命化。干部为群众服务，机关为基层服务，这是由企业的社会主义性质所决定的。

工人阶级是创一流的主体*

1202钻井队是1953年在玉门油矿建队的，茫茫戈壁荒滩锤炼了队伍的筋骨，大批转业到石油战线上的解放军战士，为队伍增添了新的血液，也带来了好作风、好思想。

新疆克拉玛依出油了，队伍奉命调往新疆，天山的风雪给了他们新的考验，四川川中出油的喜讯传来，他们又挥师南下，峨眉山下竖起了高高的钻塔，嘉陵江畔洒下了他们辛勤的汗水。他们还下江汉、战辽河，南征北战。风雪万里干革命，五湖四海找石油，做到了党指挥到哪里，队伍就打到哪里。

这里讲述的是他们参加大庆石油会战，在那艰苦创业的岁月里，发扬工人阶级的“尖刀”精神，终于超越苏联“功勋”钻井队的故事。他们创出了光辉的业绩，也谱写了英雄的史诗。

那是1960年最后的一个夜晚，队长王天琪、指导员杨春文从会战工委开会回来，连夜召开全队职工大会。指导员杨春文给队伍传达了会战工委会议精神和领导的讲话，他说今天晚上会战工委在一个极其简陋的会议室里召开有各指挥部领导、先进单位代表和标兵模范参加的迎新座谈会，余秋里部长在讲话中首先代表石油部和会战工委向全体参加会战的职工、向全体到会的代表问好，并赠送一副新年对联：

“保质量，重安全，永树全国标杆

创奇迹，超‘功勋’，争夺世界冠军”

---

* 节选自《大庆石油会战——大庆文史资料第二辑》，题目为编者另加，原题为《永不卷刃的尖刀》，作者吴全清曾任1202钻井队队长，刘正魁曾任1202队党支部书记。

说到这，余部长特意瞧了瞧1202和1205、1203队的代表，然后接着说："我们最近得到一个消息，苏联有一个格林尼亚钻井队，他们今年在依尔巴库油田上，用11个半月的时间钻井31341米，创造了全苏最高纪录，苏共中央和苏联部长会议授予这个钻井队以'功勋钻井队'的称号……"余部长停了一下，提高嗓门坚定有力地说："为了粉碎当前的国际压力，甩掉我国石油落后的帽子，石油部、会战工委希望你们各个钻井队在1961年，继续高举毛泽东思想伟大旗帜，学习'两论'，革命加拼命，拼命干革命，争取超过苏联'功勋钻井队'，为国争光……"听了传达，全队职工群情激奋，欢欣鼓舞。虽然夜已经很深了，但同志们都趴在铺上写决心书、请战书，要求早日打响超"功勋"的战斗。原来准备第二批探家的同志，这时也都提出不超"功勋"决不回去。有些同志连夜写信，把这喜讯告诉回家探亲的同志。

井架工卢兴山在老家辽宁探亲，接到同志们的信，激动得一夜没睡，他翻来覆去地想，自然灾害给会战带来了严重的困难，在这个时候，要超过"功勋"，这可太长中国人民的志气了。但同志们的粮食不够吃，蔬菜又缺，冬季野菜未出土，经常就着盐水吃饭。领导给拨了点大豆，因为没有石磨，也只能吃煮黄豆。时间长了，怎么行呢？于是他天不亮就起来用绳子把家里的一盘小石磨捆扎起来。家里人感到奇怪，就问："你捆它干什么？""这个用途大着哩，把石磨带回队去，可以让同志吃上豆腐，喝上豆浆，改善职工生活，那打井就更有劲了。"说完，他急急忙忙地告别家人，背上石磨，一路上车下车，人群中挤，月台上跑，费了无数周折，终于把这盘石磨扛到井队。"千里背石磨"的故事很快传遍了油田。余秋里部长赞扬他是有"高度觉悟，伟大理想"的工人。

春节那天，1202钻井队喜气洋洋，贴标语，贴对联，写诗作画，出黑板报，面貌焕然一新。他们把余部长赠送的那副对联贴在队部门口，又加了一个横批“奋发图强”。之后，由司钻召开班组会，学习“两论”找差距，制定超“功勋”的规划。队干部也都深入到各班组去，听取意见。大家一致认为，1960年之所以打了22800米，主要是刚来大庆，对地层不熟悉，被“两长一短”拖了后腿。“两长”是完井的时间长，搬运和安装的时间也太长，一般要花上四五天。打井的时间相对来说，倒是短了，一般只有三四天。如果把这“两长”的时间缩短，打井的时间争取再缩短一点，这速度不是很快就赶上去了吗?“功勋”队没有什么了不起的，是可以甩到后边去的。于是他们立下了战斗的誓言:“猛闯速度居首位，世界水平我为魁。”

但是，年进尺要超过31341米，这毕竟是我国钻井史上没有过的事。旧中国从1907年到1949年的42年间，全国只不过钻井71000米。国民党政府炫耀一时的甘肃油矿局打一口900米深的井，得整整一年的时间。即使解放以后，1202队从1953年到1957年5年间，钻井也还不到8万米。如今在这艰苦的条件下，要用一年的时间突破它，确实是相当艰巨的。

他们在会战工委的亲切关怀下，和兄弟的1203队结成了对手赛，双方都同时开钻，打响了超“功勋”这场硬战。

开钻时，气温在零下30多度，由于没有安装锅炉，柴油机发动不起来，同志们就自力更生土法上马，用汽油桶烧开水把柴油机发动起来。钻鼠洞时，冻土像块铁板，泥浆根本冲不动，他们就发扬愚公移山的精神，用双手推着钻杆转动钻过了一米多厚的冻土。大家越干越猛，越干越热火，打大钳的脱掉了棉衣，扶刹把的扔掉了棉手套。

天寒地冻，斗志更坚

为了确保超“功勋”这一仗打好、打胜，会战工委派出了以政治部副主任陈烈民同志为首的工作组，进驻1202队，指示他们，超“功勋”是一场政治仗，要把政治工作做到钻台，做到宿舍，做到食堂。在陈烈民同志的指导下，他们队党支部除了组织正常学习毛主席著作外，又开展了传统教育和爱护集体荣誉的教育。把调出的老队长、老指导员、老工人请回来，给全队工人，特别是青年工人大讲本队的成长史，教育职工不要忘了传统，培养荣誉感，从中激发建设社会主义的积极性，教育职工在任何时候，都不要忘记党的关怀和期望，鼓舞大家，再接再厉，争取更大的光荣。

他们队还发动大家做思想政治工作，不论是指导员、队长、技术员、班组长、老工人和学徒工，都做过细的思想政治工作。三班司机不遵守劳动纪律，除队干部个别帮助外，司钻找他谈了多次话，他仍不改，全班同志就分别跟他谈心。

他的徒弟韩明远跟他说："你是我的师傅，我应该处处向你学习，可是你上班睡大觉，叫我怎么学呀！"经过群众做思想政治工作，他转变了，后来成为班里学习、工作的骨干。

为了不断提高钻井进尺和质量，他们又开展了班与班、个人与个人的劳动竞赛。每月月初，都召开打擂比武大会，人人提保证、表决心，班与班提指标、订措施。司钻对司钻、司机对司机、钻工对钻工、老师傅对新徒工，互相挑战应战。一班司机陈德林和他的徒弟陈清良展开了对手赛。徒弟的条件是：学"两论"、鼓实劲，保证提油提水、擦洗机器、保养机器等工作都做到师傅满意。师傅的条件是："学两论"，高标准，严要求，确保机房和钻台工作配合好，机车出勤率高，使队上的领导满意。师徒俩在生产竞赛中干劲十足，互不相让，结果徒弟的助手作用起得好，师傅十分满意。师傅的机车出勤率高达99%，得到队上的表扬。月末评比时，师傅评徒弟，徒弟评师傅，互相推让，结果两人都被全队评为红旗手。

当时，他们的宣传工作搞得也很活跃。黑板报形式多样，如《四进士》，表示4个班都是火线上的勇士，专登各班竞赛的情况；《状元榜》专登个人的先进事迹；《火箭报》登载全队的钻进动态等，光宣传形式就有21种，诗画贴满墙。每当饭后，宿舍、队部、伙房墙壁前总是站满了人，不看看自己当天的成绩和对手的指标，晚上做梦也觉得不安宁。然而战斗是激烈的，艰苦的。

由于连续严重的自然灾害，我们国家正处在异常困难时期。石油大会战面临着粮食紧张、副食品困难等实际问题，会战工委一方面号召油田职工为国家分担压力，分担困难，粮食不足，暂时多吃点野菜，另一方面号召全体会战职工和家属开荒种地，自己动手，丰衣足食，争取在比较短的时间内改善粮食紧张的局面。

由于吃野菜油水少，加上劳动强度大，人们越吃越能吃，总觉得肚子没底。这时，队里出现了一个“无头案”，每到吃饭时，饭量大的人老是吵吵：“谁在我的饭盒里放窝窝头了？”青年工人也嚷嚷：“我饭盒里的高粱米饭原来是半盘，怎么现在满了？”你吵吵，他嚷嚷，可谁都不知道这个“秘密”。后来，有的传是队长、指导员干的，有的说是老师傅干的……但他们谁也不承认，人人心里都明白，这是革命大家庭的温暖和同志间的友爱。

野菜可以充饥，但因为天天吃，一些人的脸浮肿了。会战工委得知后连夜带着大夫赶来治疗，并想尽办法给浮肿的同志每人弄来两斤黄豆，一斤白糖。

张文彬局长等领导同志到1202队，不但和他们同吃同劳动，而且每顿饭前，总是到食堂，亲口尝尝野菜粥、野菜汤及野菜包子，苦不苦、涩不涩。党的关怀和领导的表率，使全队职工一个心眼地扑在超“功勋”上。

要超过“功勋”，必须提高钻井速度，但是，地层是复杂的，泥土、沙子、石头也有许多“文章”。有时候，它硬得用锋利的钻头都啃不动；有时它忽软忽硬，变化多端，使你感到迷惑。如果你掌握不住它，老跟着它跑，那么一天换几次钻头，宝贵的时间就消磨过去了。于是技术人员和工人们想方设法，让它服服帖帖。老队长马德仁虽已调到一大队当大队长，可是他对他们超“功勋”非常关心，经常回到队里，跟大家一起研究，如何认识地层，如何使用和改进钻头。

为了攻克这个难关，老队长马德仁和技术员贾兆礼，不论刮风下雨，总是站在井场上，时而看看压力表，时而看看飞转的方钻杆，一动不动地观察钻进的快慢，对比地质圈，从中摸索规律。为了取得第一手资料，贾兆礼同志往往在井上一待就是十几个小时，每次钻头发生偏磨，他都要把偏磨的钻头洗净，扛回队上，召集老工人和技术人员在一起反复观察，研究分析，寻找教训。有时一个月就连续召开3个这样的会，使大家对油田地质逐渐熟悉，了如指掌，在不同的地区不同的地层，选择什么型号的钻头都心中有数。

通过这样多次的分析会，使大家认识到：钻头没有使用好，主要是井浅时没有在保护钻头上下工夫，井深时就发挥不了钻头的威力。于是按照毛主席“敌进我退，敌驻我扰，敌疲我打，敌退我追”的游击战思想，订出了“你软我硬，猛冲猛打；你硬我软，减少钻压”的灵活加压法。由于发挥了主观能动性，钻头使用的寿命大大提高。此外在刮刀片上进行改革，让它适当薄一些，以提高机械钻速。这样，钻井的速度也就提高了。

攻克了钻头关，他们又针对钻井生产中的“两长一短”进行改革。他们抓住了两个关键性的问题：一是迅速做好搬家的准备工作，固井一结束，就组织一个班卸钻杆，要求在测井温前卸完，大班挖下一口井的泥浆池。在水泥候凝期间，做好柴油机、泥浆泵和传动设备的检修。二是井架拖到新井位后，狠抓开钻准备工作，为保证快速钻井，他们让一个班充分休息，养精蓄锐。集中其他三个班的优势力量，突击做开钻前的各项准备工作。这样，时间果然缩短了好多。

完井作业是钻井生产最后一道工序，也是最重要的一个环节。因为完井工作质量不高就会严重影响油井生产，甚至前功尽弃，造成油井报废。因此，他们在每一口井接近完钻时，从井队干部到各班司钻，通过各种形式，不厌其烦地向工人讲完井作业的意义。在完井工作中，集中优势兵力，重点突破，组织两个班快速下套管。固井时再补充一个班，以3个班的力量配合固井专业队组织水泥"小会战"，做到水泥数量足，比重大，注得快，固井质量好，争取了一些时间。

他们原来每月打井的速度是"3开3完"，经过改革，到6、7月间，已经跃进到"5开6完"了。

岁月的流逝，给人们留下了许多难忘的记忆。在超"功勋"战斗中，1202和1203队互相竞赛，比着干。一开始他们是心里鼓劲，可是到了7月份，这劲就鼓到外面来了。正好赶上一排7口油井，他们两个队从两头往中间打，一场紧张的竞赛开始了。

到7月下旬，他们两个队都快打完三口井了，都想抢先打中间一口井。1202队进行试压，1203队正在卸钻杆，前后只差3个多钟头，眼看着就要赶齐了。

1202队那天上夜班的正好是张石琳带领的"红旗班"。"情报员"跑来报告："1203队已经卸完2排钻杆……"7排钻杆120多根，他们队一根还未卸，显然落后了。加上张石琳班有病号，不能上班，人力也很弱。这下可把他们急坏了，司钻张石琳提出，天一亮，就把电工抽出来，机房里只留一个人，把司机的助手抽出来，这样可以保证8个人在钻台上工作以及在场地滚钻杆，大家都赞成。

卸第一根立柱时，卸得很慢，像焊死一样，卸完一看表用了30分钟。张石琳说："这怎么行呢？停停，咱们找找原因。"他把大家召集在一起，用毛巾大把大把地擦头上的汗。

有的说："钻杆的角度太大，卸的时候钳子不好扣。"

有的说："鼠洞管太低，卸的时候费力，又耽误时间。"

有的说："绳套有些短。"

于是提高了鼠洞，加长了绳套，卸时尽量缩小钻杆的角度。第二根立柱用了13分钟，接着越卸越快，以后六七分钟卸一根，3点多钟的时候，钻台上还剩下3排零5根。“情报员”又来报告：“1203队只有两排零一根了。”这正是抢时间的关键时刻，电工高玉德一次一次数钻杆还爬上井架瞭望1203队的情况。这时，两个队钻台上电灯雪亮，身影晃动，天上的星星似乎也因为这场紧张的劳动而惊讶地眨眼。只见钻杆随着手表秒针的急剧走动一根一根地减少。4点多钟，天亮了，高玉德迅速把电灯关掉，把发电机一停就到井场帮助滚钻杆。司机助手陈德亮也从机房抽出身来帮助拉绳套，钻台上下增加了两个人，同志们劲头更大了。这时大家的衣服早被汗水湿透了，就索性脱掉，光着膀子干，也不怕蚊子咬，6点7分，钻杆全部卸完，从钻台上望去，可以看得见1203队还正忙着卸钻杆呢！距下班时间还有一个多小时，张石琳立即把几个人分为4个小组，开始卸泥浆管线，做搬家的准备。7点刚过，全部准备工作已经做好了，他们超过了1203队。

这时，朝霞把它绮丽的色彩，涂在辽阔的油田上，拖拉机在碧绿的草原上，从轻纱似的晨雾中出现了，它拖着1202队的钻机隆隆地奔向新井场。

这口井位于水泡子边，几场暴雨过后，洪水淹没了井场。井架周围一片汪洋，混浊的泥水，没膝以上，同志们顶着暴雨在水里奋战。快要完钻时，又碰上水龙头坏了。水龙头是泥浆循环的咽喉，要是一坏，就打不了钻，这口井完钻的时间就要拖延，怎么办？就在这关键时刻，只见铁人大队长带着1205队几个同志，把一个崭新的水龙头送来了。1202是一大队，1205是二大队，铁人是二大队大队长。原来这一天，铁人到l205队参加劳动，听说1202队水龙头坏了，心里很着急，便问1205队有没有备用的？1205队的同志说：“有！是刚领来的，准备打完这口井换上，这回我们不换了，让给1202队。”铁人高兴地说：“好！”便带上1205队的几个同志急忙送来。他们望着送来的崭新的水龙头，心里实在为这种高尚风格所感动，赞叹地说：“真不愧是铁人带过的队伍……”在铁人精神鼓舞下，1202队的干劲倍增，不一会就胜利地钻完了这口井。在下套管的时候，又开始了一场激战。

深夜两点，雨像瓢泼似的，眨眼间，泥浆池、钻机底座四周的最后一道防洪堤快要被冲垮了。在这种危急的情况下，司钻屈清华沉着应战，他一面组织人员保护防洪堤，一面带领同志们冒雨下套管。在钻台上负责检查套管、穿“通径规”的是队长王天琪和吴全清。虽然暴雨当头洪水没膝，但他们俩还是仔细地检查每一根套管，坚持把一根根合格的套管送上钻台……，同志们一口气下了100多根套管。

和天搏斗，真是一浪刚平，一波又起。刚下完套管，还没等人们喘口气，紧接着又是一场苦战。

雨虽然小了，可是水位越来越高，船形底座被水包围，井口十分危急。应该立即固井，可是6台固井水泥车开不进来，只能停在远离井场100多米的地方，必须远距离固井。而远距离固井，需要铺设5条管线，扛100多袋水泥。井场上现在水深没膝，空着身子走，不小心还要跌跟头，肩上扛着沉重的铁管、水泥，那还不挨摔？但是同志们什么泥呀、水呀，全不在乎，一个劲地和洪水争速度，齐心协力抢固井。就在这紧张的战斗中，铁人王进喜带领1205队的同志们又赶来了，钻井指挥部的领导和机关干部也上来参战，炊事员冒着雨蹚着水及时给大家送来了姜汤。

经过3个小时的激烈搏斗，洪水低头了，一口新井保住了。

大干送走了多少个不眠的夜晚，战斗又迎来了一个又一个的黎明。

这一天，司钻屈清华来到井场接班，发现钻杆丝扣上有一粒沙子，就把大家叫过来。他边擦洗母扣，边和大家说："丝扣是钻杆最娇气的地方，要洗不干净，丝扣容易磨损。工作中，我们万万不可粗心大意，更不能马虎凑合，要严细认真一丝不苟。咱们超'功勋'要做到重质量保安全，做的工作经得起子孙后代的检查。"班长的一席话，使大家受到了深刻的教育。于是就一起动手，把井场上的钻杆公母丝扣全部清洗一遍，确保了安全钻进。

钻机在轰鸣，大地在颤抖。当这口新井钻到800米时，一号柴油机发生了故障，大家怎么修也修不好。只好去请机械技术员李自新，可他因为脚趾头被机器砸伤正在休养，膝盖以下肿得像大腿一样粗，怎么能来呢？最后决定派人回去把井上的情况告诉他，让他出个点子。李自新听说柴油机出了毛病，不容分说，从床上下来，找了一双大号水靴，把红肿的脚塞进去，忍着刺骨的疼痛，拄了根棍子，就一瘸一拐地奔出门外。同志们阻挡不住，只好扶着他来到井上。这部柴油机也怪，李自新一来，经过仔细检查，很快找到了毛病，迅速地修好了，钻机又以响亮的歌喉日夜高唱着。

时间的推移，送走了春天、夏天，也送走了秋天，转眼又是隆冬季节。

超"功勋"的最后一口井开钻了。这一天寒流突然袭击油田，暴风雪翻滚着，吼叫着，卷过钻台，同志们的脸冻得针扎一样痛。特别是喷出的泥浆把棉工服冻得硬邦邦的，如同穿了冰盔甲。面对严寒，同志们立下了"红心能融千尺冰，壮志凿穿万丈岩，天大寒，人大干，钻井工人无冬天"的豪迈誓言。吊卡、大钳冻得拉不开，就用榔头敲打，保证了钻进。可是到了夜晚气温降到零下40多度，水管线冻结了，敲也敲打不开。队长王天琪、指导员杨春文，都围着管线想办法。漫漫黑夜，风在吼，雪在飘，怎么办？最后，大家决心发扬铁人精神，端水打井。同志们把水泡子里的冰砸开一个洞，一盆盆地端、一桶桶地抬。夜里，没有灯，也没有月亮，天黑风大，路上坑坑洼洼，冰上滑滑溜溜。副队长李继良跌了好几跤，最后一次跌到雪沟里，脚扭了，水泼了一身一脸，但他不顾脚脖子的剧痛，不怕水冷刺心，咬紧牙关，继续端水。同志们口里呵出的热气，在眉毛上、胡子上、狗皮帽子上眨眼间都结成了雪白的霜花，大家都成了白胡子老头，身上都结了一层冰，成了“冰人”。由于全队扭成了一股劲，终于战胜了暴风雪，拿下最后一口井。

是啊！严寒能把大地冻裂，风暴能把帐篷卷走，泥泞能把汽车陷住，成群的蚊子能把人们的脸叮肿，但是它们都征服不了石油工人钢铁的意志。

这一年，1202钻井队以顽强的斗志、英勇的气概，仅用9个月15天的时间打井28口，进尺31746米（其中张石琳班就打了近万米），把苏联“功勋”钻井队甩在后边，大长了中国人的志气。

就在这一年，石油部等领导单位授予1202队“钢铁钻井队”和“永不卷刃的尖刀”等荣誉称号。

相关链接

抓基层 打基础

——《大庆企业文化辞典》

指抓好基层建设，做好基础工作。会战工委认为，要办好石油企业，必须把根基打得扎扎实实、牢牢靠靠。企业的“根基”就是指钻井队、采油队、施工队、车间等基层单位。这些单位不仅是执行、落实党的方针、政策，完成生产计划的基本单位，而且是群众生产、生活的基本单位。只有企业的根基牢靠，生产建设才能稳步上升，生产秩序才能井井有条，党的方针政策才能落到实处，整个企业的革命化和生产力的提高才有可靠的保证。会战一开始，油田党委就强调一切工作都要立足基层，面向基层，服务基层，努力做到政治上帮助基层，组织上充实基层，工作上方便基层，技术上装备基层，生活上关心基层，把抓基层、打基础、建队伍作为自己的着眼点。1960年开展了学习“王、马、段、薛、朱”和红旗单位的活动；1961年开展了以“政治工作好、计划完成好、革命作风好、企业管理好、生活管理好”为目标的五好单位和红旗手活动；1962年提出了“加强基层工作，开展五好红旗队活动，大力改进作风，全面管好生产”的工作方针；1963年全面检查了会战以来基层建设工作情况，总结了加强基层建设、健全经常性政治工作的基本经验12条；1964年强调了以基层建设、基础工作和基本功训练为内容的“三基”工作；1965年又进一步提出以加强班组建设为重点，使基层工作全面发展、全面提高的要求。在这期间，涌现出了钢铁一二〇五、一二〇二钻井队、硬骨头三二一三九钻井队、严细成风的三矿四队、自觉从严的油建十一中队、三敢三严的采油工艺研究所、炼油厂铂重整车间、5把铁锹闹革命的创业庄家属一队等为代表的基层建设、基础工作过硬的基层单位。基层的战斗力全面加强，队伍精神面貌发生深刻变化，保证了高速度、高水平拿下大油田。30年来，各级领导干部始终在抓基层、打基础上下功夫。领导机关坚持“三个面向”、“五到现场”，机关工作实行“三三制”。机关干部深入基层，抓典型，树样板，并把基层工作的难点，作为机关干部抓基层的重点，从抓薄弱环节入手，突出解决基层领导班子和队伍作风、纪律上存在的问题。党的十二大以来，企业普遍开展创建“双文明”单位活动，把生产建设、科学管理、企业改革、队伍建设、党的建设和职工生活等项工作，都纳入基层“双文明”建设的轨道，统一规划，统一部署，统一考核，统一表彰，使“两个文明”建设的任务在基层得到较好的落实。

万里测温*

1961年12月份的大庆油田，朔风呼号，滴水成冰。就是在这样的严冬季节里，会战仍然上的很猛。当时，油田地面建设紧锣密鼓，设计任务迫在眉睫。

这一年，油田上已经设计建成了东、西两座油库，基本上满足了原油外运的要求。但是，为了验证油库设计的正确性，需要摸清原油在长途运输中的散热系数，给遇冷而凝固的原油加温溶化提供设计依据。设计院领导决定，派人跟随油罐列车沿途测取资料。这个任务就落在了我和实习员张孔法身上。当时，我还仅仅是个助理技术员，像这么艰巨的任务应该由老技术干部带领我们去完成，领导看出了我的心思，诚恳地对我们说："这项任务无论对老同志、还是新同志来说都是新任务。年轻人去闯一闯有好处，还可能创出新东西来。"我们这才明白了领导的用心，深受鼓舞。于是，我们以共青团员的名誉，向领导表示，一定要完成这一光荣而又艰巨的任务。

12月7日下午，油田上刚下过一场遮天盖地的鹅毛大雪，又刮起了"烟炮"似的西北风。

就在这风雪交加的恶劣气候条件下，我和张孔法带上10多支温度计和风速仪，每人背上了25个苞米面饼子，冒着刺骨寒风，赶到了东油库。

不巧，"逆水行舟，又遇顶头风。"原来确定在这里装油的"052"号油槽列车，临时改在西油库装油。东、西两座油库相距20多里地，不仅没有交通车，就连公路也

* 选自《大庆石油会战——大庆文史资料第二辑》，作者蔡升，曾任大庆石油管理局油田建设设计研究院副院长。

没一条。这时天已漆黑，伸手不见五指了。调度员好心地告诉我们，火车站晚上10点钟有一班客车可以搭乘去西油库。但是，如坐客车去，就怕“052”号油罐车把原油装完开出油库，也就测不到原油在装车时的数据了。我对张孔法说：“我们得快些赶到西油库去，不能等。”他也说：“对，刚下过大雪，天气转冷了。我们应该从头开始，不能丢掉1个数据。”于是我俩踏着深雪，冒着西北风，深一脚、浅一脚地向西油库走去……

我们两人都身穿笨重的老羊皮大衣，背着仪器和干粮，沿着铁路旁边的小路快步走着，一心想赶在列车装油的前面。我在出发前扭伤了脚，走起路来很不方便，一路跌跌撞撞滑倒了好几次。每当跌跤时，我总是紧紧地拖住仪器。我想，人巧不如家什妙，宁可让人摔得痛一点，也不能让仪器受损失。我们从东油库到西油库，用了2小时，走了20多里路；本来天气很冷，可是，我俩的内衣全被汗水湿透了。

到了西油库，栈桥上的输油阀门刚刚打开。当我们记下了第一个油温记录数字时，已经是半夜了。

这次执行测温任务，刚开始就遇到了曲折和困难。不过，总算取到了第一个油温数字，使我们感到格外高兴。这时，才觉得肚子饿得咕咕直叫。我俩从背包里掏出已经冻得硬邦邦的苞米面饼子，慢慢地啃了起来。

“呜……”油槽车满载石油，一声吼叫，开始移动了。我和张孔法的测温工作就从这寒冷的黑夜里开始了。

俗话说，万事开头难。可是，我们以后的测温工作，却是难上加难。别的不用说，就说在油槽车上的工作和生活吧，那艰苦劲真够写部小说了。

为了弄清大气温度和风速的变化与原油温度变化的关系，必须每隔一小时到车厢外面测一次气温和风速。就是说，不管什么天气，不管是白天还是晚上，都要不间断地进行工作。测风速时，要置身在守车之外，站在车边上，一只手紧紧抓住守车的栏杆，不敢戴棉手套；另一只手拿着风速仪，迎着顶头风。夜间，有时为了换班休息，只能一个人站在外边测风速，自己打开手电筒，用嘴叼着手电筒的铁环，一边看表，一边用心记数据。

我们跟随油槽车，从油田到大连炼油厂，火车每跑一个单程要3至5天，有时因车辆编组、晚点等，时间还要长一些。就这样，每次跟随“油龙”连续不断地测风速和大气温度100多次。

测油温就更不容易了。停车时间稍长点，我们就拿着温度计爬到油罐车顶上，把温度计插进油罐车的原油里。为了得到准确的数据，一直要坚持20分钟。高处风大，每次都冻得手脚疼痛难忍。但是，我们从来不敢马虎。尤其是黑夜里，稍有不慎，就可能从8米高的油罐车上滑下来，

为掌握原油铁路运输中的降温规律，技术人员蔡升等2人冒着严寒跟随油槽车5次往返大庆—大连间。测得有关气温、风速和油温变化的数据2800多个。

摔个鼻青脸肿。当时手电电池不足，为使电池多用些时候，我们只有夜间看仪器、记数据才肯用手电筒照明。

为了准确测得油温，弄清油罐车内原油温度分布情况，我们还开动脑筋，改进了测温仪器。由于条件限制，改进后的测温仪器，是很简陋的。我们用一根3米长的木棒，上面捆10根铜电阻温度计。别小看了它，这种测温仪，可使测温点由一个增加到10个，大大提高了数据的精确度。但是，这个重达70多斤重的仪器，也给我们增加了许多麻烦。

有一天半夜里，我们发现测温计上的电线断了7根，怎么办？谁也拿不出锦囊妙计，只能抓住每次到站停车的短暂时间进行抢修，保证能在停车时间较长的站上测量油温，于是，我们爬到隔离车上借雪地的反光开始接电线。深夜的严寒，很快就冻得手指麻木不听使唤。第一次停车没有接好，第二次停车再接；第二次还没接好，第三次再接。手冻得发僵，撕不掉电线皮就用牙咬。费了九牛二虎之力，刚刚接好线头，准备缠胶布时，火车开动了。就在这几秒钟里，我们缠好了胶布，立即跳下车，当双脚一落地，油罐列车最后守车已经从面前一晃而过。我们快步向前冲去，好不容易才登上了守车。

测油温还遇到许多困难事，比如，每次测完油温，总要把几十斤重的仪器，从黏糊糊的原油里拔出来，着实很费力气。特别是在漆黑的深夜，温度计从原油里拔出来沾满冰凉的油，又光又滑抓不住，天又黑得啥也看不见，只好用嘴咬住电筒来照明。油罐车顶上已经冻上一层原油，好似弓形冰面滑得很，一不小心就有掉下车的危险。所以，每次拔温度计，都是我们两人一起使劲，用半个多小时，才能拔出来。每次都弄得我俩满身原油。使用这种改进的仪器，的确给我们工作增加了不少麻烦和困难，但一想到这样能够取全取准数据，也就什么都不顾了。

其实，守车上的生活也是很艰苦的。守车是列车长和检车员临时休息或值班工作的专用车厢。车厢里只有两条凳子和工具箱。行车时摇摇晃晃，震动特别厉害。本来又困又乏，想盖上皮大衣在凳上躺下就颠簸得周身疼痛，还不如四面不靠地坐着好受一点。有一次跟车测温，正逢三九天气。这次我们是在守车前的一个带篷车厢里工作和休息，车上连条凳子也没有。实在困急眼了，就靠着车厢板合合眼。

每次跟车测温，吃的是自己背来的苞米面饼子，连一口热水也难得喝上。在油槽车的守车上，一般都有一个小铁炉子，但没有办法烧开水，车身晃动太厉害，只能取暖、热饭。张孔法同志是南方人，啃北方的硬饼子很不习惯，嘴都啃破了，然而他还常开玩笑说："吃硬饼、喝凉水，完成任务心里美。"

到夜间，经常使用的照明设备是一支蜡烛。哪怕蜡烛只剩下一点点，也要保留下来，因为我们还要借这么一点亮光做记录。

还有一件伤脑筋的事，就是这种油罐车停开时间不固定，有时小站反而比大站停车时间还要长得多；有时到站还不停车，一声长鸣疾驶而过。所以把人捆得死死的，谁也不敢离开车，甚至连大小便也不敢离太远。守车的列车长，到时间就可以换班，检车员可以去吃饭、去倒班休息。我们两人却要一直在守车上坚持工作，不论白天黑夜、风天雪天，一上车就是连续几天几夜。

我还记得，有一次跟随油罐车去测温，当走到对青山车站时，油槽车停下了，结果一停就是40多个小时。我和张孔法所带的干粮已经吃得一干二净了，怎么办？我琢磨，从对青山车站到大连炼油厂，还说不定要走几天几夜。为了坚持工作，完成测温任务，无论如何想个万全之策。后来，急中生智，终于想出个点子。我对张孔法说："你先搭乘客车去哈尔滨站，一来落实这趟'油龙'什么时候能开出对青山车站；二来顺便可以买些吃的。等'油龙'一到哈尔滨站，我就去站上找你。这样，岂不两全其美吗！"他听后觉得这个点子不错。

他走了以后，我便下车在车站附近粮店买了一些苞米面，回到守车上，用饭盒子煮了苞米面糊糊，度过了这次测温途中的艰难时刻，又一次完成了测温任务。

我原来在院里就得了浮肿病，在这种艰苦环境中，能坚持下来吗？那时候我想，无论如何要把这项重要工作完成，决不能半途而废。后来，领导了解到，两个人跟随油龙测温，确实困难很大。从第三次测温起，又增派了当时担任描图员的许廷刚同志。

我们从1961年12月7日到1962年3月12日，不间断地跟随油槽车测取资料数据，在最寒冷的季节，身揣苞米面饼子，怀抱温度计和风速仪，5次乘坐没有暖气的油罐列车，行程万余里，测量大气温度500多次，测量风速600多次，获得油温数据1400多个，基本上掌握了油罐车温度的变化规律。我们进行的这次测温工作，受到了院和油田领导的表彰鼓励，并把这次测温工作，称之为"万里测温"。

在万里测温过程中，使我们受到了一次大庆石油会战的锻炼和考验，增长了才干，磨炼了意志，坚定了会战的信心。而且，通过我们的辛勤劳动，反复实践所获得的大量可靠数据，证明原油加温并不需要原设计温度那么高。这样，仅西油库就可以减少一台10吨锅炉，节省投资10多万元。更为重要的是为后来的油库加热保温设计，提供了第一性资料。

“科学有险阻，苦战能过关。”这是我们在测温中得到的切身体会。为了建设发展大庆，还有许多和我们一样的科技人员，在大庆油田这片土地上，洒下了辛勤的汗水，留下了奔波的足迹。

每当我回忆起那艰苦创业的峥嵘岁月，总是觉得无比自豪。可以这样说，从艰苦创业到甩掉石油落后帽子，从建设美丽的大油田到设计建成现代化石油企业，当年投入石油会战熔炉中的石油工人和科技人员，都立下了汗马功劳。他们无愧于欣欣向荣的石油工业，无愧于我们这个伟大的时代。

相关链接

交接班制

——《大庆企业文化辞典》

大庆工人岗位责任制的内容之一。它规定交接班的内容和要求，是使上、下班之间衔接生产，交清情况和责任，保证生产连续进行的一项基本制度。其具体内容一般为“七交”、“七不接”：交完成任务情况；交质量要求和资料情况；交设备运行情况；交工具、设备、配件的数量和完好情况；交安全设备及措施；交为下一班生产准备情况；交上级指示及注意事项。任务不清不接；质量要求和措施不明不接；设备保养不好不接；工具、设备、配件缺少、损失不接；安全设备不正常，工作场所不整洁，有漏油、漏气、漏水、漏电、漏火现象不接；原始记录不全、不清不接；上一班为下一班准备工作做得不够不接。交接班要做到“三一、四到、五报”：对重要生产部位一点一点地交接；对重要的生产数据一个一个地交接；对主要的生产工具一件一件地交接。交接中必须看到、摸到、听到、嗅到。对每一检查点要一报点号，二报名称，三报现状，四报问题，五报措施，并做好记录。发生不能交接班情况时，能很快处理的，交班人须处理完毕才能下班；比较复杂的，由值班干部决定处理办法。交接完毕，分别召开班前、班后会，进行工作安排和民主讲评。每一次交接班就是一次岗位责任制检查。班班检查，责任清楚，奖罚分明，巩固了制度，严密了组织，为月底、季末、年终评比提供了依据。

第五章　突出科技创新主题

教学目的

帮助学员和读者深刻理解国有企业只有牢牢抓住科技创新这个主导因素，才能极大地解放和发展生产力；只有牢牢抓住深化改革这个关键环节，才能走上新型工业化的发展道路。

学习要点

- 大庆油田的开发建设，印证了我国科学家自己提出的陆相生油理论，创新发展了一套自主研发、系统配套、世界领先的勘探开发技术，使主力油层采收率高于国外同类型油田，对中国石油工业乃至世界石油工业的发展发挥了积极作用，它的经验是什么？
- 开拓进取的满腔热情同严格的科学态度结合在科学研究中的意义？
- “一切经过试验”的科研工作方法的实践意义？
- 从大庆油田开发建设实践看，科技超前储备、攻关、配套，对实现科技有序接替的意义？
- 为什么说大庆油田的发展史既是一部思想解放史、也是一部科学发展史？

甩掉框框，坚持创新*

大庆油田的开发方案，采取了在油田内部切割注水、早期注水和分层控制注水的开采工艺，这在世界大油田的开发上还没有先例。

在编制大庆油田开发方案的时候，一开始，碰到的问题是油田面积大、油层多、原油稠、含蜡高、原油里含气量少，天然驱油能量不足。这和国外的几个特大型油田很不相同。对这一系列从来没有遇到过的难题，我们起先感到不好办，下不了手。

当时，我们组织了设计干部先研究国外几个大油田的开发方案，像苏联的罗马什金油田、杜依玛兹油田、美国的东德克萨斯油田等等，看他们是怎样开发的。研究结果，了解到他们都是采取先靠天然驱油能力开采一个阶段，然后在油田边缘外注水开采。如果照抄他们的办法，我们这个油田的产量将会很快下降，不能保持稳定生产，采收率也会很低。

在这种情况下，部党组及时指出，必须坚决甩掉外国油田开发上的框框，从我们自己的实际情况出发，创造性地设计我们的油田开发方案，一定要达到长期稳定生产，就是说，不能照搬，要有创新。

要创新，办法在哪里呢？我们就组织技术干部反复学习毛主席的《实践论》和《矛盾论》。人们的思想开了窍，认识到我们油田开发上的难题虽然很多，但最主要的矛盾是油层的原始压力偏低，“先天不足”，也就是天然驱油能量不够。这个矛盾不解决，其他的难题都解决不了，也做不到油田长

* 选自《康世恩论中国石油工业》，题目为编者另加，原题为《设计工作要敢于创新》。

期稳定生产。要解决这个主要矛盾，就必须采取措施，从一开始就保持油层的压力。

人们抓住了这个主要矛盾，就集中在保持油层压力的措施上想办法，想到既然在油田边缘上注水能有作用，为什么不能到油田内部去注水呢？既然后期注水能弥补油田亏损的天然能量，为什么不能早期注水呢？于是就提出了在油田内部切割注水和早期注水的方案。但是，在油田内部切割注水和早期注水，外国还没有干过，我们也根本没有经验，没有把握。我们又引导大家讨论这个方案的有利方面和不利方面：有利方面是早期注水和内部切割注水能够及时弥补油田开采过程中消耗的天然能量，为油田长期稳定生产创造有利条件；不利方面是早注了水，尤其是在油田内部注水，又有可能出现水窜的危害，使油田生产恶化。

究竟是利多？害多？光讨论解决不了问题。我们根据毛主席“一切经过试验”的教导，就在油田上开辟了30平方公里的生产试验区，进行实践检验。试验的结果，证明了这个方案确能保持油层压力，甚至把油层的压力提得比原始数值还高，使油井自喷能力旺盛，生产稳定，确实解决了油田开发上的主要矛盾。但是，水窜现象也很严重。当时我们认定，既然能解决主要矛盾，这个方案就应该肯定下来。至于水窜问题，也必须重视，要想办法变水害为水利。人们的精力又集中在解决这个新的矛盾上来，就创造出了水力皮球式多级封隔器（即“糖葫芦”封隔器），摸索出一套分层注水、控制注水的办法，解决了水窜问题。这样，我们的油田开发方案也比较完善了。几年来，油田产量一直很稳定，生产很主动。

在油田开发方案确定后，1962年编制了大庆油田年产1000万吨原油的地面建设设计。按照这个设计，需要四年时间，即从1963年到1966年建成，投资要花8.1亿元，钢材要用16万吨，木材要用16.6万立方米，水泥要用17.5万吨。同苏联帮我们搞的克拉玛依油田建设设计比较，已经节省很多，按每年生产1吨原油的能力所需投资计算，克拉玛依为610元，大庆的设计为140元。当时我们认为这个设计是比较先进的。

到了1963年，群众对这个设计提出了很多宝贵意见。我们认为这是一件大事，就确定重新审查这个设计，组织了655名设计、研究、施工等各方面的技术干部和工人，分20个专业组，用了7个多月时间反复研究，并召开1000多人参加的技术座谈会，充分讨论，畅所欲言，集思广益，到1964年作出了修改设计。修改后的设计和原来的设计主要不同点是：少打井621口，少动用油田面积65平方公里。这样，生产规模不变，节省投资8700万元，转移投资5300万元，还有2.5亿元推迟到以后才用，建设时间可比原设计提前一年。按照修改后的设计，1964年，大庆油田已建成年产原油800万吨的生产规模，这是从设计中挖了巨大潜力，筹了大款。

大庆炼油厂是我们自己设计的第一个现代化的大型综合性炼油厂。这个厂从1960年开始勘察设计，厂址变了一次，规模变了两次，加工方案变了三次。由于设计人员思想搞活了，他们不怕变，不怕麻烦，一次比一次设计得好，设计进度也是快的。1962年就开始施工，只用了一年半的时间，第一期工程就建成投产，而且采用了新型延迟焦化、新型催化裂化、铂重整等现代化的深度加工新技术。工厂布局紧凑，各项技术经济指标比苏联设计的兰州炼油厂先进得多。按每加工1吨原油来说，占地面积少75%，钢材少用55%，人员少用58%，用水量少40%，耗电量少50%，蒸汽消耗少46%。如果按照苏联那套办法进行设计，不但花钱多，水平低，现在还要停留在设计阶段。

这几年，在炼油厂设计上，大胆地采用了世界上最先进的深度加工新工艺、新技术，取得很大成功。如新型延迟焦化、新型催化裂化、铂重整、尿素脱蜡和催化剂、添加剂，设计人员称为“五朵金花”。这“五朵金花”，既没有进口成套设备，又没有进口成套设计图纸，只参考了一些国外的资料，就自力更生搞成了。现在，大部分已经建成投产，比如：新型延迟焦化，我们在1962年打算从外国进口成套设备，但是西德和日本都说是美国的专利，拒绝出口。我们看外国进口靠不住，就自己动手，大胆进行设计。1963年就搞出了设计，当年已在石油二厂和大庆炼油厂建成了两套，投产很顺利。经过两个多月的生产，证明我们设计的这种装置，有些地方比外国的还先进。有了这种装置，就可以做到充分利用资源，提高轻质油收率，使两吨原油起到三吨的作用。这两套装置生产出来的石油焦，不仅满足了国内需要，而且可以出口，换取外汇。

新型催化裂化，是当前世界上很先进的炼油新技术，由于都是受外国控制，掏钱也是买不来的。我们1962年派人到古巴去进行考察，回来就自己搞，只用了一年的时间就完成了设计。接着猛攻设备制造关，在各兄弟部门大力协同下，解决了滑阀、反应器和再生器、机泵、仪表、耐热耐磨衬里五个难关。

搞新技术，总是要有新设备，搞成搞不成，往往是卡在设备制造上。想得再妙，图纸画得再好，造不出新设备来，也是一场空。我们这次搞新型催化裂化的设计，首先就把设计人员的主要精力集中在搞设备制造上来。从设备图纸、组织协作、工厂试制的全套工作，都是以设计人员为主体进行，一抓到底。假如设计人员只管工艺设计，不搞设备制造图纸的设计，只靠委托别人去设计，就不容易搞成；即使搞了设备图纸，自己不动手，光靠委托工厂去制造，那也是两张皮，也会推迟时间。新型催化裂化的大量关键设备，都是设计人员一抓到底搞成的。

小球硅酸铝催化剂，是生产航空汽油的必需材料。过去一直从苏联进口。1962年后，苏联不肯再卖给我们了。当时，我们库存的催化剂很少，日本和西德也不愿意出口，眼看就要影响生产，我们还是下决心自己干。通过内外各方面的大协作，对主要技术问题作了几十次、几百次试验，终于只用一年时间就搞出了设计，一年半就建成了装置，并且迅速投入运行，生产出了合格产品，质量比苏联的还要好，而且消耗量还低25%。

铂重整装置，我们自己设计的中型生产装置已经过了技术关，正式投入生产。

尿素脱蜡，早在1963年就已建成，一直正常生产。

设计本来就是一种创造性的工作。假如设计只是照抄、照搬别人现成的东西，一点新鲜内容都没有，那还要设计人员干什么。因为你抄得再好，至多是当上个老二。要想迅速赶上和超过人家是不可能的。因此在设计工作中，总要有所创新。

要创新，就要敢和技术上的难题较量。敢和国外最先进的水平较量，要不服输。我们有党的领导，有毛主席思想的指引，有群众的智慧，有社会主义的大协作，没有什么技术难题攻不下来的。

要创新，就要争时间，争水平，就要敢搞世界上还没有出现过的新东西。新技术之所以称之为新技术，就是在于搞得快，搞得早；搞慢了，就成了老技术。因此，在技术上能一步赶上和超过的，就不要分两步走。

要创新，就要打破常规，打破那些束缚人们发挥创造性的老框框，不能什么事情都是四平八稳，按部就班，而是要充分发挥人们的主观能动性。要依靠群众，充分发扬技术民主，坚持“三面向”、“五结合”，彻底走群众路线的设计方法。“三面向”就是面向实际、面向群众、面向生产；“五结合”就是设计与科学研究、设备制造、施工、生产相结合，使设计有了广泛的群众基础，使每项设计都成为群众集体智慧的结晶。

要创新，就不怕担风险。搞新鲜事物，总不会一下子就搞得十全十美。要敢闯，在前进道路上免不了会发生一些缺点和错误，只要是能够改正的错误，你就不要怕。

要创新，就要有严格的科学态度。要实事求是，一切从实际出发。在科学问题面前，必须当老实人，做老实事，刻苦钻研，一丝不苟，按照客观事物的规律办事。对于那些没有把握的事物，就要通过试验，任何粗心大意，急躁鲁莽，主观片面，都是办不成大事的。

要创新，就要有过硬的基本功。设计人员一定要掌握基础理论，通晓专业知识；对基本数据、常用公式、技术规范要记得死、用得活；并且懂得有关施工、生产技术。这样，在具体设计工作上一出手就过得硬。这就要在平常的实际工作中，从难从严，苦学苦练，练出一身真本领、硬功夫。

要创新，就要认真学习别人的长处。不管谁的东西都要学。要千方百计地把国外的先进技术学到手。只要有条件，派人出去学，买样机、样品来学，买专利、图纸来学，从大量的情报资料、图书杂志中来学。学的目的，就是为了赶上它，超过它。

总而言之，要想设计工作革命化，就必须遵循毛主席教导的，要“不断地总结经验，有所发现，有所发明，有所创造，有所前进。停止的论点，悲观的论点，无所作为和骄傲自满的论点，都是错误的”。

相关链接

大庆领导决策过程中的“六靠”

——《大庆企业文化辞典》

即一靠中央精神，二靠群众智慧，三靠专家论证，四靠基础工作，五靠现代化手段，六靠班子集体。

一靠中央精神。就是根据党的路线、方针、政策和中央领导同志对大庆的指示精神作出决策。比如，1964年贯彻毛泽东主席关于反对骄傲自满、故步自封指示的精神，大找差距，坚持“两分法”前进；1979年贯彻邓小平关于坚持四项基本原则的讲话精神，开展“要社会主义现代化”大讨论等。

二靠群众智慧。从会战开始，就实行政治、生产技术、经济“三大民主”，每年召开“五级三结合”会议，讨论研究油田政治、经济、生产技术上的重大问题。发挥人大、政协和群众团体的作用，定期召开党外人士座谈会，商议重大决策。广泛开展群众性合理化建议活动，认真听取群众的意见和建议。

三靠专家论证。每年召开一次油田技术座谈会，就开发建设中的重大问题进行座谈讨论。成立了石油专家论证小组、化工专家论证小组、市局咨询委员会和70多个学会，组织各方面专家对大庆石油、石油化工的重大科研课题、科技发展规划、引进技术方案以及社会发展规划等进行科学论证。还邀请了中国科学院及国内各方面专家学者，对大庆的发展建设进行研究论证。

四靠基础工作。从每打一口井都要取全取准20项资料72个数据做起，取全取准第一性资料，并且建立岩芯库、科技资料库、地官和人才库等基础资料档案，使之成为许多决策的可靠依据。坚持超前研究、超前试验，通过开辟专门试验区，确定油田开发建设的方针、方案。开展调查研究，每年都要进行几次有几万名工人、干部、技术人员参加的油田地下情况大调查，从地上查到地下，从生产查到思想。近几年，又开展了科技、资源、工业普查和农业区划、工矿区建设、替代产业展等方面的调查研究。比如，科技进步与社会发展大调查，从1984年9月开始，有120多个单位、500多人参加，搞了10个方面、31个专题，历时两年多，为制定大庆科技与社会发展长远规划提供了依据。加强信息工作，与全国800多个单位建立了信息往来，还出版了《大庆经济年鉴》、《经济和社会发展统计》等20多种资料。

五靠现代化手段。全市建立了科研、管理、物探、物资、化工5个计算机中心，运用电子计算机进行开发方案计算、地区开发数据处理、地球物理测井资料处理、生产管理和化工设计，进行计量、统计、物资、人事、定员定额管理。油田生产指挥系统实现了电子计算机人机对话。大庆许多重大决策方案都依靠电子计算机进行数据分析和处理。

六靠班子集体。凡涉及有关全局问题的决策，都采取上下结合，干部、群众、工程技术人员结合的办法，集思广益，拿出可行性方案，然后再召开常委会、常委扩大会、全委扩大会进行充分讨论，正式作出决定。对重大问题，坚持没有深入调查研究不决策，没有专家论证不决策，没有几个可供选择的方案不决策，没有领导班子集体讨论不决策。

依据“六靠”，大庆领导作出了许多重大的决策。比如：①关于大庆油田高产稳产开发方案的确定。大庆油田基本探明以后，为了制订油田高产稳产方案，先后钻探井、资料井85口，生产试井558口，取岩芯6671米，井壁取芯9093颗，测井曲线14445条；总长度8753公里，分析岩样60712个，取得分析化验数据25万个，进行小层对比1577次。这就好像在油田地底下走了一遍，把油层厚薄、压力大小、连通性好坏等等，都搞得比较清楚。专门开辟30平方公里生产试验区，针对油田特点和可能采取的措施，开展了10大试验，为认识油层，掌握油水运动规律，提供了丰富资料。组织全国8个石油院校、80个研究单位的80多位专家，对比国外20多个油田的开发情况，选定美国、苏联九个开发水平较高的特大油田作为赶超对象，开展14个专题研究，利用计算机计算了2485个不同井网的开发方案，对33354个数据进行了综合分析对比，利用电网模型进行了26个层次的模拟试验。通过上述大量调查研究和科学论证工作，会战指挥部于1962年编制出大庆第一个油区的开发方案，确定了早期内部分层注水、保持地层压力采油的原则，和在一个较长时间内实现稳定高产、争取达到较高的最终采收率的开发方针。后来，随着各个油区的陆续投入开发，经过不断发展完善，从早期内部注水到“六分四清”，又发展到压裂、堵水等一套工艺技术，保证了油田的高产稳产。②关于大庆发展目标的确立。1976年，油田党委在群众性大调查、大分析和专家论证的基础上，提出了“高产5000万吨，稳产10年”的奋斗目标。1985年这个目标实现后，落实党的十二大提出的总任务、总目标，制订新的奋斗目标。全市分别组织石油、石油化工、地方工业等5大路，5700多名领导干部、工人、技术人员开展调查论证，分别提出规划目标。在此基础上，市委先后召开常委会、常委扩大会和全委扩大会议，进行研究，提出了“解放思想，深化改革，再找一个大庆油田，在原油5000万吨稳产在10年基础上努力延长稳产期，加快发展石油化工和替代产业”的奋斗目标。1987年，根据党的十三大确定的经济发展战略和省委要求，充分认识大庆优势，增加了在确保主体产业发展的同时，加快发展替代产业、改善物质文化生活、努力为黑龙江振兴作贡献的内容。③关于“两个文明”一起抓，开展创建“双文明”单位活动问题。党的十二大后，市委从三级机关组织了3200名干部和工作人员，下到1300多个基层单位宣传十二大精神，总结“两个文明”建设的经验教训，研究“两个文明”一起抓的问题。调查发现了一些基层单位把生产建设、经营管理、体制改革、政治工作、党的建设和职工生活等各项工作，都纳入“两个文明”建设轨道，捆在一起抓，形成系统的管理体系的好经验。市委、市政府在采油三厂、钻井二公司等单位试点的基础上，作出了开展创建“双文明”单位活动的决定，在全市逐步推开。大庆领导的这一决策，取得了巨大的经济效益和社会效益，并且培育出了大庆精神、铁人精神，为国家作出了贡献。

当客观规律的代言人*

地质科学是一门广泛的、综合性的科学，也是一门最富有历史唯物论、最有辩证法的科学。搞地质的人的最大本领，就是要善于综合各方面的情况，从中找出规律来。地质学也是一门关系学，要把各种关系弄清楚，弄清楚了就好办了。

对区域地层要进行对比，大到华北平原，小到东营地区的每一个油田，都要进行认真的对比。地层对比要分几级，大区域的对比不能过细，小区域油田范围内对比，要解决细的问题。不管是大区域对比也好，小区域对比也应好，当首先抓沉积旋回，这是根本的。要抓住普遍性的东西，找出普遍的规律，然后再从中找出特殊的东西。

地层是地质的基础，构造是形成油气藏的重要条件，两者都要重视。断层肯定是会有的，但不允许一到解释不通时就画一条断层。形成地层缺失的因素很多，断层、尖灭、透镜体等等，要把各种因素统一考虑，要揭示事物内部的规律。现在有些人就不是这样，成了懒汉，地层一连不上就画一个断层。客观上存在断层，当然要画，但我看有许多断层不是现在这样画法。要首先研究对区域沉积、对区域构造起显著控制作用的断层，把那些小断层放到第二步。

搞地质，地层是基础，基础搞不清，构造、断层就会出现假象。我们讲究唯物辩证法，地层是客观存在，搞不清楚，其他一切都谈不上。

这里最大的毛病是把取的岩芯垛起来，电测图纸锁起

* 选自《康世恩论中国石油工业》，题目为编者另加，原题为《在胜利油田地质技术座谈会上的讲话》。

来，地宫里边只搞几块岩芯供观赏，这不是搞科学，不是群众路线。把岩芯、图纸都摆出来，大家都来看，大家不动脑子就搞不出东西来。现有的资料要连贯起来看问题。

这里一上手就是大会战，取资料、捞砂样，每口井的分析是大量的，下的辛苦也不少，问题是不能把眼光停留在一口井上，那叫“一孔之见”，必须是连贯起来看问题。我劝你们把《矛盾论》、《人的正确思想是从哪里来的》等书，再翻开看看。不要只见树木，不见森林，一说共同规律就没有特殊性，一说此地复杂就没有普遍规律，这都是片面的，要辩证地来看问题。

地震工作一定要做扎实，要经得住检查，经得起验证。做了大量工作之后，要进行反复地验证，反复地检查，去粗取精，去伪存真，一定要在这上面下工夫。现在把断层往上一画，就算万事大吉了，不下辛苦了，这是不符合认识规律的。其实每打一口井，对你们关系都很大，看看哪些落实，哪些符合实际，哪些不符合实际。这里面没有什么窍门，就是得下辛苦。我们的地震工作是从1955年着手抓起来的。1957年以后，才正式开展地震工作。1958年以来，我们做了大量的工作。你们在座的大部分是1956年、1957年参加工作的，真正掌握实际操作、进行解释工作的是你们这些人，应该说你们最有经验。但是你们就是有点不敢相信自己，不解放思想，怕这怕那。其实，正确与不正确，就是用事实去检验嘛！符合实际的就正确，不符合实际的就不正确。我们做出来的工作要经得起检查，不能别人说你断层画少了，就拿铅笔往上画；别人一说你画多了，又拿橡皮呼啦呼啦地擦去，那不成了鸭儿峡构造了吗？鸭儿峡在1959年时，一开始画了很多断层，苏联专家米尔钦科一说断层太多，第二天就改了，我看这叫违背科学。我们做工作要独立思考，要经得住检查，敢于坚持真理，让事实说话。谁说了也不算数，就是要让事实说话，要实事求是。每个同志要永远记住：你说话不是你在说话，是事实在说话，你的嘴巴是事实的代言人。人的精神产品，包括分析、判断、推理，全都是事实的。我们有些同志，是老师的代言人、是书本的代言人、是主观愿望的代言人。这三种人必须统统改正，必须是事实的代言人。我看，嘴巴上贴“三张封条”，即书本的代言人、老师的代言人、主观愿望的代言人。开“两条口子”，第一条是第一性资料，第二条是客观规律的代言人。我们一定要解放思想，实事求是，勇于实践，勇于追求真理。

辩证法从来都是进攻性的、前进的哲学，它从来不为保守落后的东西而辩解。不用辩证法，就会出了这个框框，又进了那个框框。把人家的理论生搬硬套，认识几个字就行了，不识字也能干。理论必须联系实际。苏联巴库的图板，也只适用于巴库，用在西伯利亚就不灵了，哪有一个图板能套在全地球用的。

前两天我提出查资料、摆情况、找规律、谈认识。头两句话是指的感性认识阶段，后两句话是指的理性认识阶段。要按这四句话去做，不可以截然分开。大体上分两个阶段，最后好好组织起来，找规律。

抓规律也要分级。第一级是整个盆地的规律，第二级是局部地区的规律。就分这两级，不要混在一块。不然会把局部地区的规律看成全盆地的规律，或者用全盆地普遍性的东西去套局部地区，那都会出偏差。

要把没有搞清楚的，又是根本规律性的问题揭露出来，揭露出来就有办法解决了。我觉得，这里至少缺少了很大一门工作，就是地层岩性岩相变化。盆地就那么大，边上是高山，沉积物都往里面堆，不可能没有岩性变化，它逃不出一般陆相盆地的规律。不管地层怎么划分，东边的大砂岩体到西边变成了泥岩，这是事实。我提这个问题，不是说其他因素不存在了，各种因素都要加以考虑。

要解决的问题，就是你们准备的那几个报告。首先是地层，地层是基础，这次大体上要解决这个问题。第二个是构造形态、发展史，此地油气运移可能受构造发展史影响很大，不然油水会混杂成那个样子？第三个是断层，断层要落实，搞可靠的断层，各方面都能结合起来的，不能孤立起来。断层也要分两级：一级是对区域构造、油气运移聚集起作用的，要和区域地层划分统一起来；二级是局部构造上的断层，要和局部构造特殊规律统一起来。第四是岩性岩相变化，要特别重视，当个题目来干。除此之外，油藏类型也是一个很重要的问题。这五个问题都孤立不了，你中有我，我中有你，但岩性岩相要单独干一下，要特别注意从四边插入进来的砂岩体。

怎么解决才算合理呢？我看四种资料要对口，解决一个现象，一对口就把矛盾揭露出来了。第一是打井资料，第二是地震资料，第三是试油试采资料，第四是分析化验资料。四种资料中，打井资料是主导的，是骨头架子，是基础。分析每一个问题都要用这四种资料，什么地方搞不清楚，就打口井。不下本钱怎么能行！这个盆地要在二至三年内搞清楚。要搞全盆地的地质科学，必须着眼于全盆地，办法就是取材于井筒，着手于局部，着眼于全盆地。

要解决几种关系，要把几种关系摆顺，最后的关系都要落实到油气水上，重在表现嘛，油气水是最后的表现。起码是弄清岩性岩相、构造因素、断层、油气水。所谓这几个关系，就是要抓主要矛盾，解决内在的关系。确定了地层对比、砂岩体、断层，这些只是外形的东西，还要解决这些因素内在的关系。通过形态对内在因素的分析，这才能弄清楚油水的复杂关系。找出它们的原因，最后要综合出哪些规律支配哪些问题的相互关系，这样对盆地勘探才有科学的指导作用。牛庄要打一口井，根据就是它是凹陷。教科书上认为凹陷上不能打井，这是海相沉积的地质理论总结的，我们在陆相沉积的地质条件下打井，为什么不能突破一下。理论也是从实践中总结的。书本上认为不科学也要打，只有先实践才能产生科学。老师讲的，书本上的，不能说都无用，但不要照搬。必须达到科学的境界，不能停留在不科学上。大家好好学一学“两论”，通过学《矛盾论》、《实践论》来指导工作。要把毛主席讲的法，变成你自己的精神力量。我看我们这个盆地的实际问题多了，什么“忽高忽低”、“忽油忽水”、“忽厚忽薄”、“忽有忽无”、“忽轻忽重”，五个“忽”，说它一百个“忽”也有。“忽”就是矛盾的表现。要通过现象看问题的本质，从“五忽”中找出规律。认识“五忽”，这仅是问题的开始，而不是终结。我们就是要把这些问题抓住，得到很好的解决。这样也真正地锻炼了我们。对这些问题不能怕它，不能采取简单的方法来解决。打井的怕井斜，钻压小小的，钻速慢慢的，划眼勤勤的，测斜密密的，泥浆稠稠的，井筒大大的，最后还是斜斜的。搞地震工作的人，连不上地层，画个断层就交代了。搞电测的，只解释油层、水层，中间的解释成油水同层、可疑层就交代了。在困难和问题面前，我们不能光退啊退，最后退的就没有石油了，说来说去，还是那几块好搞的区块。如果这样下去，就没有什么工作可做了。这就是消极的做法。这个问题与领导有关，这是用消极的思想指挥队伍。带队伍就要有一不怕苦、二不怕死的精神！要有勇气和自然界斗争嘛！

相关链接

大庆油田发现过程中的地球科学工作

——《大庆企业文化辞典》

1982年获国家自然科学一等奖的综合科研项目。自1955年秋开始地质普查到1959年9月26日松基3井出油，仅用4年时间就发现了油田；然后又用1年零3个月时间探明油田并初步算出了地质储量，高速度高水平地拿下了大油田，勘探速度和效益居世界领先地位。在勘探过程中，开展了大量科研工作，主要有大地构造学、构造地质学、岩相古地理学、沉积岩石学、古生物学、地球物理学、地球化学、石油地质学等方面的研究。通过这些应用地球学科的专题研究与综合研究，查明了松辽盆地的构造轮廓、地质结构、油气资源的大体分布，并从中找到了大庆油田。这一巨大成果改变了我国石油工业布局，对国民经济发展具有重大意义。随着油田的开发，我国石油基本实现自给，在地质理论上证明了陆相盆地也能找到大型油气田，对我国东部地区石油勘探有重要的理论指导意义。在勘探中通过地质调查、航空磁测、地面重磁力测量、电法勘探、地震勘探、钻井等多种手段、多种学科的互相协作配合、综合分析、互相验证，实现了多快好省地寻找油气田的目标，并且在勘探程序、勘探方法和石油地质理论等方面都获得了新认识。这项综合成果是1961年完成的。主要参加者有地质矿产部（当时为地质部）的李四光、黄汲清，石油工业部的张文昭、杨继良、钟其权，中国科学院的张文佑等一批专家、学者和工程技术人员。

科学分析要建立在大量数据和事实基础上*

李德生

1960年1月，地质部物探大队向石油部松辽石油勘探局送交一张比例尺为1／100000的大庆长垣北部地震构造图，显示出北部萨尔图、喇嘛甸和杏树岗的构造面貌。根据第一地震反射层所制的构造等高线图，萨尔图构造圈闭面积300平方公里，闭合高度300米，穹窿背斜呈南北走向，长轴27公里，短轴10～15公里，东翼倾角1～3度，西翼倾角5～10度，轴部第一地震反射层埋藏深度为780米。喇嘛甸构造圈闭面积80平方公里，闭合高度150米，穹窿背斜亦呈南北走向，长轴12公里，短轴5公里，轴部第一地震反射层埋藏深度为950米，东翼倾角3度，西翼倾角9度。杏树

* 选自《大庆油田的发现——大庆文史资料第一辑》，题目为编者另加，原题为《萨—喇—杏大油田是怎样发现和探明的》。作者李德生，中国科学院院士，曾任石油工业部石油勘探开发研究院总地质师。

岗构造圈闭面积230平方公里，闭合高度180米，穹窿背斜南北长轴22公里，短轴10公里，东翼倾角2度，西翼倾角4度，轴部第一地震反射层埋藏深度为935米。

自松基3井出油以后，为了对松辽油田进行综合评价，石油工业部部长余秋里、石油科学研究院院长张俊带领一个工作组于1959年12月来到黑龙江肇州县大同镇，当时松辽石油勘探局已从吉林长春市迁到大同镇。部工作组包括石油部各司局和科研院各方面的专家。参加工作组的还有翁文波、王钢道、李德生、童宪章、姜辅志、邓礼让、余家国和蓬恩环等同志。余部长首先提出一个问题："松辽油田是大油田还是小油田？是好油田还是坏油田？是活油田还是死油田？"要求进行广泛的论证。当时由于松辽石油勘探局的钻探地区限于在大庆长垣南部高台子、葡萄花和太平屯几个构造上，资料有限，还不能全面地回答这个问题。

当大庆长垣北部的地震构造图送到大同镇，展示在工作组面前时，工作组对向北甩开钻探具有强烈的愿望。余部长亦深为关注，他认为滨洲铁路（哈尔滨至满洲里）横贯萨尔图构造的中部，如果这里是一个油田，对勘探队伍和器材的运输、工程建设和原油外运等都将创造非常有利的条件。他让李德生和邓礼让同志立即前往现场拟定萨尔图构造的预勘井位。他们带了一个测量小组，乘汽车从大同镇出发，向北穿越一望无际的大草原，测定了萨尔图构造的高点部位。将预探井萨1井（后来井号改编为萨66井）定在萨尔图镇以南、大架子屯北1公里左右的草原上。井位确定后，邓礼让同志随即回去调度32149钻井队向预定井位搬迁。李德生同志又继续到杏树岗构造高点，在安达县义和乡大同屯南1.5公里处拟定预探井杏66井井位，又到喇嘛甸构造高点，在喇嘛甸镇红五星猪场北1公里半拟定预探井喇72井井位。杏66井由32150钻井队担任钻探任务。喇72井由3242钻井队担任钻探任务。

1960年2月下旬至3月上旬，石油部在哈尔滨市召开了松辽石油会战筹备会议。由康世恩副部长主持，有部机关、松辽、新疆、玉门、青海、四川等石油管理局、油建、炼建和石油院校等领导同志参加。会议讨论参加松辽石油会战各单位的任务，队伍、装备、器材到达的日期和运输路线等。

由32149钻井队在萨尔图构造上所钻预探井萨66井于2月20日开钻。2月底已钻遇油层，从井深770米开始见到油砂，到井底1089.4米，岩屑中一直返出有油砂。康副部长把李德生和余伯良总地质师找去，分析研究这口井的情况，并让他们二人立刻从哈尔滨赶到萨66井去，任务有三条：一是对这口井的钻井地质资料进行复查，对含油岩屑和含油井段进行鉴定；二是确定这口井的电测工作系列，在现场进行解释；三是对油层作出评价，确定射孔试油层位，取得产量、压力、原油、天然气物理性质等各项参数。

3月5日上午，他们在井场见到邓礼让处长、井队队长韩福金和地质员李贵勤等。检查了全部录井资料，布置了电测工作。在双目显微镜下观察了油砂的结构、矿物组成、胶结物和孔隙性。油砂都是由石英和长石组成的中细砂岩，物性很好。录井资料油层厚度达到210米，其油气富集程度，显然超过大庆长垣南部的葡萄花和高台子地区。

测井曲线出来后，又进行地层分层界线的划分。这口井共有三套油层：最浅的一套油层，命名为萨尔图油层，是长垣南部各井从未见到的新油层多中间的一套油层，大体与葡7井出油的层位相当，但油层厚度比葡7井增大一倍，命名为葡萄花油层，下部的一套油层，大体与松基3井出油的层位相当，但油层厚度亦比松基3井增大，命名为高台子油层。横向测井解释这口井的油层厚度为78.3米，气层厚度为2.5米。井壁取芯每个油层都取上了棕黑色的油砂。

趁井队下套管、固井作业之际，李德生和余伯良总地质师将测井曲线、解释成果、井壁取芯岩样、萨66井和长垣南部几口井的油层对比图等带回哈尔滨市，向康副部长和参加会战筹备会议的领导张文彬、焦力人、李荆和等作了汇报，大家都为这口预探井打开了新局面而高兴。在汇报试油意见时，康副部长说，原则上凡是地质录井、测井和取芯三合一证实为可靠的油层全部射开试油。凡是有怀疑的油层，油水同层，可能水层等一律避开不射孔。

1960年3月11日，萨66井在井深773～1002米将萨尔图油层和葡萄花油层合并射孔试油，获得了高产油流。油量畅通时，日产量达200吨以上。用七毫米油嘴控制，自喷日产油76吨，原始地层压力101.4大气压，压力系数1.07，流动压力77.6大气压，油气比42立方米/每吨，原油比重中等，高含蜡，低含硫，天然气富含重烃组分。

这时，杏树岗构造的预探井杏66井也于3月7日开钻，4月8日钻达井深1150.6米完钻。萨尔图油层和葡萄花油层都含油。电测解释油层厚25.6米。射开葡萄花油层试油结果：七毫米油嘴，自喷日产油量53吨，不含水。油气比46方气/吨油。原始地层压力111.3大气压，压力系数1.069，流动压力82大气压。

喇嘛甸构造的预探井喇72井相继于3月28日开钻，4月16日钻达井深1225米完钻。萨尔图油层、葡萄花油层和高台子油层都含油。电测解释良好及较好油层共厚53.4米。射开葡萄花油层试油结果：九毫米油嘴，自喷日产油量150吨，不含水。原始地层压力109.2大气压，压力系数1.7。

从油层厚度分布，油页岩标准层对比和原始地层压力系数等各项资料分析：预测萨尔图—喇嘛甸—杏树岗三个构造具有较大的含油面积和储量，并具有自喷高产的优势。

根据上述勘探新形势，石油部党组决定调整松辽石油会战的部署：将勘探重点立即转移到大庆长垣的北部地区。前来参加会战的新疆石油局勘探工区由原定葡萄花构造地区转移到萨尔图油田北部（滨洲铁路以北）。玉门石油局的勘探工区由定太平屯构造地区转移到萨尔图油田南部。青海石油局和四川石油局勘探工区由原定高台子构造地区转移到杏树岗油田。

新的会战部署一经决定，就在安达县松辽局机关建立松辽石油会战总指挥部。从各油田、各单位调集前来参加会战的40000多名职工陆续到达安达和萨尔图两个火车站。60台钻机、数万吨器材设备沿着滨洲铁路线，从龙凤至喇嘛甸车站之间20多公里地段内就地卸车，然后转运到各个工地。

1960年3月中旬，在安达县铁路俱乐部召开第一次五级三结合技术座谈会，到会的有参加会战的各路地质和工程技术人员共300多人。余秋里部长、康世恩副部长和其他会战

为合理设计原油地面集输工艺流程，谭学陵等5名技术人员冒着严寒和酷暑，10个月从1600个观测点上取得5万多个数据，经1000多次分析测算，确定了准确的土壤传热系数。

领导亲自主持了会议。余部长首先提出要一面开会，一面学习毛泽东主席的《实践论》，中心议题是要在会战中树立地质工作的科学态度“一切科学分析要建立在大量数据资料、大量事实的基础上”，要改变测井解释中“红点点，黄点点、蓝点点”出现互相矛盾的情况；“要重视调查研究”，“要做一个自觉的乐观主义者，不要做一个盲目的乐观主义者”，掀起一个“取全取准各项地质资料”的群众性活动。

会议期间，经过充分酝酿后，由李德生草拟了一份“大庆长垣钻探和开发过程中取全取准20项资料和72种数据”的技术规程。内容为：

1. 录井资料

每日探井、生产井或注水井在钻井过程中要收集齐全四种数据：①岩屑录井；②钻时录井；③泥浆录井；④气测录井。

2. 测井资料

每口油井规定要取得八种测井资料：⑤标准测井；⑥横向测井；⑦放射性测井；⑧微电极测井；⑨井径测井；⑩井温测井；⑪井斜测井；⑫井内流体电阻测井。

3. 岩芯资料

⑬钻井取芯；⑭井壁取芯，重点取芯井在油层部位全部取芯。收获率低的井段，再用井壁取芯补充。一般非重点取芯井也要在油层部位进行井壁取芯。岩芯和井壁取芯都要送实验室进行分析。

4. 储油层岩性资料

要进行以下各项研究：⑮矿物组成；⑯粒度；⑰结构；⑱胶结物。

5. 储油层厚度资料

每口井要划分清楚以下几种厚度：⑲油层总厚度；⑳油

层有效厚度；㉑最好的油层厚度；㉒最大的单层厚度。

6. 含油饱和率资料

要分析研究以下两种油饱和率：㉓原始含油饱和率；㉔残余油饱和率。

7. 孔隙率资料

㉕总孔隙率；㉖有效孔隙率。

8. 渗透率资料

㉗空气渗透率；㉘有效渗透率。

9. 油层温度资料

㉙油层温度；㉚地温梯度。

10. 油层压力资料

㉛原始地层压力多；㉜静止压力。

11. 饱和压力资料

㉝饱和压力。

12. 流动压力资料

㉞流动压力。

13. 井口压力资料

㉟油管压力；㊱套管压力。

14. 油气比资料

㊲油气比。

15. 原油性质资料

地层条件下原油性质资料：㊳比重；㊴粒度量；㊵原始油气比；㊶压缩系数；㊷体积系数。

地面条件下原油性质：㊸比重；㊹粒度；㊺凝固点；㊻含蜡量；㊼蜡熔点；㊽含水量；㊾含砂量；㊿馏分。

16. 天然气性质

(51)比重；(52)黏度；(53)组分。

17. 地层水性质资料

㊿地层水矿化度；55成分；56机械杂质；57比重；58黏度。

18. 产量资料

59原油产量；60天然气产量；61水产量；62注水井吸水量。

19. 储量资料

63含油面积；64油水边界。

20. 生油层资料

65生油层性质；66厚度；67分布范围；68有机碳含量；69有机氮含量；70还原系数；71氯仿、沥青含量；72干酪根性质。

过去我们在工作中仅仅依靠少数地质人员搜集资料，取资料与生产常有矛盾，工作中困难很多。有了这个会战技术规程以后，加强了党对地质工作的领导，掀起了以“四全”、“四准”为目标的群众性搞地质资料活动。

四全是：①录井资料要全；②测井资料要全；③取芯资料要全；④分析化验资料要全。

四准是：①测量压力要准；②油气水计量要准；③各种仪表要准；④各种资料样样准。

为了保证取得资料的正确性和可靠性，成立了许多三结合小组，深入井队，实行四同五包。即与工人同吃、同住、同劳动、同商量。包宣传鼓动，发动群众；包地质预告；包生产任务；包资料整理；包向工人讲地质课。

为了及时解决生产中的关键问题，指挥部又组织了若干科研大队，如地层对比大队、测压大队，注水大队、综合研究大队等，使现场生产工序与科学研究形成一条龙，科学研究工作渗透到生产工作的每个环节中去。三结合小组下到井队，协助井队提高岩芯收获率，岩芯选样后专程送试验室分析，作出岩芯综合图。测井资料由矿场地球物理队监督验收，资料带回立即进行定量解释。地层对比队根据以上资料作出地层对比成果图，小层平面图等。在搞清本井情况与邻井的对比关系后，再填写射孔试油通知单，确定下一口井的设计要求。研究大队与生产岗位一样昼夜有人值班，资料随到随分析研究。从上一口井完成到下一口井开钻，仅一二天时间内，完成生产地质与科学研究的全部工序。

大庆石油会战初期有一个“九热一冷”的工作制度。就是把九成的时间用在热火朝天的生产实践中，一成时间用在冷静研究工作中存在的问题和提高认识上。平日的作息时间是每旬工作九天，休息一天，改变了星期制度。每月月末有三天时间，召开五级三结合技术座谈会。会战总指挥部、各分指挥部、大队、中队基层井队都有代表参加。领导、技术人员和工人坐在会场里，领导对各个阶段的勘探形势、生产上面临的问题，提出课题。与会代表集思广益，各抒己见，使不同专业、不同工种、来自不同实践岗位的同志的认识有相互交流的机会。通过这种讨论，形成新的认识，制定下一阶段的工作部署，使得实践、认识、再实践、再认识的过程，自觉地成为油田职工探索客观规律、搞好生产的推动力。

1960年4月9日至11日，大庆油田在安达县召开第一次“五级三结合”技术座谈会

1960年4月，在安达举行的五级三结合技术座谈会上，会战总指挥康世恩副部长提出了“大游地宫”的号召。认为“油层深埋在地下，看不见，也摸不着，它是一个巨大的、极为复杂的非均质体。因此在发现油田以后，储油层1层的岩性和物性变化往往是评价油田重要条件之一。要求参加会战的各探区对油层的每一个小层、每一个油砂体都要研究清楚、对比清楚”。座谈会以后，就成立了地层对比大队，开展了详细的储油层研究工作。

大庆油田的第一个“地宫”

油层对比的结果，萨尔图油层和葡萄花油层可以划分为五个油层组：萨一组油层差、萨二组油层好、萨三组油层中等。葡一组油层厚度大，连通性好，葡二组油层岩性变化较大。根据沉积的旋回性和夹层分布，又把五个油层组进一步细分为14个矿层组和45个单位油层：萨尔图油层共有8个砂层组，28个单油层，葡萄花油层共有六个砂层组，17个单油层。其中萨I组五个单油层，萨2组16个单油层，萨3组7个单油层，葡1组7个单油层，葡2组10个单油层。

油层对比获得的成果，首先展示在1/200比例尺的油层对比剖面图上，钻完一口井，对比一口，填绘一口。这种对比图资料的齐全精确，超过了国外同类型大油田的油层对比剖面图。此外还绘制了45个单油层的分层平面图，夹层等厚图，认识了各油层、各油砂体在平面上的岩性和物性分布规律，在垂向上的，连通性和叠加状况，成为制定油田开发方案的重要地质依据资料。

1960年5月，余部长和康副部长又召开油田开发技术座谈会，引导大家认真学习《矛盾论》，反复研究大庆油田的地质规律，讨论油田开发中的主要矛盾。这时候，萨尔图—喇嘛甸—杏树岗三个油田已完钻详探井26口，其中萨尔图油田20口，杏树岗油田4口，喇嘛甸油田2口，有21口详探井经过试油获得了工业油流。位于萨尔图构造和杏树岗构造鞍部的关键详探井萨94井、杏26井，位于萨尔图构造和喇嘛甸构造鞍部的关键详探井萨6井、喇95井都试油获得了高产油流。构造边部的探边井萨64井、萨68井、杏64井、杏68井亦已探明了含油边界和油水界面。经过地质专业队伍与群众运动相结合，大搞取芯、大搞测井、大搞百万次分析化验、百万次油层对比、大搞综合研究以后，对萨尔图—喇嘛甸—杏树岗油田的基本地质规律已有所了解。

（1）萨尔图—喇嘛甸—杏树岗油田基本上是连成一片的。其纯油区面积600平方公里，包括油水过渡带的总含油面积达800多平方公里。与世界上其他大油田对比，苏联罗马什金油田纯油区面积为500～600平方公里。美国东得克萨斯油田含油面积为560平方公里。

（2）根据一般油井分类，凡日产油量在25吨以上的油井属于高产井，7吨至25吨的属于中等产量井。萨尔图—喇嘛甸—杏树岗大油田的探井用五毫米油嘴的自喷产油量都在25吨以上，都属于高产油井。

（3）萨尔图—喇嘛甸—杏树岗大油田具有统一的油水界面。基准面（海平面下1000米）压力为120大气压，压力系数为1.05。其压力系数与世界其他大油田的规律性相同，压力系数在1.0与1.1之间，油藏具有足够的供油面积和驱油能力。

与此同时，我们在实践中已经认识到这个大油田在开发中存在的三个主要矛盾：

（1）油田饱和压力高，弹性能量小。

（2）储油层纵向和横向渗透率变化大。

（3）地下原油黏度较大。

充分发挥这个油田客观存在的内在优势，必须采取合理的、有效的措施解决以上三个主要矛盾：

（1）萨尔图—喇嘛甸—杏树岗大油田含油面积达800多平方公里，构造呈长条形，南北伸展70公里，储油层厚度与岩性变化均自北向南逐渐变化。根据小层的岩性厚度变化图，油砂体的变化亦接近于北东方向的条带状分布。原油黏度和饱和压力亦由南向北增大。这些油藏特点均适宜于采用东西方向垂直于构造轴线的横切割注水法。将偌大的油田切割成数十个区块，每块开采的宽度为3.2公里，长度为10～15公里，面积为30～50平方公里。相对来讲，每个区块内的油层变化就比较简单一些，可以针对本区块的特点，合理划分开发层系。

（2）由于萨尔图—喇嘛甸—杏树岗大油田的油藏饱和压力高，弹性能量小，必须实施早期注水的开发原则。每个开发区块，先钻注水井排，后钻生产井排。注水井先排液采油，后转入试注。既有利于完成采油任务，又适当降低油层压力，有利于注进水去。在注水井排内先开采一定量的无水优质原油，亦有利于在注水井排上拉成注水线，保持油水界面较均匀地向生产井排推进。

（3）每个区块根据油层在纵向上的分布情况，划分开发层系。用二套或三套井网，将高、中、低渗透率油层组实行分层开采。对高渗透率油层的井网，适宜于用大井、排距。中渗透率油层的井网，适宜用较小井、排距。低渗透率油层和分布不规则的油层采用面积注水井网。在工艺技术上采用多层封隔器。在一口井内实施分层开采和分层注水。

（4）在试验室内开展降低油层内原油黏度，提高采收率的各项开发实验工作。根据国外资料，在油井内注入二氧化碳可以降低原油黏度。某油田水驱采收率原为29%，在注二氧化碳气开发后，采收率提高到52%。对萨尔图—喇嘛甸—杏树岗大油田来讲，如果能找到技术上新的开发措施，而使采收率提高一倍，则一个大油田就等于两个大油田。

由于坚持了科学的认识论和方法论，大家体会到必须做艰苦细致的开发试验工作，建议在集中优势兵力详探萨尔图—喇嘛甸—杏树岗大油田的同时，在萨尔图油田中段，滨洲铁路线两侧开辟一块生产试验区，包括构造轴部的中区（面积30平方公里）和构造边部的东区（面积14平方公里）、西区（面积16平方公里），解剖一个麻雀，以取得全面开发大油田的经验。部党组都及时采纳了这些建议，并由会战工委和总指挥部组织实施，保证大庆油田在“长期稳产高产”的开发方针指导下，只用了一年的时间，就探明了萨尔图—喇嘛甸—杏树岗这个高产大油田的含油面积和储量，并有条不紊地将这个大油田逐步投入开发。

相关链接

三老四严

——《大庆企业文化辞典》

即对待革命事业，要当老实人，说老实话，办老实事；

对待工作，要有严格的要求，严密的组织，严肃的态度，严明的纪律。是大庆石油职工在会战实践中形成的优良作风。“三老四严”的提法，最早出现于1962年，到1963年就形成了完整的表述。这一好作风，来自实践，是在大庆领导的反复倡导和精心培养下，通过实际工作的磨炼，逐渐在职工队伍中形成的。搞石油工业，地下作业多、隐蔽工程多、间接获取资料多；同时，大会战是几万人，150多个工种，分散在上千平方公里的草原上，班组作战，单兵顶岗，昼夜施工，四季不断，又要协同配合，必须有高度的集中统一和对各方面的严格要求。当时会战队伍来自四面八方，虽然有革命干劲，但也带来了一些旧习惯和坏毛病，不适应大规模的石油会战。因此，会战一开始，大庆领导就提出培养革命作风，强调严格要求，首先从领导严起。在平时的工作中，事事讲作风，时时讲作风，处处讲作风，人人讲作风。凡是好作风，就大力表扬和提倡。常见的、大量的、具体的低标准、老毛病，如“一粗、二松、三不狠”，“马虎、凑合、不在乎”，则反复进行批评教育，加以纠正。经过大庆会战时期的培养和实际工作中的磨炼，使“三老四严”在几万人的职工队伍中形成了风气。这一作风是大庆人高度的主人翁责任感和科学求实精神的具体表现。增强了队伍的组织性和纪律性、生产中的主动性和科学性，执行制度的自觉性和严肃性，起到了单靠领导工作和生产管理制度不能完全起到的作用。对于这一作风，1978年4月22日，邓小平在《全国教育工作会议上的讲话》中指出：“要极大地提高科学文化水平，没有‘三老四严’的作风，没有从难从严的要求，没有严格训练，是不能达到的。”

储量+科学技术=可采储量*

1959年9月26日，在大庆油田长垣上的高台子构造上的松基三井喷油后，相继在长垣的葡萄花、太平屯、敖包塔、萨尔图、杏树岗等构造上进行了钻探，并先后获得了工业油流，证明长垣北部的萨尔图、喇嘛甸和杏树岗3个构造是一个面积大、油层厚、连接成片的大油田。1960年5月，钻探重点由南部移到北部，并以萨尔图油田为中心，开展了油田详探和开发试验工作。到1961年底，共钻了14口探井和28口资料井以及相应的试油工作，基本上查明了油田构造形态、含油面积、储层性质，以及油田开发初期的注水和开采特点。应用这些资料和地质研究成果，第一次计算了大庆油田（萨尔图，喇嘛甸，杏树岗）1+2+3级石油地质储量①其后，随着油田逐区投入开发，第一次开发井完钻后，又补充了大量的资料，对油田加深了认识，逐区核实了石油地质储量，到1978年全部核实完，核实后的储量比第一次初算储量有所增加。油田全面投入开发后，根据开采过程中暴露出的问题，以及新的开采工艺技术的发展，在对油田再认识更深刻的基础上，进行了一次储量复算。三次储量计算都是根据对油田客观认识程度计算出来的，它对油田的开发起了重要作用。回顾大庆油田储量

---

* 选自《大庆石油会战——大庆文史资料第二辑》，题目为编者另加，原题为《对大庆油田科学计算储量的回顾》。作者谭文彬曾任大庆地质指挥所副指挥，黄淑敏曾任大庆石油管理局开发部主任工程师。

① 1+2+3级石油地质储量：表示油田在不同勘探阶段所计算的储量。一级储量表示已投入开发后计算的储量，二级储量表示详探阶段技术后计算的储量，三级储量表示被迫阶段结束后计算的储量，上述三种情况同时存在，因而计算时是1+2+3级储量。

计算的过程，不仅是一个地质储量的计算问题，而且对指导我们今后的地质勘探开发工作有一定的借鉴价值。

一、科学的指导原则

大庆石油会战一开始，会战工委领导就号召广大职工学习《实践论》和《矛盾论》，要求以“两论”指导各项工作，并强调地质工作要坚持一切从实际出发，克服过去“粗估量算大平均”的老毛病。这些重要的指导思想不仅奠定了地质开发工作的思想基础，也是储量计算的科学指导原则。当时会战工委总结了其他油田以往计算储量的经验教训，根据大庆油田初期主要靠自喷开采的实际，明确指出“原油的工业储量是指靠油井自喷能够提供产量的储量”。这个条件是很严格的，当时也是很现实的。其中心意思就是靠当时所采用的开采工艺技术能够提供产量的资源才计算工业储量，不能提供产量的资源，暂时先不计算工业储量。因为储量是安排产量的物质基础。会战工委当时还提出计算储量的三点具体要求。第一，计算储量所需的参数必须立足于大量的资料，大量的数据，大量的分析研究成果；第二，储量计算必须分区、分级、分组分别计算，不能用大平均的数据；第三，计算储量所用的公式既要有理论依据，又要有本油田的实际验证。这三点具体要求实际上是从两个方面指出储量计算必须遵循的科学指导原则，一是要必须建立在真实反映地下情况的系统的、足够的资料的基础上；二是要分别制定不同地区、不同层位的储量参数，而且计算的方法要经过实践检验，并为实践所证明是科学的方法。这两点对储量计算是非常重要的。为了保证客观地认识地下情况，会战初期又提出“大庆长垣钻探和开发过程中取全取准20项资料和72种数据”的技术规程。这就从基础工程上保证了储量计算的科学性。今天回顾起来，会战初期工委提出的这些科学指导原则都是非常正确和重要的。它有效地指导了储量计算工作，也保证了计算成果的可靠性。

二、实践认识逐步核实储量

1962年元月，我们以喇、萨、杏油田142口井的资料（其中生产试验井48口，资料井28口，探井66口）取出岩芯5283米，分析化验样品19302块以及16个单层试油资料为依据，研究了油层的岩性、物性、含油性和电性的关系，总结出以岩芯为基础，试油为依据，电测曲线为手段的地质地球方法确定储量计算的主要参数——有效厚度的物性下限和用电测曲线确定有效厚度的方法。喇、萨、杏油田有效厚度是指≥0.5米油砂，其物性下限为：空气渗透率≥150毫达西，有效孔隙度≥23%。并相应确定了有效孔隙度值。用电测资料确定了原始含油饱和度，待三口油基泥浆取芯资料取到后，确定了原始含油饱和度是落实的。当年地质指挥所储量组的张志松、刘敏、朱孔彰、汪永峰、彭立纯等同志在有效厚度物性下限及电性特征研究中，冒着零下20多度的严寒，身穿皮大衣，脚穿套在雨靴里的大头鞋，在露天认真仔细地观察描述岩芯，使有效厚度标准建立在科学扎实的基础上。

大庆油田钻油基泥浆取芯井确定油层原始含油饱和度在我国是首次。在缺少信息和经验的情况下，李淑贞、宋书礼同志自己动手查阅国内外资料，专题组的全体同志反复讨论在取芯工作中可能出现的101个问题，并提出开展10项实验和保证工作质量的10大措施。张家茂、谢国安、季龙林、张致奇、赵月生、沈联蒂等同志为了做好试验和取全取准资料，克服各种困难，坚持工作。没有床，就睡在地上，有时连续工作几天不睡觉，时常因送饭不及时，饿着肚子干。他们现场录取资料，现场分析化验，现场实

会战3年，共取岩芯1.3万米，共测电测曲线2.8万多条。这是地质人员正在进行岩芯描述。

验研究，取得我国第一口油基泥浆取芯的成功，落实了油层的含油饱和度。当时，萨尔图油田已基本钻完开发基础井，其他两个油田仍处于初探阶段。由于3个油田同处于大庆长垣二级构造带上，油水分布受二级构造控制，因此，同时按不同认识程度计算了1+2+3级储量，正式上报国家。

后来，油田逐区投入开发，随着探井、资料井的增加和大量开发井的完钻，为油田地质深入研究提供大量的第一性资料。在进一步认识油田地质特征的基础上，重新核定以有效厚度为主的储量参数，逐区核实完地质储量。

喇嘛甸油田1964年进入详探阶段，到1972年共有钻探井12口，资料井27口，气探井3口，取岩芯4980.5米，分析岩样22113块，试油试气41口，277层，搞清了气顶及油水分布。密闭取芯井喇253的资料落实了原始含油饱和度。同时，重新确定了有效厚度的物性下限为120毫达西。在此基础上核实了石油地质储量和气顶气的储量。

杏树岗油田自1963年以来，陆续完钻探井39口，资料井46口，取岩芯6983.76米，分析样品17038块，试油85口井，283井层。油田已全部投入开发。经过地震和钻井资料研究证实，长垣南部与太平屯油田北部中间不存在鞍部。为此，将杏树岗油田南部边界南移，使含油面积有所扩大。杏树岗油田原油物性变好，在相同渗透率条件下，产能比萨尔图油田高。因此，在综合研究的基础上，将有效厚度物性下限值降为50毫达西。同时利用杏133井油基泥浆岩芯资料落实了原始含油饱和度，最终核实了地质储量。

萨尔图油田已钻完了全部开发井，针对油层自北向南的变化的总趋势，考虑到南部原油性质变好等因素，将萨南地区的有效厚度物性下降为100毫达西，其他参数均无变化。在此基础之上，核实了石油地质储量。

到1978年，喇、萨、杏三个油田的储量全部核实完，提供油田开发使用，并上报国家。较之1962年数字有所增加。但以0.5米以上厚度的油砂为有效厚度标准没有改变。这样稳妥和留有余地的储量计算，对大庆油田前期开发起到了良好的作用。

三、根据开发实践，必须复算储量

油田投入开发以来，先后开辟了不同目的开发实验。通过实验资料，也间接地认识储量计算中的问题。如1965年在萨北地区开展小井距油田开发全过程实验。试验说明像葡Ⅰ1–2，萨Ⅱ7+8这样的好油层其原来的储量参数都偏低。

1972年到1973年，油田部分区块钻了加密调整井。1974年以后，在油田上广泛推广了分层找水技术，获得了丰富的分层测试资料。如中区东部的53口加密井测试资料，说明未划入有效厚度的含油砂岩也出油，同年调整的其他几个区块也有类似含油岩出油的情况，按驱替特征曲线预测，到含水95%时，采出程度可达到60%以上，这显然是原来的储量算少了的缘故。维持这样偏低量对提高油田开发水平是不利的。特别是在油田进入高含水开采后，要对老开发区的层系井网进行全面调整，而油层的储量动用情况又是调整的重要依据。另外，由于有效厚度下限值定得过高，因而油层客观存在的形态没有被真实的反映出来，而是被人为地搞零碎了，这样确定的调整层系井网就难以符合实际。因此，重新认识研究有效厚度等储量参数，复算油田地质储量是非常必要和迫切的工作。

大庆油田是从1981年开始储量复算工作的。以有效厚度下限值为主要研究课题，同时开展了含油饱和度和有效孔隙合理取值的分析研究。为进行这次复算，有针对性地补取了各种资料：①在过渡带补钻了两口密闭取芯井，了解油水过渡带的含油饱和度在纵、横向上的变化；②为解决高比重泥浆钻井情况下对测井曲线的影响，而用不同泥浆比重钻了6口取芯井；③选了20个差油层试油；④取了400块差油层岩样测定毛管接力曲线2290条；⑤取了8块岩样做高压孔隙度测定。这次复算所用基础资料是大量的，包括探井88口，资料井181口，岩芯总长37501米。其中油基泥浆取芯井4口，密闭取芯井27口，取得含油、水饱和度资料11113个，测定油层的空气渗透率、有效孔隙度、粒度等，油层物性参数的岩样102953块。试油261口井805层，高压物性取样966井层等。

储量复算研究工作主要是有效厚度下限值，同时开展影响了原始含油饱和度和有效孔隙度的因素及校对的研究。

喇、萨、杏油田开发多年，开发井网层系、开采方式不断改进以及工艺技术也不断提高。所以有效厚度下限值也应相应改进。此外，油层渗透率的变化，原油性质的变化等对有效厚度下限值的确定都是有影响的。在确定有效厚度下限值时，我们应用了多种资料，采用了：①试油法；②低渗透产油能力相对贡献值法；③泥浆侵入法；④含油产状法；⑤饱和度法五种方法。并且以试油法为基础，低渗透产能相对贡献值法为依据，其他三种方法作参考，同时考虑油田上油层沉积相分区特点，原油性质的变化，综合确定了分区、分层的有效厚度下限值。与此同时，通过岩性、物性、含油性和电性关系的研究，确定油层有效厚度的电性标准。

其次，我们还开展孔隙体积压缩性对储量参数影响的研究。用了8块岩样测定地面有效孔隙度和地层条件下的有效孔隙度，根据其差异所得的压缩影响，作为计算储量时取值的依据。为落实原始含油饱和度，综合4口油基泥浆取芯井和3口密闭取芯井，3口大直径水基泥浆取芯井所得的原始含油饱和度资料，分析影响油层含油饱和度的地质因素，影响因素是储层的孔隙结构特征、物理性质和油藏高度，并以此作为选值的依据。

根据上述研究成果，分别确定各区各项参数取值。分岩层（≥0.5米），薄层（0.4~2.2米），分油层组的纯含油和过渡带计算了储量。与复算前相比增加了62.4%。

综上所述，大庆油田储量的复算工作是在取得大量第一性资料和开展大量科研工作的基础上，应用多种方法建立了各种标准和图版，标定了各项参数。对新增储量做了客观的分析，认为是落实可靠的。在油田开发调整工作中，为如何有效地动用这部分储量和确保大庆稳产提供了物质基础和科学依据。

四、回顾中得到的启示

大庆油田在计算储量中提出油层有效厚度必须具备两个条件，一是储层内原油是可以流动的，二是在现有工艺技术条件下能够提供产量的。这两条对“常规”油田有重要的科学指导性。是我们计算储量，安排产量的物质基础。这个基础不扎实，在考虑开发建设规模时是很有害的。如果不遵守上述两条准则，就不能保证提供产量。虽然计算了储量，也不能提供现实的产量，也就使工业储量失掉了真正含意。大庆油田的可贵之点不仅是在复算储量中坚持了科学的准则，保证了复算储量的可靠性。更重要的是他们始终没有将现有的工艺技术条件看死，而且积极地改善和改变工艺技术条件，这样就将原来不能提供产量的储层，变为可以提供产量的储层。在复算储量时就充分体现了这点。复算储量以后，大庆油田仍有一部分厚度小于0.2米的含油砂岩层和泥质粉砂岩油浸油斑层没有计算储量，他们认为这部分油层薄而分散，地质研究工作尚不够充分，有效的开采工艺技术还没有配套，还没有把握使这些储层有效地提供产量，所以在复算中没有划入有效厚度和计算储量。目前正在集中力量做工业化的矿场试验，系统开展开采特点及经济价值研究，完善不同类型储层的水淹特点以及工艺技术的配套等。预计这部分储层很有希望在大庆油田稳产期发挥作用。这种对“工艺技术条件”应用的态度是科学的，体现了以现实条件为基础，同时，又不为现实条件所束缚，而是积极创造条件，努力实现新的突破，发展生产力。实践证明，大庆的科学成果非常可贵，而大庆的科学精神更可贵。

大庆油田科学计算储量，反映了大量的扎扎实实的艰苦工作。会战初期，余秋里、康世恩两位老领导就提出“石油工作者的岗位在地下，斗争对象是油层”。又说，“一定要将油层情况搞清，否则，一切工作就没有基础，立足点就不牢”。大庆储量计算、复算都比较充分地体现了这些要求，所以结果是好的。哪些工作坚持了这些要求，就有好的结果。离开了这些基本要求，就偏离了对油层的真正认识，就要吃苦头。康世恩同志在会战初期对储量提出过“过秤入仓”，要求储量必须准确。大庆的储量计算工作是科学的，成果是可靠的，从宏观上体现了“过秤入仓”的要求。

大庆油田储量计算结果比较可靠，是与地质开发综合研究工作搞得好分不开的。由于储量不但在数量上可靠，而且不同油层性质的储量的分布也比较清楚。只有这样才能使不同阶段以提高储量动用程度为主要内容的调整工作能够有效地进行，并且取得很好的效果。大庆对各种措施的效果预测和油田开发趋势预测分析都比较符合实际，这固然说明了预测方法比较科学，但确定比较准确的储量是基础。通过生产实践，大庆油田可采储量计算得也比较准确。在研究可采储量时也应用多种方法研究计算并与矿场单层试验结果比较分析，在大量研究的基础上测算了现井网和井网全面加密后的可采储量。这些扎实的工作，为大庆研究近期发展提供了较好的基础。不仅如此，大庆油田在提高采收率方面的研究工作也很认真，初步揭示出注聚合物驱油的方法将有较好的效果，从工艺技术和经济条件上看也是有现实意义的。

相关链接

狠抓第一性资料

——《大庆企业文化辞典》

大庆职工在认识和开发油田中始终坚持的一条准则。大庆人高度责任感和科学求实精神的具体表现。1960年4月9日召开的大庆首次油田技术座谈会，总结了过去有的油田因地下情况不清，使油田开发受影响的教训，提出搞好油田开发必须立足于对地下情况的清楚认识，在油田勘探和开发中，每钻一口井都必须取全、取准20项资料和72个数据，做到一个不能少，一点不能错；指出，搞假资料、不准的资料，比没有资料还坏；“心中无数决心大，情况不明办法多”，是要受到客观规律惩罚的。大庆石油会战以来，广大职工坚持把高度的革命精神与严格的科学态度结合起来，对地下情况大搞调查研究，录取大量、准确、齐全的第一性资料。在此基础上，认真分析研究，使认识更加接近油田的客观实际。据1963年统计，全油田共钻井取岩芯13047米、测曲线2万多条、测压力4万多次、做岩样分析553万个，分析化验160万次、地层对比1744万次。由于取得了大量齐全、准确的第一性资料，掌握了油水在地下的运动特点、分布情况和各类油层的开采状况及变化，从而制定出了正确的开发部署和油田综合调整措施。在编制“四五”计划时，由于搞调查研究，主观认识比较接近客观实际，结果提前1年实现了“四五”期间原油产量翻番的设想，这与广大职工狠抓第一性资料是分不开的。

打破旧框框，创出新工艺*

大庆油田的发现，使广大石油职工扬眉吐气，自觉挑重担，高速度、高水平地开发好大庆油田，为国家作贡献，成为共同奋斗目标。1960年5月会战一开始，会战指挥部领导就总结了50年代开发玉门油田的经验教训，并分析研究了苏联、美国的油田开发经验，决定走出一条适合我国实际情况的开发大型油田的新路，那就是从实际出发，经过科学试验，创出油田长期稳产高产的开发新方法及工艺技术。在油田中部地区，开辟了开发试验区（即中区）。经过“三结合”技术座谈会反复讨论论证，确定了油田内部、行列注水保持压力开采的开发技术政策。

为实施这种新的开发方案，在加快试验区钻井的同时，会战指挥部领导抓紧了油田注水的工程建设，必须在1960年底试验区投产不久就进行注水试验，做到“采油的开始就是注水的开始”。便相继成立了注水大队，修井大队和特车大队、这就是向油层展开进攻性作业的井下作业指挥部的前身，配合采油队伍，开始了油田早期注水作业。

1960年10月，茫茫大草原上，早已飘起了雪花，气温急剧下降，临时注水站已抢先投产，大庆油田的第一口注水井——中区7排11井准备注水。采油指挥部的张会智副指挥和朱兆明总工程师、杨育芝工程师和我担负第一批注水井的试注工作，组成了前线领导小组。当时，能否在油层尚未大量采油降压的情况下，也就是采油的开始就进行早期

* 节选自《大庆石油会战——大庆文史资料第二辑》中《忆“三敢三严”的大庆油田采油工艺研究院所》。作者刘文章，曾任大庆会战指挥部工程室副主任、井下指挥部总工程师、副指挥兼采油工艺研究所所长。

注水，成为第一个引起会战指挥部领导及采油职工最关注的问题。因为这样做是打破常规的，玉门油田是后期降压注水的，苏联、美国的油田也是经过一段长时间的采油降压后才注水的，也就是在采油量已开始下降后才补充能量的，因此，如果注不进水，油层压力下降，就不能实现大庆油田长期高产稳产的开发方针，就要走低水平的老路。

当时，注水前线领导小组吸取玉门油田及苏联油田的注水试注经验教训，先将这口井进行了几天的清水洗井作业，待我们认为井底清洁后开始用水泥车注水，然后改为由注水站注水。不料，这种比玉门油田的做法好得多的注水方法遭到了失败，这口井一天仅能注进四、五十吨水，距离每天注水150吨的设计目标差得远。在我们向会战指挥部领导康世恩副部长汇报时，受到了严厉的批评。他一针见血地指出：油层在受到钻井污染的情况下，洗井不彻底，怎能注进水？洗井用水才200吨。好像用一酒杯水洗脸一样，怎能洗净井底？而且用的是冷水，为什么不用热水洗？就是这种一“粗”、二“松”、三不“狠”的老毛病阻碍了油田注水的命运。这一批评，使我们几个人思想上震动很大。张会智同志说：“这一批评真好，使我们头脑清醒了，痛下决心改掉一粗二松三不狠的老毛病，严、细、狠、准从头干！”余秋里、康世恩等领导，会战一开始就强调的“没有严格的要求，就没有高水平”，“没有过硬的作风就不会有过硬的本领”在我思想上开始打下了烙印。我第一次真正体会到搞科学试验既要有敢想敢说敢干的革命精神，又要有严格、严肃、严密的作风。汇报会后，已过了吃晚饭的时间，张会智同志说：“我们回前线去，开个会研究新战略战术，饭也不吃了。”这样，我们几个人回到了前线——7排11井旁边一间老乡的土房子里，点着煤油灯，大家说："抬着棺材上阵，注水不成功，就跳这旁边的水泡子吧。""倾家荡产，老婆孩子一起上，非要打响早期注水这一仗。"我们研究了最狠心的作战方案。

第二天，在第一口注水井场（7排11井）调集了400多人的会战队伍，能抽出的设备及人员都来了。有几十台水泥车、锅炉车、压风机；有各工种工人，也有技术人员，甚至炊事员、材料员、化验员……都上来了。大家都吃住在现场，几百人一个目标，一股劲。住着四面透风的帐篷，顶着寒风。那时粮食定量减少了，吃不饱，瓜菜代，可精神饱满，没有怨言，以苦为荣。张会智同志亲自做了思想动员，讲清了形势与任务。我们制定了先排液、后热水洗井彻底清除近井堵塞，再注合格清水的新试注工艺，提出了"高（温度）、大（排量）、狠（每米油层都洗）、准（对准油层段）、清（水质清洁）、净（进口、出口、井底三点一致）、稳（注水压力、排量稳）、全（资料数据齐全）"的"八字"规格要求。朱兆明同志提出了注水水质质量标准，规定水中含铁不超过0.5毫克／公升，机械杂质不超过2毫克／公升。我写出了具体施工设计，各工序质量标准及资料要求。每口井要用2000吨热水洗井。

许多先进事迹出现了。八号水泥车司机侯祖耀同志爱车如命，十多天不离开车，保证洗井不间断。为了烧原油加热洗井水到80～90度，油烟熏黑了井场上几乎所有人员的脸，成为只露出白牙齿的"非洲黑人"……就这样，连续十几天的紧张作业，经历了千辛万苦，第一口注水井试注成功了，每天注水150吨，后来升到200多吨，达到了要求。胜利的喜讯传开了，康世恩副部长，张文彬、焦力人局长到井场慰问，帮助总结经验。康世恩副部长提出了采用大茶炉式加热器代替数量不足的锅炉车的设想。

有了第一口井的试注成功试验，紧接着更大的试注会战开始了，在中7排及中3排几十口注水井展开了注水会战，时间延续到了1961年3月。整个一个冬季，正是高寒季节，最冷时气温降到零下37～40度。井下作业工人冒着严寒，在井口作业过程中，喷出的油、水湿透了衣服，冻成冰，和繁重劳动流出的热汗凝结在一起，为大庆油田作贡献的火热的心，喊出了“身穿冰淇淋，北风吹不进，不怕地冻三尺三，定把冬天当春天”的豪言壮语。那些身先士卒，吃苦在先，日日夜夜坚守在油井旁边的作业队队长支茂春、乔品德等石油工人形象在油田广泛传颂着。

由于在油田投入采油后不到半年内就开始注水，使油层压力保持了接近原始压力的水平，油井产量既高又稳，这种早期注水的工艺技术为整个油田的高水平开发取得了第一个胜利。在会战中锻炼成长的能打进攻仗的“野战军”——井下技术作业队伍也形成了，组建成了大庆油田井下技术作业处，后改为独立的指挥部。焦力人局长亲自选定了西三排的荒地为指挥部所在地，命名为登峰村，取意攀登科学技术高峰。将过去的修井队改称为井下作业队，将井下技术作业在油田开发中的作用提高到对油层进行战略进攻及采油新工艺的核心位置。

相关链接

依靠科技进步
促进企业经济发展

——《大庆企业文化辞典》

大庆企业领导思想的重要组成部分。大庆石油会战一开始，会战领导就高度重视科技进步，要求广大职工把革命干劲同科学态度结合起来，把革命干劲鼓到学习和研究科学技术上去，鼓到取全取准第一性资料上去，鼓到掌握自然界客观规律上去。《石油工业部关于大庆石油会战情况的报告》指出："大庆石油会战，是打了一个政治仗、打了一个志气仗，打了一个科学技术仗。"30年来，大庆企业领导坚持依靠科技进步，促进企业经济发展，在实践中确立了这样一些主要观点：第一，按照"经济建设必须依靠科学技术，科技工作必须面向经济建设"的方针，努力使科技工作走在生产建设前面。第二，坚持一切经过试验的原则，抓生产急需的关键问题，组织科研攻关。第三，从生产需要出发，引进和消化吸收国外先进科学技术。第四，按照科研与生产紧密结合的方针，充分发挥科技人员在科研工作中的主力军作用。

“六分四清”的提出和发展*

大庆油田的开发，一开始就坚持用毛泽东同志的《实践论》和《矛盾论》的哲学思想作指导，根据从勘探中掌握的油田地下情况，吸取国内外一些大油田开发的经验教训，制定了“在一个较长时间内实现稳产高产，争取达到较高的最终采收率”的油田开发方针和“早期内部注水，保持油层压力采油”的油田开发原则。为了在生产实践中更好地贯彻这一开发方针和开发原则，深入搞清地下油层情况，了解油层的生产特征，暴露油田注水开发中的各种问题，找到解决问题的途径。1960年5月，石油部党组决定在油田中部开辟长6公里，宽3.6公里，面积为22平方公里的生产试验区，即中区生产试验区。在试验区内将萨尔图油层和葡萄花油层分为两套井网，采用行列切割注水方式，两排注水之间夹三排生产井，井距为500米（地面井距250米），排距为600米（第一排）和500米（第二排）。

1960年5月，生产试验区的采油井开始投产。1961年4月注水井开始转注。为了掌握油田在注水开发后的变化规律，为油田生产提供合理的依据，1961年6月在生产试验区内开展了10大开发试验。后来又在中区西部进行“分层配水，控制压差采油”试验，在中区东部进行“加强注水，放大压差采油，油井堵水”试验。通过试验和对油田开发地质研究的结果表明：大庆油田的储油层特点是非均质，多油层。萨尔图油层和葡萄花油层可分为45个小层。小层之间有效厚

* 选自《大庆石油会战——大庆文史资料第二辑》，作者金毓荪曾任大庆第一采油指挥部副指挥兼总地质师，赵世远曾任大庆石油管理局第一采油厂主任地质师。

度相差几倍到几十倍，有效渗透率相差几十倍到上百倍，而控制地下油水运动的基本单元是油砂体。油田实行早期内部注水以后，暴露出的主要问题是注入水沿高渗透率油层单层突进和局部舌进。井下采油工艺研究所针对油田地质特点和油田开发出现的问题，从1961年开始研究分层注水工艺技术，先后对皮碗式、卡瓦式、支柱式三种封隔器和配水器进行了室内和现场试验，经过1018次试验。1963年他们研制成功了475-8水力压差式封隔器及745-4、745-5固定式配水器，为解决油田分层注水，调整层间矛盾创造了条件。

1964年8月28日至9月25日，大庆油田召开了一年一度的油田开发技术座谈会。在座谈会上，大家总结分析了油田开采以来的地下形势：由于实行早期内部注水，采油井地层压力高，自喷能力强，原油性质没有发生变化，但是采油井水淹严重，第一排生产井已经有60%见水，综合含水已达到16.6%，而且平均每个月含水上升1%～1.5%，每采出1%地质储量含水上升6%～7%，预计油田最终采收率只有25%左右。当时石油部副部长康世恩同志参加了会议，8月30日，他听取了中区生产试验区开采形势汇报后，尖锐地指出："中区开采论时间3年，论采收率5%，水淹已一半。这个问题很严重，这里有个方针性的问题。"康副部长的讲话在油田引起很大的震动。

中区试验区为什么油井见水早，含水上升快？通过对实验资料的分析：其根本原因是油田的储油层多，油层性质差别很大。在开发试验过程中，采取了笼统强化注水，结果注入水主要进入高渗透层。使高渗透油层注入水推进快，水淹快，而中低渗透油层暖水少，开采差，从而加剧了层间差距，造成了严重的单层突进。如：注水井中3-3分层测试结果，高渗透葡12-4层，单位厚度每天吸水量高

大庆油田女子采油队职工认真分析油井生产动态

达69.3立方米，水推进速度每天3.8米多；而低渗透的萄16+7层，单位厚度吸水量每天为6.9立方米，水推进速度每天只有0.3米，相差达10倍，采油井中6–9井萄12层见水后，全井地层压力由9.88兆帕上升到10.63兆帕，流动压力由8.59兆帕上升到9.88兆帕，超过该井萄Ⅱ1+2、萄Ⅱ4、萄Ⅱ7等小层的地层压力。使这些低渗透油层根本不能参加工作，不出油。这些资料说明，不同油层吸水量和工作状况相差很大，高渗透油层负担过重，中、低渗透油层没有充分发挥作用。层间差距，是油田开采中非常尖锐的矛盾，也是不均匀多油层注水开发中最根本的问题。

如何解决油田开发过程中出现的矛盾，当时对比了中区西部“分层注水、控制压差采油”试验和中区东部“加强注水、放大压差采油，油井堵水”试验的情况，认识到注水井采取分层注水，对高渗透油层控制注水，对中低渗透油层加强注水是个有效的途径。1964年9月25日在油田开发技术座谈会上，当时的松辽石油会战指挥部副指挥焦力人同志，根据大家讨论的意见，作了《认真管好油田地质工作，提高油田开发水平》的总结报告，决定在全油田开发区内进行分层注水，开展“四定三稳迟见水”活动。对每口油井进行四定，即：定产量、定无水采收率、定见水时间、定压力。要求所有油井在四定指标下稳定生产，实现产量稳，地层压力稳，流动压力稳；油井见水要迟，力争较长的无水采油期和较高的无水采收率。

1964年油田开发技术座谈会以后，会战工委提出了“以采油和油田地下为中心带动其他各项工作继续前进”的会战方针，成立了“四定三稳迟见水”工作指挥部。采油战线职工对所有油、水井进行地下调查研究，并组织了50多名地质技术人员奋战一个月，编制了注水井分层注水、油井四定的设计方案。为了迅速使方案得到贯彻，全油田组织了“101.444”井下作业会战（对101口注水井下分层配水管柱，分为444个层段注水）。井下作业队伍听了动员报告后，3天内在56口井上就位，展开了井下作业攻势。从1964年11月中旬到12月底，作业工人顶着零下30℃的严寒，日夜奋战在井场上。为了查清井下情况，井井都进行射孔质量检查，同位素测吸水剖面等工序，然后再下封隔器。由于天寒地冻，注水井喷出来的水淋在作业工人的身上，立即结成了冰。工人们风趣地说：“身穿冰淇淋，手握冰管钳，干活冒大汗，北风当电扇。”他们就是这样怀着战天斗地的雄心壮志，经过40多天的连续作战，终于拿下了101口注水井的分层注水施工作业任务。接着又开展了“115.426”分层配水会战。到1965年上半年，在全油田146平方公里的开发区内，注水井全面实现了分层注水。

油田实现分层注水，控制了高渗透油层的注水量，降低了见水层的压力，调整了层间矛盾，从而使油田含水上升速度减慢，“三稳”井大片出现，提高了注入水的波及体积，提高了油田采收率。

分层注水，油井“四定”工作，促进了油田采油工艺技术的发展和提高。

分层配水工艺技术，水力压差式封隔器由单级发展到多级，最多可达8级，配水器由固定式发展到活动水嘴。分层测试技术，试验成功了钢丝吊球测试法和浮子流量计。地球物理研究所研制的涡轮产量计，已在3口油井取得了分层资料。在分层改造中，提高低渗透层吸水能力技术，采用多种办法找串槽，封堵串槽技术等也有很大发展。

同时，油田管理也提高到分层管理的新水平。我们打破笼统数据分析的框框，确定分层掌握油田动态，做到分层记录，分层分析，分层研究，使油田动态分析工作进一步发展到按油砂体分析地下动态。

油田全面实行分层注水后，也出现了一些新问题，主要是注水井通过分层配水控制了高渗透油层的注水量。但采油井笼统采油，高渗透油层仍然出油较多，尤其是高渗透见水层干扰中低渗透油层作用的发挥。因此决定在采油井进行分层采油。1966年下半年，在东区开展了分层采油试验。大庆油田采油工艺研究所研究成功耐油性能比较好的水力自封式551型和水力密闭651型油井封隔器和628-3型桥式配产器，满足了分层采油的需要。

1965年油田开发技术座谈会以后，油田成立了分层配产攻关队。经过反复试验，猛攻技术难关，攻下了不压井、不放喷、不停产的油井施工新技术。在东区查清了17口井的固井质量和射孔质量，并下入26级油井封隔器，分为43个层段采油，使东区首先实现了注水井分层定量配注，采油井分层定量配产，全面实现了分层开采。后来又总结了东区分层配产试验的成果，制定了一套分层配注、分层配产的设计方法，编制了中区西部分层配产方案，并提出了分层配产工作程序，要求先用井下涡轮产量计进行分层产油状况测试，然后再定分层配产的具体指标，这不仅求得了分层产油量，而且求得了分层压力、分层含水率。在试制和使用涡轮产量计的工作中，井下地球物理站和研究院地球物理所的同志们，做出了很大的贡献。1966年中区西部成为油田分层开采的样板区。

1966年3月30日，在石油工业部局、厂领导干部会议上，当时的大庆石油会战指挥部副指挥宋振明同志发言，在讲到第三个五年计划生产建设上的一些设想时，他提出："要发展一整套分层开采的新技术和新工艺。全油田要实现分层开采，做到'六分四清'，创油田开发新水平。"这是第一次将油田分层开采的科学技术总结概括为"六分四清"。"六分四清"的具体内容是："六分"，即分层注水、分层采油、分层测试、分层改造、分层研究、分层管理。"四清"，即分层注水量清、分层采油量清、分层出水状况清、分层压力清。"六分"和"四清"是相辅相成的，"六分"为"四清"创造了条件，"四清"又进一步促进了"六分"的发展。

1966年6月16日，大庆油田召开了万余名职工参加的"向油田地下进军"，开展了群众性的猛攻地下，大搞"六分四清"活动。研究院和采油战线的技术干部，组成一支乌兰牧骑式的"六分四清"宣讲工作组，带着活"地宫"，包括油层岩芯、封隔器等实物和图表，到采油队和作业队宣讲"六分四清"的意义，宣讲"石油工作者的岗位在地下，斗争对象是油层"；宣讲潘凤岐、刘明田、陈淑英、胡法莲4名采油战线上的标兵和4个五好井组标杆的先进事迹、先进经验，做到家喻户晓，深入人心。五好井组标杆中6-23井井长陈淑英，一次量油时发现比往常多了5秒钟，她反复计量硬是不放过，又从地下分析入手查找出原因，提出让千米油层听调遣的措施，她们严细成风，5年多录取资料57万多个，上下对口，没有差错。

大庆油田召开群众性“六分四清”总结大会

正当大庆油田的“六分四清”分层开采科学技术向油田开发世界先进水平攀登的时候，受到了“文化大革命”的严重干扰和破坏。1966年11月召开的油田开发技术座谈会，由于干扰，被迫中途散会。从此，一年一度的技术座谈会制度中断，油田开发技术管理部门被解散，油田生产出现“两降一升”（压力下降，产量下降，含水上升）的被动局面。1970年3月周总理在反映大庆油田生产情况的报告上批示：“要恢复两论起家的基本功。”周总理的批示极大地鼓舞了大庆广大职工，油田的“六分四清”工作也逐渐得到了恢复和发展。为了进一步提高采油速度，1970年6月开始在中区西部开展了中含水期“六分四清”提高采油速度试验，通过查清地下分层动态情况，合理划分层段，以分层配注为基础，以分层配产，分层改造为手段，充分发挥各类油层的作用。实践证明，“六分四清”的油田开发技术，集中代表了大庆油田采油工艺技术和油田管理的科学水平。目前在大庆油田已经成为搞好分层开采，查清地下情况的广义的代“名词”，而且不仅仅是“六分”和“四清”了。例如，油田开发时间延长，油水井套管损坏的问题日趋严重，目前已发展了一套科学的查清井下套管损坏状况的工艺技术。油田开发时间越长，地下情况越复杂，要实现油田长期高产稳产需要解决的课题也越来越多。大庆油田的科技人员和广大职工，根据非均质多油层的特点发展起来的“六分四清”分层开采工艺技术和科学方法，在油田开发史上可以说是个光辉的里程。在新的历史条件下，在“四化”的征途中将会有新的发展，发挥更大的作用。

相关链接

培养一个好作风

——《大庆企业文化辞典》

大庆企业领导思想的重要组成部分。《石油工业部关于大庆石油会战情况的报告》中指出：“工作作风很重要。一个队伍，没有好作风，松松垮垮，马马虎虎，稀稀拉拉，是办不好事的，一个好作风的实质，就是把革命精神和扎扎实实的工作态度具体化，成为人们日常行动的准则。”培养一个好作风，是总结大庆石油会战经验而得出的重要思想之一。会战领导机关针对石油工业地下作业多、隐蔽工程多、间接获取资料多的特点；针对几万人，150多个工种，分散在上千平方公里上，班组作战，单兵顶岗，昼夜施工，四季不断，又要严格协同配合的实际情况；针对队伍里存在的“一粗、二松、三不狠”、“马虎、凑合、不在乎”的老毛病和坏习惯，在1960年5月第一次政工会议上，就提出要培养革命作风。以后，反复强调，不断培养，在职工队伍中逐渐形成了“三老四严”、“四个一样”的作风。这种作风，是企业领导引导职工群众总结实践经验，把党的三大作风、三大纪律八项注意同会战实际相结合的产物。有了好的作风，就能够弥补领导工作或生产管理制度上的不足；有了好的作风，队伍就会一呼应，指向哪里，就打到哪里，不管做什么事，都能做好，事事有个样子；有了好的作风，就是一个队、一个班组，甚至一个人单独去执行任务，也能信得过，干出来的事情靠得住，遇到困难，一定能顶得住；有了好的作风，干工作就会扎扎实实，不会搞形式主义，各项制度就能切实贯彻执行，各种任务就能很好完成；有了好的作风，人人都不甘落后，争先恐后，你追我赶，不服输，即使队伍里有个别落后的，也能带起来；有了好的作风，队伍的组织性、纪律性就强，工作上就能过得硬。油田进入全面开发建设时期后，会战工委进一步加强职工队伍的作风建设，组织广大职工以“两分法”为武器，胜利面前找不足，荣誉面前找差距，一分为二看自己；引导广大职工在生产建设和油田管理上坚持高标准，严要求；先后树立了高度觉悟，严细成风的采油三矿四队，思想、作风、技术“三过硬”的三二一三九钻井队，“自觉从严，好字当头”的油建十一中队，“三敢三严”的采油工艺研究所等一批典型。通过系列思想教育活动，“三老四严”、“四个一样”的作风在职工队伍中牢固树立。油田进入高产稳产时期以来，企业各级领导继续坚持培养一个好作风的思想，根据队伍中新职工数量不断扩大的实际，狠抓作风建设，使“三老四严”、“四个一样”的作风，得到继承和发扬。

独创萨尔图流程*

1959年9月26日，松基3井出油，发现大庆油田，喜讯传来，振奋人心。1960年4月20日石油部党组决定组织大庆石油大会战，并决定开辟萨尔图油田30平方公里的生产试验区。当时摆在油田建设设计人员面前的难题是：地下是个大油田，产出的原油是含蜡高，黏度高、凝固点高的“三高”原油，而且油田地处气候寒冷地带，当时国家正处在困难时期，油田建设所需器材、设备紧缺，没有足够的锅炉，没有适用的管材，只有油井用的套管和油管，油井出油了，如何把油收集起来输出去，若采用玉门油田的选油站集油流程或克拉玛依油田计量站集油流程（即苏式巴洛宁流程），都需要大量锅炉和中小口径管材。特别是当时拟投入开发的试验区，是大排距横切割注水开发方式，这就更增加了油气集输过程加热保温的难度。

当时，我们设计人员围绕如何解决油田的原油集输技术方案展开研究，夜以继日地进行各种计算、论证，研究布局方案等。正在这时，上级请来一位苏联专家维舍夫，他是协助新疆克拉玛依油田建设的油气集输方面的专家，请他在回国途中到安达作短期停留，我们向他请教一些问题。他是一位友好的专家，以前在搞克拉玛依油田建设设计时我们相互熟悉。按照上级指示，向专家请教座谈时，不能透露我们在这里发现了油田，是以请教座谈的方式，提出如果在寒冷地区采出“三高”原油时，采用什么集输流程和在地下水位高、盐碱地带采用哪种保温方式为好以及原油计量方法等。

* 选自《大庆石油会战——大庆文史资料第二辑》，作者为冯家潮，曾任大庆石油管理局油田建设设计院总设计师。

除有关领导外，参加这次座谈的约10人。主谈是宁玉川同志和我。通过一天和一个晚上的汇报基本情况和提问题、解答、讨论。最后维舍夫专家认为如果是这样条件的油田，只能采用“巴洛宁”集输流程，集输油管线用蒸汽管伴随保温技术上可靠而且经济。原油计量可用齿轮流量计或翻斗分离器。我们请教还有没有其他方法时，维舍夫专家微笑着摇摇头，摊开双手说，他也未曾遇到过这样条件的油田。

通过这次向专家请教之后，领导明确指示“甩掉洋拐棍，发动群众，自力更生，走我们独创的老路”。

一、首闯加热保温关

集输“三高”原油，在当时条件下，首先要解决的是集输油的加热与管线设备的保温问题。会战指挥部领导张文彬、焦力人和我院的柏映群院长及设计室领导就没有锅炉加热设备和中、小口径管材问题发动采油工人与设计人员结合，就材搞设计、现场搞试验。一时，“干打垒、热风吹”，井口热油循环保温，各型各式的盘管炉、U型炉等应运而生。张、焦两位局长多次亲临现场，组织各种加热方式的评选。通过这样的发动群众攻关，为保证单井出油初步选定加热保温方式是“井场三把火”：一把火为井口保温房“热风吹”；第二把火是盘管炉加热原油输送；第三把火是值班房采暖。在此基础上，为减少井场火源，通过院校结合，由石油学院任英教授和我院唐孝芳等同志共同设计研制成功了水套加热炉，用于井场加热保温，由三把火减为一把火，提高了井场的安全性，创造性地解决了油井生产的加热保温问题。

二、集油流程有创新

解决了单井加热保温问题，只是迈出了可喜的一步，因为加热保温与集油流程是休戚相关的，沿用已有的集油流程已不可能，只能另择途径，创造新的集油流程。当时柏映群院长和唐振华、胡家尧主任等领导，动员全体设计人员，人人献计献策，大摆集油流程方案，同时开展调查研究，经过一段紧张的工作，共提出了三个基本集油流程方案。一个称作固体搬运，就是油井放出油到土油池内凝固，切成块拉运走；第二个是蒸汽伴随保温的计量站流程方案（亦即巴洛宁流程）；第三个是我和宁玉川、徐达人、吴增才等同志，根据油田开发井网部署、油井生产情况和原油性质以及可选用的材料设备情况，提出了可以不用锅炉供热保温，不用伴热管线，同行列井网紧密结合的单井计量，单管将油井“挂灯笼”式连接起来的集油流程。这种集油流程的特点是沿井排敷设一条集油管线将油井串联起来，油井所产油气在井场经加热计量后，再次混合进入集油管线输至转油站，不仅合理地利用了油井的剩余能量集油，而且集油热力条件比其他集油流程都好，为国内外首创。经多次反复作技术经济对比，比苏联当时先进的巴洛宁集输流程节约钢材33%，节约投资13.5%。这种新流程当时被称为“萨尔图流程”。1965年荣获国家科委一等发明奖，并取名为“单管密闭涵气混输流程”。

1960年5月间，由我代表设计方面，在油田召开的技术座谈会上，向余秋里部长，康世恩副部长、张文彬、焦力人等领导和李德生、秦同洛等专家教授汇报了集油流程的原理和技术方案，并在会上作了有关技术答辩。通过这次汇报，基本肯定了这种集油流程的技术可行性和创新精神。当天深夜，接到通知，我应召到康副部长办公室，再次向康副部长、张文彬，焦力人等领导详细地汇报了流程的特点，可能出现的问题和准备采取的措施等。部、局领导非常认真地提出并分析了有关技术问题，分析研究延续到次日凌晨3时许。康副部长最后决定在油田中区30平方公里试验区内，在中3排和中7排排液井上开展试验。同时指示张、焦两位局长，上午立即召集有经验的工人师傅同设计人员再就一些具体技术问题进行研究。并再三强调要通过生产实践，不断总结经验，不断创新提高。同志们听到新集油流程已得到部、局领导的批准开始试验，群情振奋，深感肩负重任，决心要在集输流程上闯出一条新路。

三、回压的风波

单管密闭油气混输流程能否实施，其中一个关键问题是在一条集油管线上串联了几十口油井的情况下，回压会不会影响油井生产？以往采用的计量站或选油站的集油流程也存在回压，但由于所辖井数较少，回压较低，不曾引起人们的担心。而现在提出的新流程不但串联井数多，集油半径长，而且回压较高（自喷井不大于四个大气压），担心是有道理的。虽然有理论证明在一定的条件下，回压控制合理不会影响产量，但无更多的实践数据。有些同志说得更直率："我们辛辛苦苦采出油来，被你们的集油流程给憋回去。"为此，几乎使这种新流程夭折。实践出真知，我们要对生产负责，必须拿出可靠数据，用事实回答问题。院领导决定组织以吴增才同志为首的回压测试小组，到现场开展试验。通过近6个月的时间，在两个井排15口油井上，反复对不同产量、不同油压、不同回压下生产的油井，观察、测试产量变化。为了搞准产量，同志们就用桶接油，用秤称重，办法虽土，但终于搞清了回压与产量的关系，绘出了关系曲线。试测结果证明，当回压与油压之比不大于0.5时就不影响油井产量。10年后又曾再度测试，结论相同。该集油流程在大面积推广应用中也证实了当时所确定的回压最大值是合理的。现该测试成果已被石油工业部颁发的"油田油气集输设计规范"所采用。

四、测"K"值

大庆油田气候寒冷，冬季漫长，地温低，土地潮湿，地下水位高，这些都是管道集输"三高"原油极其不利的自然条件。当时又没有可选用的保温防水材料，如何确定集输油温度、如何合理布局加热点，才能保证管线原油不凝固堵塞，关系到集油流程的成败。书本没有现成的资料数据，还是在实际中求真知。1960年冬季开始到1961年夏，组成了以谭学陵同志为首的测试小组，测试集油管道在不同条件下，不同敷设方式，不同管径的管输总传热系数"K"值。当时同志们工作十分艰苦，测试手段很差，沿测试管线每50至100米挖一土坑，每坑一人，蹲在坑里每隔10分钟记一次温度数据，无论刮风、下雨、下雪都不能间断，同志们说下刀子也要顶住。开始测试为了摸索经验，由我和谭学陵同志组织开第一班，定人、定坑、对时，在分发温度计时才发现温度计领回来后未校对，温度计之间的差值多少不知道，必然会造成误差。还是老谭经验多，不慌不忙地拿来一茶缸热水和一卷胶布，老谭将胶布撕成小条，分别贴在每支温度计上并编号，然后一齐放入热水中，就这样标出温度计的相对差值，多么巧妙的土法标定。办法虽土，但解决了问题。蹲坑测温的滋味是很不好受的，连续几个小时不能离开，只能站起来伸伸腰腿，同志们经受过多少次暴风、雨雪的袭击，因为气候最冷和土壤最潮湿的时候正是测温的最好时机。通过艰苦的工作，取得了大量的数据，经计算整理后，终于获得了适合大庆地区条件的不同管径的"K"值，为设计提供了准确的数据，也为集油流程的实施作出了有力的保证。

谭学陵同志已过早地离开了我们，但人们永远不会忘记他为大庆油田建设作出的贡献。

五、油井计量出新招

加热保温、集油方式、回压、“K”值，都获得了满意的成果，为集输流程的完善配套打下了基础。但油井计量还是问题，当时设计需要的计量仪表奇缺，油井要相继成批投产，取不到油井产量数据，如何开发管理好油田，总不能放喷土池估产？还是发动群众，集思广益求新招。同志们知道最简单是用玻璃管液位计，但用玻璃管量一次后原油液位就会模糊不清，同志们提出用隔离液，可用水不防冻，用防冻液又太贵。记不起是谁说了一句：用盐水可防冻。好主意！就这样七嘴八舌、七手八脚设计了一个用盐水作隔离液，用玻璃管液位计的油井计量分离器。梁总工程师和我们带着这个简易的方案去汇报，张文彬、焦力人局长等非常支持，立即请了一些生产工人来审查，也提出了盐水要加多少，会不会被油带走，是否量一次油加一次盐水等实际问题。焦力人局长当即决定：方案简单，能解决生产问题，就是好方案，具体问题通过试验解决。并责成梁总组织试验，就定在萨37井，指定一位老师傅现场配合，今晚就试。张文彬局长接着插话：我们明晨6时到井上看结果。此时已是下午4时左右，我们立即奔往萨37井，落实试验工作量和所需设备材料。兵分几路，有去领材料的，有测绘草图的。一根玻璃管和10米橡胶管，是梁总工程师和我来回跑了3个多小时路，到东油库锅炉房和运输车队借来的。在工人师傅的大力配合下，我们在萨37井现场冒雨安装至次日凌晨3时许开始试验，经反复10余次调试，计量试验获得成功。早晨6时张局长准时带领有关同志到达现场，我们简要汇报试验情况后，当场操作量油，就地鉴定，决定推广应用，并取名为水垫式玻璃管重量法量油。这种量油方法简单易行，经现场生产应用和设计修改完善，后来在大庆油田和全国其他油田都大量采用。

至此，萨尔图油气集输流程已逐步成熟，配套完善，并在萨尔图、杏树岗油田约400平方公里范围内全面推广应用。通过大量的科学试验研究工作，除完成上述主要技术攻关外，还根据设计与生产需要，陆续解决了油气混输管道计算公式的修正、多井串联集油的热力计算方法、端点井停产保温等问题。

萨尔图油气集输流程是从大庆油田的实际出发，在大庆会战工委的领导下，在各级领导的正确决策指导下，通过知识分子与工人相结合，大搞科学试验创造出来的新流程，该流程为大庆油田的开发、为加速油田建设的步伐作出了贡献。

相关链接

严细准狠

——《大庆企业文化辞典》

“三老四严”、“四个一样”作风的具体表现。指各级干部在工作中要抓得严，抓得细，抓得准，抓得狠。严，首先是政治思想上严，在原则问题上不让步，按照党的原则政策办事；严，就是办事严肃认真，在一切工作上，不马虎，不凑合，做什么事都有个规格，干就干漂亮，做出的事情都像个样子；严，就是对一切工作都有一个高标准，不满足已经达到的水平，精益求精，出了差错决不迁就姑息；严，就是从领导自身严起，以身作则，处处严格，事事严格。有了严的作风，工作就有条理，工程就讲质量，产品就合规格。细，就是工作要细致踏实，不能粗枝大叶，做到精雕细刻，像绘画、绣花一样。石油工业，地下作业多，高温高压作业多，隐蔽工程多，生产工艺复杂，许多问题要依靠大量资料分析、判断，必须十分细致，肯下苦功夫，有一股细劲。抓细了，做细了，情况就能了解得全面真实，工作就会比较符合客观实际，就能出高质量、高水平。如果不细，就会搞乱搞错。准，就是问题要看得准，工作抓得准。这是正确决定问题，正确指挥生产的基础。要准，就要对党的路线、方针、政策和上级指示认真学习，全面理解，吃透精神，并能结合本单位实际正确贯彻执行；要准，就要深入一线，深入基层，深入实际，深入群众，认真作调查研究，吃透下头的情况。问题看不准，就会犹豫不决，下不了决心，或者下了错误的决心，误了大事。狠，就是在抓住主要矛盾以后，要雷厉风行，抓就抓紧，抓就抓死，一抓到底，毫不放松，务必抓出成效来。对一个问题，一件工作，只要情况清楚了，看准了，就要下定决心，大刀阔斧地去干，不管刮什么“风”，再大的困难也要打上去，决不能半途而废。改正缺点错误，也要狠。有了缺点错误，要勇敢地承认，及时改正。

建设现代化大型炼油厂靠的是攻克炼油新技术*

石油从地下采出后就有一个由原油炼制成好质量、更多的成品油的问题。解放初期，中国石油工业落后，也体现在炼油工艺上。延长、独山子几个老炼油厂的设备都是20世纪20年代的水平；玉门炼油厂在抗战胜利后进口了一些先进设备，是40年代的水平；东北人造油厂改装后，也只能炼一般成品油；即使是苏联帮助建设的兰州大型炼油厂，最先进的设备也是40年代的工艺流程，不能生产高级的国防用的煤油、柴油和润滑油。当时，大部分成品油，特别是国防战备用油都是依靠进口。

侯祥麟

大庆油田发现后，党和政府特别关心炼油厂的建设。1960年3月，国务院副总理薄一波传达周恩来总理的指示，

* 节选自《大庆油田史》，题目为编者另加。

要求在大庆石油会战中把建设500万吨炼油厂同时考虑。1961年，毛泽东主席听取余秋里汇报时，关心地问炼油厂的建设情况。同年7月23日，邓小平视察大庆油田时，看了炼油厂工地建设，语重心长地对康世恩说："要抓紧啰！有啥子困难说嘛！争取明年搞成。"1962年，全国贯彻中央的"调整、巩固、充实、提高"八字方针，资金相当紧张。这时，建设大庆炼油厂投资还差5000万元。石油部主管财政的副部长李人俊感到非常困难。刚刚参加完中央工作会议的余秋里和李人俊找到主持书记处日常工作的彭真，彭真让准备好材料向邓小平汇报。邓小平看了报告问到底要多少钱，李人俊不假思索地回答："5000万元。"邓小平说："不就是5000万嘛！全国在下马，该下的就是要下，你们这石油工业很有来头，就是要上，5000万就5000万吧！"在中央领导的关怀和支持下，大庆炼油厂的建设工程和油田会战同步进行。

大庆炼油厂的建设，开始由黑龙江省筹备，叫黑龙江炼油厂。从1960年3月开始选址，到9月末，先后三次考查了昂昂溪、泰康、喇嘛甸、明水、安达等地区，最后确定在龙凤。这里紧靠滨洲铁路，交通方便，地处草原，无需大量动迁；地势平坦，施工便利；距离大庆油田主体萨尔图只有11公里，原油来源便捷；地下水资源丰富，可以满足生产、生活需要。1960年11月23日，黑龙江省石油管理局给石油部呈报了《关于黑龙江省炼油厂改建在安达龙凤的请示报告》，12月23日，国家计委、建委作了同意的批复。

大庆炼油厂是中国第一次独立自主、自力更生设计的大型炼油厂，面临着缺乏人才、技术等多方面的困难。因此，在选址的同时，作了大量建设前的准备工作。北京石油设计院是当时国家炼油设计能力最强的单位，一些技术人员曾配合苏联专家参加过兰州炼油厂的设计，有一定的实践经验。但兰州炼油厂从开始选址到全部完成施工图纸整整用了4年时间，而大庆炼油厂如果采用这种设计程序，肯定满足不了国民经济急需用油的需求。1960年12月，国家计委和建委正式批准了大庆炼油厂“第一期工程建设规模为100万吨/年”的任务。设计人员打破常规，深入现场，连续苦战4个月，到1961年上半年基本完成了一期工程年加工100万吨原油初步设计方案，工艺流程包括常减压、热裂化、冷榨脱蜡发汗成型、釜式焦化等，基本上与兰州炼油厂的工艺流程相同，但占地面积节约很多。

大庆炼油厂设计之所以能够很快拿出，投产能够顺利进行，大庆原油加工会战起了先导性作用。石油部针对国内石油产品十分紧缺，为满足需要，1960年2月，部党组会议决定组织大庆原油加工会战。此前，大连石油七厂在试炼中，首先遇到的问题是，铁路油槽车到厂卸不下来，还有试炼中重油后路经常堵塞，不是着火就是管线凝结，而焦化、沥青加工能量装置又太小，很不配套。针对以上问题，部党组决定由生产技术司司长孙晓风任组长，从兰州炼油厂、玉门炼油厂、上海炼油厂、石油六厂、北京石油学院、北京石油设计院抽调77名专家，和石油七厂的工程技术人员一起攻关。他们针对大庆原油特点和炼制中出现的问题，进行全面分析，改造设备流程，建立新的管理制度和新的生产运行方法，经过40天实验研究，解决了老厂炼大庆原油出现的一个又一个问题，摸索出适合大庆原油特点的炼制操作条件，为大庆炼油厂设计和生产提供了技术数据。

为了解国外炼油新技术，石油部曾在1961年和1962年两次组织技术人员到国外参观、考察，收集技术资料。同时，在国内的技术干部，连续苦干4个月，开展技术攻关，研究出一套100万吨的初步设计方案。1962年4月，又深入工地开始现代化的炼油装置设计，其中包括铂重整（又叫催化重整）、催化裂化、延迟焦化、尿素脱蜡、催化剂和添加剂等技术。还自主开发了新型常减压蒸馏装置和加氢联合装置。这些新技术使我国炼油工业达到了20世纪60年代的先进水平，在炼油厂建设时大部分被采用。还有许多技术难度很大的关键设备和材料也是通过大协作攻关完成，并达到当时的高水平。这些工作为工程设计打下了坚实基础。

大庆炼油厂的设计，除了由石油部北京设计院为主体设计外，还有长春电力设计院承担热电厂设计；商业部承担商品油库设计；铁道部第三设计院和齐齐哈尔铁路局承担铁路专用线和站场设计；石油部第五设计院承担萨尔图—龙凤输油、输水管线设计；建工部长春给排水设计院承担给排水设计；黑龙江省建设厅设计院承担行政和生活区设计。这些充分展现了社会主义大协作的优越性。

1960年，大庆石油会战开始，石油部抽调原在西北施工的工程一公司部分职工到大庆，组成大庆工程安装指挥部。以后，黑龙江有关施工单位与大庆工程安装指挥部，组成大庆炼建指挥部，负责炼厂的施工任务。为了加快建设大庆炼油厂，1961年4月，建工部从四川调来了工程第六局下属三个处和一个安装公司，为基本施工单位。因为安装公司的职工从未安装过炼油化工的设备，石油部又从兰州炼油厂调来200多人充实为技术骨干，主要负责常减压、热裂化装置的安装任务。大庆会战指挥部也抽调力量充实队伍，还分配了近千名转业官兵，施工队伍达到7000多人。

由于领导体制问题，大庆炼油厂施工一度进展缓慢。1962年国家经委决定，黑龙江炼油厂划归石油部管理。3月26日，石油部委托松辽会战指挥部接管炼油厂，并成立了以徐今强为首的炼建指挥部，4月1日，召开了炼油厂建设大会战动员大会，鸣炮正式开工。1964年3月12日正式改名为大庆炼油厂。

在建设过程中，参加会战的职工以主人翁态度主动承担困难，发扬“有条件要上，没有条件创造条件也要上”的精神，在艰苦条件下埋头苦干，没有星期天，没有节假日，一天工作十几个小时，攻克了一个又一个难关。当时的施工条件很差，没有大型起吊设备，外地运来重几十吨甚至上百吨的大型装置，放到火车站，没有办法运到施工现场。设备科副科长李景荣组织大家精心设计了运塔方案：将大塔固定在特制的铁排子上，用硬质枕木铺设道路，在枕木上横放滚杠（钢管），挂上滑轮、人推绞磨牵引着几十吨、上百吨重的大塔在滚杠上一寸一寸地滚进。每进两米，就要把后面的几十根枕木搬到前面铺好。百十斤重的枕木，每人每天搬动几百根次。炼塔运到工地后，怎样把它吊装起来，又成了个大问题。后来，还是大家运用“蚂蚁啃骨头”的办法，自制了两根大桅杆，八台卷扬机联合作业，统一指挥，才一寸一寸地把这几十米高的装置安全吊了起来。安装几十万米不同口径的管线，采取层层把关的措施，焊一道检查一道，从自查到专人检查，出现纰漏就推倒重来，优质率达到100%。就这样，9600多名职工经过18个月的团结奋斗，第一期工程顺利竣工，创造了中国炼油工业建设的优质高效新水平。

在建设队伍抓紧施工的同时，炼建指挥部又抓紧了投产准备工作。为改变过去那种投产时间长、事故多、破费大的开开停停被动局面。1961年至1962年，有一千多转业军人和学徒工，被分别送到全国各炼油厂进行岗前培训。1963年5月，石油部又从兰州炼油厂调来350名技术骨干，到大庆炼油厂筹备投产工作，炼厂领导组织他们试上岗，苦练基本功。并针对人员年龄轻、设备新、工艺复杂的特点，要求职工“从难从严”，精心模拟操作，应付各种假设的变化情况，使每个上岗职工，在试生产前都拿到了操作合格证。

1963年10月，炼油厂试投产。为保证投产顺利进行，除认真检查、反复调试外，还组织了一支120人组成的技术精湛的“保镖队”。他们的任务是：在紧要关头，遇到紧急情况，当机立断，处理可能出现的一切问题。有一次，常减压塔的温度逐渐升高，忽听到有人喊：“冒烟了。”“保镖队”队员华仁祥飞快跑过去，见一根油管热电偶固定螺丝发生了脱扣，眼看要崩开，他不顾个人安危，冲上去用手拧丝扣，高温设备烫得他双手钻心地疼，更困难的是由于压力大，拧上的丝扣又退了回来。这时，又有两名“保镖队”队员听到喊声，跑了过来，在大家的共同努力下，终于避免了一场可能发生的严重事故，保证了一次投产成功。

从1962年4月至1963年10月，只用一年半时间就建成大庆炼油厂第一期工程。该工程从开始设计，从每一张图纸，一直到施工的每一个工序，都搞得十分严格，一丝不苟。从基础到安装，不管一个螺丝，一个闸门，一条管线，焊接、绝缘、防腐、保温都件件合格，步步落实。工程建成投产以前，组织了大练兵、大演习。单机运转以后，先后进行过4次联合运转大演习。使人们的动作在投产以前都合乎标准，协同动作熟练，设备运转正常，之后，开始进油，正式投产。这一工程装置布局合理，所用材料少，工程质量良好，做到了“四个一次成功”。就是：工程质量最后总验收一次合格；一次投产成功；产品质量一次合格；油品收率一次达到设计要求。“四个一次成功”是我国炼油厂建设的新水平。接着，第二套炼油装置热裂化顺利投产。当年加工原油10.67万吨，生产出了合格的汽油、煤油、柴油等石油产品，实现工业总产值1299.1万元，上缴利税256万元。

相关链接

人人要出手过得硬

——《大庆企业文化辞典》

指人人要有真本领、硬功夫，做出事情经得住考验。“过得硬”是部队军事训练中的常用语。会战一开始，大庆就以解放军为榜样，建设队伍，开发建设大油田。学习解放军的好传统，好作风，在各项工作中提倡“人人要出手过得硬”。在岗位练兵中提倡以顽强的毅力，坚持不懈地进行岗位练兵，苦练真本领，硬功夫，苦练复杂技术，在各项工作中做到：一出手就高标准，一出手就高水平，一出手就过得硬，消灭那些常见的、大量的、人人每天都要做的事情中的低标准和不合规格的问题。

从实际出发，探索合理开发油田途径*

大庆油田的迅速探明，为全面进行开发和建设工作，打下了坚实的基础。合理开发大庆油田，是石油会战的一个重要课题。为解决这一课题，石油会战职工坚持辩证唯物主义，开展科学试验，一切从实际出发，经过实践，认识，再实践，再认识，努力探索和掌握油田开发规律，开辟了合理开发油田的途径。

一、开辟生产试验区

为了确保大庆油田开发，实现高水平的奋斗目标，1960年5月，会战领导小组在萨尔图480平方公里含油面积中部划定了一块22平方公里的生产试验区，并规定了试验开发的基本原则：早期注水，及时补给能量；内部注水，采用横切割的行列式注水方式。当时确定这一原则的依据有三个方面：一是一般油田开发规律。因许多油井无足够的油层压力驱油到地面，同时由于采油过程中，油层压力必然下降。当大部分原油不能仅靠原始油层压力的驱动采出时，就必须用人工提升方法将油抽到地面。二是国内外同类油田的经验教训。从美国东德克萨斯油田和威明顿油田、苏联罗马什金油田和杜依玛兹油田，也包括中国的玉门油田和克拉玛依油田的资料来看，如果不保持压力开采，只靠消耗油层的天然能量，油田一投入开发，很快就会出现油层压力下降，产量迅速递减，造成油井停喷，而采用注水方法保持压力就能稳产。三是从大庆油田的地质特点看，饱和压力高，油层弹性能量很低，而且边水不活跃，不能起补给能量的作用，靠溶气作驱

* 节选自《大庆石油会战史》。

动能量，也会使油田采收率大幅度下降。因此，大庆油田从试验区开始就采用早期内部注水，保持压力采油的原则。

生产试验区的第一口油井——中区7排-11井，于1960年5月16日投入试采，到10月18日停止试采，进行注水，又成为试验区第一口注水井。这口井油层吸水状况良好，为在生产试验区全面实行早期内部注水，提供了依据。同时，确定试验区的井网为两排注水井之间布三排油井，井距为500米。这年6月，又确定扩大试验范围，在东、西过渡带开展不同井网、不同油层、不同开采方式的试验。9月，确定扩大试验区面积，开辟了北一区和南一区，使试验区面积达到60平方公里。

在开辟和扩大生产试验区的过程中，会战领导小组多次召开油田技术座谈会或“三结合”座谈会，充分发扬民主，反复讨论开发方案，并从实践中逐步总结出一套新的开发程序：根据油田多油层和油层差异大的特点，在钻井和开发次序上，采取多次布井、多次开发，先开发有把握的油层，再开发较差油层，最后开发零星分布的油层；在钻井完成井网后，暂不射开油层，经过对钻井录取资料的进一步研究，再确定哪口井射开哪一层，使调整工作做在油井投产之前。按这套程序开发油田，不仅在生产试验区获得好的效果，而且为大庆油田的全面开发积累了经验。

二、开展群众性的“学地质”活动

在油田开发试验中，会战领导小组特别注意把油田地下情况了解得清清楚楚。在1960年6月和7月，连续两次召开的“五级三结合①”座谈会上，鲜明地提出“石油工作者岗位在地下，斗争对象是油层”和“人人学地质，全党

① “五级”即小队、中队、大队、指挥部、会战领导小组；“三结合”即干部、工人、工程技术人员。

办地质”的口号，要求各级领导干部和职工要大搞“游地宫”，把油层的情况搞清楚。

1960年7月，会战领导小组决定成立地层对比研究大队，由焦力人主持，专家李德生任大队长，并集中了吴崇筠、钟其权、裘亦楠、蒋学明、王幼梅等100多名技术人员和青年学生，深入前线，收集资料，开展大庆油田地质储量特性的研究工作。地层对比研究大队成员到萨尔图那天，康世恩到现场讲话，要求他们要把“地下情况搞清楚，要准备做百万次分析，百万次对比，要一粒沙子一粒沙子地对比，一块石头一块石头地对比。要下苦功夫，做笨事情，这样才能对千米油层了如指掌”。这批专家和青年技术人员的工作现场，既没有正式房子，也没有办公桌椅，但他们忘我地投入了工作。白天到井上收集资料，晚上趴在床铺或自己搭成的木架子上，进行分析对比，绘制图表。一次，要画一张30米长的图，因为没有这么大的地方，他们就把两栋木板房打通，大家趴在地上一点点描绘，终于完成了任务。他们用上百口油井的资料，上百万个数据，对油层进行分析，经过2000万次对比，弄清了大庆油田分4大系统、48个小层的非均质面貌。他们这种独特的分小层研究方法，是一个发明创造。运用这套方法，可以把油层大小、厚薄、好坏，按不同的小层情况搞得一清二楚。后来技术干部和工人们一道，运用取得的地下地质资料和油井生产动态数据，画成各种图表，制成各种模型，使人们看了以后对深埋地下的油层情况有个形象化的了解。这种地质资料的陈列室，大家叫它“地宫”。参观这种陈列馆，就像到地下油层里游览一样，因此叫它“游地宫”。1960年8月2日，大庆油田第一座“生产试验区地宫”正式开放。9月18日，油田第一次油、水井分析会在萨尔图试验中区召开。二矿三队新工人姜岱冬通过对所管油井的产油量、压力、含水比等技术指标的变化情况，分析油井产量波动与周围井的连通关系，研究判断油井出水层位、来水方向和含水变化的原因，提出了合理的管井措施，得到在场专家和技术人员的赞扬，获得了大庆第一个“油井分析冠军”的称号。姜岱冬的成功做法经宣传推广，进一步推动了各基层采油队“办地宫”、“游地宫”活动的开展。到10月份，试验区共办起353个小“地宫”，普遍掀起了学习和钻研油田地质的热潮。

由于这一群众性活动的广泛开展，采油工人对地下情况的认识普遍有所提高，增强了他们分析油井生产动态的能力，涌现出一批油井分析能手，大大提高了油井生产管理水平。1963年6月19日，周恩来总理到大庆油田视察时，专门到样板采油井——萨尔图油田中区6排-17井进行了参观，对油田工人管理油井的情况表示满意。

三、进行开发试验和科技攻关

为了搞清油田地下注水后可能出现的问题，把试验研究工作不断推向深入，1961年4月14日至5月9日，石油会战领导小组召开油田技术座谈会。会议决定在萨中开发试验区范围内开展10项科学试验，以摸索油气水运动及油井生产规律。这10项开发试验是以油田注水为中心，包括合注分采试验；分注分采试验；分注合采试验；大井距面积注水试验；强化注水，把油层压力提高到原始压力以上的采油试验；强化排液、强化注水，使注入水在地下拉成水线试验；不同渗透层分别注水，观察其不同推进速度试验；不注水，依靠天然能量采油试验；不同射孔密度，配产配注试验和注二氧化碳及其他活性剂，提高采收率试验。

与此同时，会战领导小组要求工程技术人员集中力量开展14项技术攻关，争取尽快解决采油工艺、集输工艺、地面建设等主要技术问题。其内容是：选择性注水技术；选择性堵水技术；选择性压裂技术；油井清蜡防蜡技术；不压井井下作业技术；矿场地球物理手段判断见水层找水技术；采油井油、气计量技术；原油集输中降黏防凝技术；合理改善集输流程技术；集输管网加热保温技术；集输泵站自动化控制技术；管道防腐技术；管道焊接与施工技术；土建预制化、装配化技术。

为了保证这些试验和技术攻关成功，会战领导小组决定，由焦力人负责，成立由张会智、朱兆明、刘文章、杨育之等人组成的试注前线领导小组，并且从大庆油田打的第一口生产试验井中区7排-11井开始进行试验攻关。他们根据原油特性，制定注水方案，调集十几台水泥车、锅炉车、压风机等设备，组织400多人，日夜奋战，进行大排量的热水洗井和试注工作。经过多次试注，终于达到日注200立方米的设计要求。中区7排-11井的试注成功，证明部党组制定的内部横切割注水方针符合油田实际。接着，其他注水井也相继投入生产，使油田能够保持在原始压力水平上采油。

由于大庆油田是多油层，实现笼统注水半年时间，中区7排-11井附近的两口油井，发现了提前见水的水窜情况。针对这一问题，会战领导小组立即召开技术座谈会，研究对策。在会上，康世恩指出：“我们要高水平、高速度开发好大庆油田，就不能见事迟、行动慢，更不能在困难面前无所作为，任其自然发展，放弃主观能动性。我们既要注水，又要治水；既兴水利，又避水害。要创出一种想注哪层就注哪层，想注多少就注多少的注水新工艺技术来。”按照这个思路，大家根据注水实践，提了不少建议，最后确定了三大技术措施，即选择性注水、选择性堵水、选择性压裂，简称“三选”。

1961年下半年，会战领导小组决定集中十多个修井队，成立“三选”临时指挥部开展试验。虽经过近半年的努力，但由于主攻方向不集中，一时不见成效，大家都很着急。这时，康世恩总结“三选”试验工作经验时指出：“‘三选’的主要矛盾是选择性注水，注水的矛盾主要方面是创出一套得心应手的封隔器，而不是要搞那么多的花花样。”他的讲话为技术人员确定了“三选”的主攻方向。

1962年2月，石油部在北京召开局、厂领导干部会议期间，康世恩找到试注领导小组成员刘文章，询问封隔器的试验情况。刘文章汇报说：“把国内外的48种封隔器都试过了，仍不见成效。”康世恩就在纸上边画边说：“我想了几天，按油井井筒特点，搞一个像北京大街上卖的糖葫芦那样的封隔器，每个封隔器做成皮球那样。从油管注水时，它能胀大，将油管环空封死，停止注水时，能缩回去。创造这样一种封隔器，就叫它糖葫芦封隔器吧！你攻下这一关，就为石油工业立了大功。”

1962年5月，正式成立采油工艺研究所，由刘文章任所长，万仁溥任副所长。这是大庆第一个由技术干部担任主要领导的单位。他们在艰苦的条件下，一面自己动手盖木板房，一面制造试验设备，很快制造出耐压达25个大气压的第一代封隔器。但距离要求达到150个大气压尚有很大距离。康世恩鼓励他们要经得起失败的考验，在试验中找出规律性的东西，并说：“关于橡胶问题，可以去找唐克，他会想出办法的。”时任会战副指挥在大庆主持工作的唐克，了解情况后，立即给曾和他在太行山打过日本鬼子的战友、时任哈尔滨市市长吕其恩写信，请在哈尔滨找个橡胶厂协作。吕其恩立即要求北方橡胶厂作为一件大事来抓，全力以赴协助试验。在北方橡胶厂大力协助下，经过1018次试验，包括在几口注水井中试验，终于在1962年底，将封隔器的耐压度提高到150个大气压。又经过无数次的改进，将封隔器联成8级，耐压度可达250个大气压，完全满足了不同油层注水的需要。这种封隔器下到井里，可封隔五六个油层，使用方便，安全耐久，效果好，为油田开发全面实现分层注水、分层采油提供了可靠的技术手段。这项科研成果获国家计委和国家科委颁发的重大革新奖。

进行各种开发试验，为制订科学开发方案提供依据。年轻的地质人员在开展注水采油和水的动态研究中，面对比油层静态研究更复杂、更艰巨的工作，他们提出了“莫看毛头小伙子，敢笑天下第一流”的豪情壮志，运用地下水力学理论，提出了20多种计算方法，经过反复验证，多次失败，多次纠正，最后创造出了小层动态计算公式。为了把深埋地下的油、水运动情况，搬到地面上进行模拟试验，余秋里指示李德生、谭文彬“做一个模型，把地下油层油、水运动的情况显示出来”。他们集中200多人，用了一年半时间，精心研究出了这个模型，起名“大型电网模型”。这套电网模型，不仅可以反映出油、水在地下不同压力和不同流量下的流动情况，还可以计算出每口井、每个油层的科学采油量和注水量，并为以后进一步认识地层动态，提供了科学试验手段。刚从北京石油学院毕业的实习员王德民在测验油井压力时，发现普遍采用的“赫诺法”解释资料，不是偏高，就是偏低，波动很大。原因是外国的油田大多数是海相沉积，开采后变动不大。我们陆相沉积油田，油层多，断块多，开采后变异很大。如果用外国的测试法，解释中国的油田，必然差异极大。针对这个问题，他经过两年多的苦心钻研，记录了几十万个数据，终于提出了符合大庆油田的油井压力计算公式。经过鉴定，大家称为“松辽一法”，以后又导出了“松辽二法”、“松辽三法”。为准确解释中国油田，正确认识油层动态提供了理论依据。

四、编制萨尔图油田开发方案

1961年11月1日，黑龙江省委和石油部党组决定成立中共石油工业部松辽会战工作委员会（简称会战工委），由余秋里任书记，康世恩、吴星峰、唐克、张文彬任副书记。同时撤销石油会战领导小组，成立松辽石油会战指挥部，康世恩为指挥，吴星峰、唐克、张文彬等为副指挥。

根据两年来试验区的进展情况，会战指挥部多次召开开发技术座谈会，讨论研究油田开发方案的编制问题。经过反复论证和生产试验，萨尔图146平方公里油田开发方案逐步成熟。同时，1962年4月，李德生、童宪章、秦同洛、闵豫等技术人员，在北京也完成了《萨尔图油田开发设计方法的初步研究》。5月11日，会战指挥部在大庆召开700人参加的技术座谈会，对在北京、在油田两路的第一阶段工作进行讨论。接着，研究第二阶段工作，决定于7月中旬正式完成《萨尔图油田“146”初步开发方案报告》。

这个开发方案贯彻了长期稳定高产的方针，并在具体实施中，贯彻了以下原则：一是分阶段地动用可采储量，近期先开发萨尔图油田，杏树岗油田和喇嘛甸油田留作储备，以保证长期稳定高产；二是实行早期注水和油田内部横切割注水，使油井在保持油层压力下采油，以保持较长时期自喷能力；三是合理划分开采层系，立足于对油层的认识程度，实行区别对待，采用不同井网开采，以利于调整；四是运用先进的采油工艺技术，做到合理配产配注，以严格控制注采比和采油压差的平衡；五是始终重视取全取准第一性资料，时刻掌握油田动态；始终重视施工质量，钻井、固井、射孔和地面工程都要达到优等质量。

1963年4月，石油工业部党组邀请有关方面专家，经认真讨论和审查论证，审查和批准了这个开发方案。到1963年底，萨尔图油田中部146平方公里含油面积的第一期开发方案全部实施，建成年产原油600万吨生产能力的油田。

相关链接

一切经过试验

——《大庆企业文化辞典》

指在不同类型的客观事物中选择不同的典型进行试验，从而总结概括出该类事物中带有一般规律性的东西，借以指导面上工作的一种方法。大庆在油田开发建设过程中始终坚持“一切经过试验”这种科学领导方法。大庆石油会战初期，为了检验早期内部注水、保持压力这一开采方法是否正确，在油田中部开辟了30平方公里的生产试验区，还进行了依靠天然能量开采，晚期注水，分层注水等10大试验项目。经过实践对比证明，早期内部注水、保持压力开采的方法具有优越性，因而在全油田的开发设计中采用。为了研究油田开发的全过程，及早考虑油田开发中后期的产量变化情况和总采收率情况，大庆油田专门钻了14口井，进行小井距试验，把需要几十年才能看到的油田开发全过程，缩短到在半年至1年的时间里得以正确认识和掌握产量变化规律。另外，岗位责任制的建立、承包经营责任制的完善，以及年终的“评、比、选、树”活动等，都是经过试点取得了经验以后再逐步全面展开的。实践证明，坚持“一切经过试验”是制定和实施正确决策的前提，它有助于克服官僚主义，有效地解决问题，提高领导水平，不断开创新的工作局面。

后 记

不同的历史时期、不同的视角对人们的社会实践会有不同深度的认识，这正是事物的生命力所在。本书站在历史的新起点，以探索中国特色的新型工业化道路为统摄，采用亲身参与大庆油田开发建设的著名人物撰写的珍贵史料，对大庆油田开发建设的实践与成功经验进行了全新的梳理，为处在经济发展方式转变中的企业管理工作者，探索具有自身特点的管理模式、管理经验和发展道路，提供了借鉴。这也许是本书独到的地方和亮点。大庆油田的创业与发展波澜壮阔，丰富浩瀚，编者水平有限，挂一漏万在所难免，作为一种探索，不足之处敬请广大读者指正，以便于将来进一步充实、完善。

本书主要参考了：《余秋里回忆录》、《康世恩论中国石油工业》、《大庆油田的发现——大庆文史资料第一辑》、《大庆石油会战——大庆文史资料第二辑》、《大庆油田史》、《大庆石油会战史》、《大庆企业文化辞典（30年）》、《大庆油田企业文化辞典（50年）》等有关资料。

本书由俞明康承担策划，拟定编纂思路和选题。俞明康、亓玉台、张波、陆博、李柯榕、谢敬、陈刚、李勇军、冯春艳、牟慈等人参与了编纂。俞明康对全书进行了审定。

本书列入了中国石油化工集团公司人事部组织的第一批培训教材编写计划。在编纂过程中，得到了中国石油化工集团公司人事部、企业文化部和石油化工管理干部学院的关心和大力支持，在此，我们谨表示衷心感谢。

编　者